中华文化大博览丛书

人间天宫的

祭祀圣殿

胡元斌　编著

中国出版集团　现代出版社

图书在版编目（ＣＩＰ）数据

人间天宫的祭祀圣殿 / 胡元斌编著. -- 北京 ： 现代出版社，2017.8
ISBN 978-7-5143-6461-3

Ⅰ．①人… Ⅱ．①胡… Ⅲ．①庙会－风俗习惯－介绍－中国 Ⅳ．①K892.1

中国版本图书馆CIP数据核字(2017)第210687号

人间天宫的祭祀圣殿

作　　者： 胡元斌
责任编辑： 李　鹏
出版发行： 现代出版社
通讯地址： 北京市定安门外安华里504号
邮政编码： 100011
电　　话： 010-64267325 64245264（传真）
网　　址： www.1980xd.com
电子邮箱： xiandai@vip.sina.com
印　　刷： 天津兴湘印务有限公司
字　　数： 380千字
开　　本： 710mm×1000mm　1/16
印　　张： 30
版　　次： 2018年5月第1版　2018年5月第1次印刷
书　　号： ISBN 978-7-5143-6461-3
定　　价： 128.00元

　　习近平总书记在党的十九大报告中指出："深入挖掘中华优秀传统文化蕴含的思想观念、人文精神、道德规范，结合时代要求继承创新，让中华文化展现出永久魅力和时代风采。"同时习总书记指出："中国特色社会主义文化，源自于中华民族五千多年文明历史所孕育的中华优秀传统文化，熔铸于党领导人民在革命、建设、改革中创造的革命文化和社会主义先进文化，植根于中国特色社会主义伟大实践。"

　　我国经过改革开放的历程，推进了民族振兴、国家富强、人民幸福的"中国梦"，推进了伟大复兴的历史进程。文化是立国之根，实现"中国梦"也是我国文化实现伟大复兴的过程，并最终体现在文化的发展繁荣。博大精深的中国优秀传统文化是我们在世界文化激荡中站稳脚跟的根基。中华文化源远流长，积淀着中华民族最深层的精神追求，代表着中华民族独特的精神标识，为中华民族生生不息、发展壮大提供了丰厚滋养。我们要认识中华文化的独特创造、价值理念、鲜明特色，增强文化自信和价值自信。

　　如今，我们正处在改革开放攻坚和经济发展的转型时期，面对世界各国形形色色的文化现象，面对各种眼花缭乱的现代传媒，我们要坚持文化自信，古为今用、洋为中用、推陈出新，有鉴别地加以对待，有扬弃地予以继承，传承和升华中华优秀传统文化，发展中国特色社会主义文化，增强国家文化软实力。

　　浩浩历史长河，熊熊文明薪火，中华文化源远流长，滚滚黄河、滔滔长江，是最直接的源头，这两大文化浪涛经过千百年冲刷洗礼和不断交流、融合以及沉淀，最终形成了求同存异、兼收并蓄的辉煌灿烂的中华文明，也是世界上唯一绵延不绝的古老文化，并始终充满生机与活力。

　　中华文化曾是东方文化摇篮，也是推动世界文明不断前行的动力之一。早在五百年前，中华文化的四大发明催生了欧洲文艺复兴运动和地理大发现。中国四大发明先后传到西方，对于促进西方工业社会发展和形成，起到了重要作用。

中华文化的力量，已经深深熔铸到我们的生命力、创造力和凝聚力中，是我们民族的基因。中华民族的精神，业已深深植根于绵延数千年的优秀文化传统之中，是我们的精神家园。

总之，中国文化博大精深，是中华各族人民五千年来创造、传承下来的物质文明和精神文明的总和，其内容包罗万象，浩若星汉，具有很强的文化纵深，蕴含着丰富的宝藏。我们要实现中华文化的伟大复兴，首先要站在传统文化前沿，薪火相传，一脉相承，弘扬和发展五千年来优秀的、光明的、先进的、科学的、文明的和自豪的文化现象，融合古今中外一切文化精华，构建具有中国特色的现代民族文化，向世界和未来展示中华民族的文化力量、文化价值、文化形态与文化风采。

为此，在有关专家指导下，我们收集整理了大量古今资料和最新研究成果，特别编撰了本套大型书系。主要包括巧夺天工的古建杰作、承载历史的文化遗迹、人杰地灵的物华天宝、千年奇观的名胜古迹、天地精华的自然美景、淳朴浓郁的民风习俗、独具特色的语言文字、异彩纷呈的文学艺术、欢乐祥和的歌舞娱乐、生动感人的戏剧表演、辉煌灿烂的科技教育、修身养性的传统保健、至善至美的伦理道德、意蕴深邃的古老哲学、文明悠久的历史形态、群星闪耀的杰出人物等，充分显示了中华民族厚重的文化底蕴和强大的民族凝聚力，具有极强的系统性、广博性和规模性。

本套书系的特点是全景展现，纵横捭阖，内容采取讲故事的方式进行叙述，语言通俗，明白晓畅，图文并茂，形象直观，古风古韵，格调高雅，具有很强的可读性、欣赏性、知识性和延伸性，能够让广大读者全面触摸和感受中国文化的丰富内涵，增强中华儿女民族自尊心和文化自豪感，并能很好地继承和弘扬中国文化，创造具有中国特色的先进民族文化。

人间天宫

非凡造诣的妈祖庙宇

湄洲妈祖庙，位于福建莆田的湄洲岛。湄洲祖庙是对湄洲妈祖庙的尊称。湄洲妈祖庙建于987年的宋代，供奉的是妈祖林默。

湄洲妈祖庙是妈祖林默升天的那年，人们为了纪念她而建，是最早的妈祖庙。因此，它又被称为全世界2000多座妈祖庙的祖庙，是全世界妈祖信众心中的圣地。

湄洲妈祖庙由正殿和偏殿等五组建筑群构成，有16座殿堂楼阁，99间斋舍客房，画梁雕栋，金碧辉煌，有"海上龙宫"之誉。

海上龙宫

湄洲妈祖庙

菩萨化身妈祖救海上遇难人

　　在宋朝时，福建有一家姓林的名门望族，这家男主人叫林愿，在宋初官任都巡检，他的父亲林孚曾经是福建的总管。

　　传说当时林愿的妻子王氏，在梦里见到了观音菩萨，观音菩萨给了她一个仙果，她吞食仙果后就怀孕了。

■ 湄洲妈祖庙牌坊

■ 湄洲妈祖庙新殿
大牌坊

960年，就是宋太祖建隆元年的三月二十三，在王氏即将分娩的时候，福建莆田县城郭西南的壶公山峰上空忽然射出一道霞光，好像千万条闪电在壶公山的峰顶上闪烁，直向林愿的屋院中射来。

在当时，林愿正靠在院中的窗棂边坐着，忽见一道奇异的彩光，照亮了整个客厅，空气中充满了芬芳的异香。观音菩萨从彩光中出现了，林愿急忙跪在地上，连连对着那道彩光的方向膜拜。

观音菩萨慈祥地对林愿说："你即将出生的这个女儿比男孩儿还尊贵，这是菩萨的好意，你要好好地把她养大，行菩萨之道。"

说完，观音菩萨便隐身而去了，满室的祥光也随之消失了。林愿慢慢站起来，他思索着菩萨说的话到底是什么意思呢?

这时，稳婆跑来对林愿说："老爷! 恭喜您，夫人生了个千金，又白又胖，可是她就是不哭啊!"

观音菩萨 又作观世音菩萨、观自在菩萨、光世音菩萨等。他相貌端庄慈祥，经常手持净瓶杨柳，具有无量的智慧和神通，大慈大悲，普救人间疾苦。当人们遇到灾难时，只要念其名号，便前往救度，所以又称"观世音"。

■ 湄洲妈祖庙建筑

道士 信奉道教教义并修习道术的教徒的通称。道士作为道教文化的传播者，又以各种带有神秘色彩的方式，布道传教，为其宗教信仰尽职尽力，从而在社会生活中，也扮演着引人注目的角色。道士之称始于汉朝，当时意同方士。在道教典籍中，男道士也称乾道，女道士则相应地称坤道。黄冠专指男道士时，女道士则相应地称为女冠。

稳婆走近林愿的跟前继续说："这女孩儿一定是贵命，刚生下来，她就睁开了眼睛，并且不像别的孩子一样哭闹，我打了几下，她还是不哭，她长大后一定是个有福之人！"

林愿听后，思索了一下，说："她生下来就不哭吗？那么就给她取名为'默娘'吧！"

默娘渐渐长大，她非常聪明伶俐。8岁时，家人就送她到私塾读书，老师教的文章她很快就能明白，并且能融会贯通。默娘还笃信神佛，她每日都焚香念经，早晚不懈。

在默娘13岁时候，有一位老道士名叫玄通，来她家做客，看到默娘的时候是眼前一亮，便对默娘说："你有仙根，这本《玄微秘法》你拿去修炼，可以度入正果！"

默娘拿到经书之后便依法修炼，她均能领悟要旨。随着修炼时间加长，默娘渐渐有了预知能力，她能够提前预知天气的变换。

有一年秋天，正是捕鱼季节，渔民们都要出海捕鱼了。

默娘听说后，她闭目冥想了一下，又向外面正南方的山尖上看了看，她对父亲林愿说："父亲，今天有台风，不能出海捕鱼！"

默娘的父亲林愿，当时担任维持海上治安的巡官，负责防止海盗的袭击和保护渔民的安全，所以当渔民们出海捕鱼时，林愿就会率领巡船护卫渔民。

林愿听默娘这样说，便走下台阶向渔民们恳切地说："今天要刮台风，南山头上不是起了钩钩云吗？大家还是不要出海了，万一大家有了不幸，我怎么对得起你们呢？"

可是渔民们为生活所迫，无论如何也不听劝告，

私塾 是中国古代社会一种开设于家庭、宗族或乡村内部的民间教育机构。它是旧时私人所办的学校，以儒家思想为中心，它是私学的重要组成部分。清代地方儒学有名无实，青少年真正读书受教育的场所，除义学外，一般都在地方或私人所办的学塾里。因此清代学塾发达，遍布城乡。

■ 湄洲妈祖庙石刻

一定要下海捕鱼，林愿只好点头答应。默娘再次劝告父亲说："父亲，今天肯定有台风，你们去不得啊！"

林愿对女儿说："他们都要下海，我受国家的俸禄，职责所在，怎能不以性命保护他们呢？"

默娘知道父亲脾气，便不再劝解了。当林愿率领渔民们出发时，她便对渔民们说："倘若今天的天气有了变化，你们迷失了方向，请一定观看火光，哪里有火光，哪里就是岸边。"

渔民们都下海之后，不到半天，台风就来了。狂暴的风雨袭击着整个莆田，天灰蒙蒙的。在海上的渔民被狂风吹袭着，怎么也看不到海岸。渔船被浪涛激荡着，被风雨吹打着，忽高忽低，好像跌入深渊似的失去了控制船只的能力。

渔民们狂喊了起来，他们呼救的声音和着狂风暴雨与浪涛传到了岸上。默娘听到人们的喊声，急忙从房中奔到院中，她对女仆们喊道："快把后房的柴垛点起来，他们一定迷失了方向！"

女仆说："姑娘，我们怎能烧自己的房子呢？"

■ 湄洲妈祖庙香炉

湄洲妈祖庙天后宫

　　默娘说："我们不烧自己的房子，谁烧自己的房子呢？我们要拯救数百名迷失了方向的渔民啊！只有牺牲自己的房子，点燃房屋后，他们才知道往何处去呀！"

　　女仆还是不肯照着做，默娘只得自己动手。她跑到后院，用一堆干柴把火点起来了。火光在雨水浇灌下冒着浓烈的黑烟，在狂风中火苗摇摆着冲向了天际，火势狂烈，火声"呼呼"作响。

　　在狂风暴雨和黑暗中的渔民，幸而看到了火光，他们获得了一线生机，大家高喊着说："那边有火光，是默娘给我们点燃的，火光处就是岸边，我们向火光处驶，向火光处划！"

　　因为这火光，大家在苦难中获得了光明，重新充满了希望，于是就奋力划起船来。最终，大家回到了岸上，数百名渔民终于得救了。

　　大家都很感激默娘，也很惭愧当时没有听默娘的劝阻就强行出海了，渔民纷纷说以后一定要听默娘的劝阻了。

　　转眼间，默娘16岁了。有一天，默娘与一群女孩儿对着井水照影子，忽然，大家看到一位神人捧着一个道符从井中上来，后面还有仙班簇拥着。

湄洲妈祖庙妈祖金身像

女伴们都吓得跑开了，只有默娘没有离开。神人微笑着把道符授给了默娘。默娘得到道符后，不一会儿便领悟了其中奥秘，感觉有了无形的法力。

从此以后，默娘虽身在家中，却能时常神游万方和预测吉凶祸福了。后来，她能为人治病消灾，逐渐还能驾云飞渡大海和拯救海难，远近的人们都很感激她，称她为"神姑"或"龙女"。

有一年秋天，默娘的父亲和兄长驾舟渡海北上了。他们出发不多久，正在室中精心织布的默娘忽然变了脸色，她伏在织布机上闭起眼睛，又伸出双手紧紧抓住梭，用力地按住杼，两脚紧紧地踏着机轴，好像在拼尽全力地做什么。

默娘的母亲发觉后十分惊恐，急忙去推她，想要把她叫醒。这一推，默娘失手将梭掉在了地上。默娘睁开眼睛，顿足高声哭了起来，她喊道："父亲得救了，哥哥坠海死了！"

默娘的母亲听完十分惊慌，连忙差人打听消息。不一会儿便有消息回报，说默娘的父亲和兄长出海没多久就遇上了飓风，她父亲的船在怒涛中仓皇失措，好几次都几乎翻船，但是好像有人稳住了船舵一般，慢慢靠近了她兄长所在的船，但当快要靠近的时候，默娘兄长的船就沉没了。

道符 又称神符或天符。通常用竹板或金属制成，上面刻着文字，剖分为两半，是法力的象征，具有绝对服从的意义。道教认为，神仙世界的最高统治者可以颁布道符赐予某人，得到道符的人便有权力召劾鬼神和镇压精怪。因此，佩带道符的法师具有崇高不可抗拒的法力。

原来，默娘闭着眼时，脚踏着的是她父亲的船，而手抓的是她兄长的船舵。母亲把默娘叫醒，梭子坠在了地上，默娘兄长的船就倾覆了。父亲脱险返航，而她的兄长就被汹涌的浪涛吞没了。

到了默娘21岁那年，莆田地区大旱，河流干涸，田地龟裂，连饮水也有困难，人们困苦万分。当时的默娘，已是无人不晓的能呼风唤雨的神女了，人们都说，只有神女才能化解这场灾害啊！

莆田知县无计可施，为解全县旱灾，遂向默娘求救。知县不惜屈尊，冒着烈火骄阳，亲自登门，诚恳谦恭，请默娘为全县百姓祈雨。

默娘欣然应允了，就设坛祈雨。祈雨结束后，默娘告诉知县说三日后将会普降喜雨。日子一天天过去了，眼看着到了默娘所说的日子，却依然烈日如火。

知县　中国古代的一种官名，起源于战国，称县令。战国时三晋和秦已称县的行政长官为令。秦商鞅变法后，并诸小乡为县，设置令及职责。县令本来直隶于国君，在战国末年，郡县两级制形成后，县就属于郡了，县令就成为郡守的下属了。

011

海上龙宫

湄洲妈祖庙

■ 湄洲妈祖印

人间天宫的祭祀圣殿

就在大家怀疑默娘法力的时候，突然雷声隆隆，电光闪闪。紧接着，暴雨如倾，旱情骤解，天降甘霖，万民欢呼，都称默娘是"通灵神女"。

后来，默娘在28岁的时候，在一场海难中牺牲了。但是，在民间传说中，说默娘并不是去世了，而是飞升成仙了。

传说那是在九月初九重阳节的前一天，默娘对家中人说："我心好清净，不愿居于凡尘世界。明天是重阳节，我想去爬山登高，预先和你们告别了啊！"

大家都以为默娘要登高远眺，不知她将飞升成仙。第二天早上，默娘焚香念经后，她对姐姐们说："今天我要登山远游，实现我的心愿，但道路难走而且遥远，你们不能和我同行。"

默娘告别姐姐们，直上山峰的最高处。传说她到了山顶，忽见山顶浓云四合，一道白气冲上天空。

■ 湄洲妈祖庙建筑

人们仿佛听见天空有丝竹管弦奏起的仙乐声响彻云天，只见默娘乘着长风、驾着祥云，翱翔于苍天皎日间，若隐若现。

湄洲妈祖庙铜器纹饰

忽然，彩云将默娘围了起来，她就不见了。家人们这才知道，默娘飞升成仙了。默娘升天后，人们为了纪念她，就在湄洲岛建庙祭祀她，这庙宇就是最早的妈祖庙。

据有关文献记载，当时的妈祖庙仅仅是一个用几根椽木搭建的小庙。但是，来妈祖庙烧香祭祀和祈求出海平安的人依然很多。

默娘升天后，关于她的传说从未间断过，相传每次出海的渔民遇到海难，都会看到默娘显现帮助他们，因此，人们十分感激默娘，都前来祭祀她。

阅读链接

又有传说，妈祖原是观音菩萨身边的一个龙女。她看见东海四处都有海妖兴风作浪，渔民们深受其害，便祈求观世音让她下凡为民除害。

观音菩萨见龙女有这样的慈善之心，就点头答应了，只说了一句："二八为期，去吧！"于是龙女便下凡投胎在湄洲林家了。

二八就是十六的意思。在默娘十六岁时，她想起观音菩萨给她的期限已到，便十分苦恼，因为她还有很多事情没做。后来一位道士对她说："二八为期，可做二解，一解为十六，二解即把二八拆开来念，不就是二十八吗？"

默娘听了便安心地留了下来，继续为乡亲们除恶驱邪，直到她二十八岁才告别亲人，并羽化升天了。

妈祖显灵而使祖庙昌盛

　　湄洲妈祖庙建成后，据说妈祖经常显灵，乡亲们时常能看到妈祖站立在山岩水洞之旁，盘坐于彩云雾霭之间。还传说，每当人们遇到困难的时候只要喊："妈祖保佑！"妈祖就会闻声而至，使人们逢凶化吉和遇难呈祥。

　　后来，妈祖庙又经过了多次扩建和修葺，到了1030年左右，祖庙

湄洲妈祖庙正殿匾额

■ 湄洲妈祖庙顺济殿

已经具有了一定规模，由正殿、寝殿等组成，到妈祖庙朝拜的人络绎不绝。

到了1123年的宋代，妈祖信仰由民间传到了朝廷，这是因为当时给事中路允迪奉旨出使高丽，吊唁高丽国王的途中，他们的船队在航行途中得到了妈祖显灵庇佑。

当时路允迪的船队在航行途中遇到飓风，他们8艘船转眼间沉没了7艘，只剩下路允迪所乘的那一艘，并且这艘船也危在旦夕。路允迪船的桅杆上红光四射，刹那间，仿佛有一把大伞挡住了狂涛巨浪。

红光过后，风浪顿息，船员们转危为安。路允迪向部下打听是何方神灵救助，当时船上的一名船员是莆田人，名李振。他告知路允迪这个是湄州神女妈祖。路允迪回朝复命时，便将途中的奇遇上奏给了宋徽宗。

路允迪 字公弼，宋朝官员。官至给事中，1123年，他奉诏出使高丽，搭船至东海，遇到狂风，八舟溺七，只有允迪所乘之船安然以济，船员李振说这是湄州女神显灵。

显灵 指在信仰中，神灵对个人愿望和请求的应答，或神灵的短暂显现。道教中，道士们会通过道场向特定的神灵传达百姓的愿望，对于愿望的实现，也称为"显灵"。

■ 湄洲妈祖庙顺济殿内供奉的西海龙王

徽宗皇帝当即下诏赐妈祖庙"顺济"庙额，封妈祖为"顺济夫人"。殿内祀四海龙王，中间置"妈祖巡海图"巨型插屏。这是妈祖显灵事迹第一次由民间传到朝廷，并且得到朝廷的确认和褒封。

到了元代，湄洲妈祖祖庙得到进一步的扩建。在元代诗人洪希文的《题圣墩妃宫》诗中就有对当时湄洲妈祖庙盛况的描写。诗道：

我昔缆舟谒江干，曾觏帝子琼华颜。

云涛激射雷电泄，殿阁嵯峨鱼龙间。

此洲山岛谁所构，面势轩豁规层澜。

壶山峤秀倒影入，乾坤摆脱呈倪端。

粉墙丹柱辉掩映，华表耸突过飞峦。

湘君小水幻灵骨，虞帝迹远何由攀。

银楼玉阁足官府，忠孝许人巫咸班。

帝怜退陬杂鲸鳄，柄受水府司人寰。

五云殿邃严侍卫，仙衣法驾朝天关。

危樯出火海浪破，神鬼役使忘险艰。

灵旗觥觯广乐振，长风万里翔虬鸾。

平洲远屿天所划，古庙不独夸黄湾。

至人何心恋桑梓，如水在地行曲盘。

漕运 是中国历史上一项重要的经济制度。中国古代历代封建王朝，都会将征自田赋的部分粮食运往京师。这种粮食称漕粮，漕粮的运输称漕运，方式有河运、水陆递运和海运三种。

升阶再拜荐脯藻，不以菲薄羞儒酸。
日谈书史得少瑕，石桥潜渡凭雕栏。
诗成不觉肝胆醒，松桧蓊荟鸣玦环。
骑鲸散发出长啸，追逐缥缈乘风还。

其中的“粉墙丹柱辉掩映，华表耸突过飞峦”，讲的就是当时湄洲妈祖庙的盛况。

到了明代，妈祖显灵的事迹也不曾间断。当时，中国北方的粮食消费依然在极大程度上依赖南方，所以漕运仍是朝廷的重要工作。

有一年春天，漕运官船满载粮食出发了。刚出发时水碧天晴，粮官们凭栏酣酒，非常畅快。可天气说变就变。突然间天就阴沉了下来，紧接着狂风暴雨席卷而来，船队在暴风雨中迷失了方向。

由于漕运所动用的船队非常庞大，几乎都有上百艘，随行人员都过万人，若出了意外，损失便是十分惨重。

传说在这危急的关头，全体官兵想起了经常救助海难的妈祖，于是都狂呼：“妈祖救我！”

就在这时候，祥云瑞气充满了天空，一个红衣女子在祥云中显现，紧接着便风平浪息了。漕船得到了平安，众官兵都说是妈祖显灵了，朝天跪拜。

祥云 从周代中晚期开始，逐渐在楚地形成了以云纹特别是动物和云纹结合的变体云纹为主的装饰风格。这股风气到秦汉时已是弥漫全国，达到了极盛。云气神奇美妙，发人遐想，其形态的变幻有超凡的魅力，云天相隔，令人寄思无限。所以，在古人看来，云是吉祥和高升的象征，是圣天的造物。

湄洲妈祖庙妈祖雕像

■ 湄洲妈祖庙山门

后来，漕运的官员抵达朝廷后，将这件事启奏给了皇帝，明太祖听后下旨封妈祖为"昭孝纯正孚济感应圣妃"。

在明代的时候，妈祖曾多次显灵，并且湄洲祖庙在这一时期也得到了扩建。在1374年，泉州街指挥周坐主持重建了寝殿，又建山门、钟鼓楼和香亭。

"山门"是湄洲祖庙建筑的第一道门。山门呈皇城阙状，这是因为妈祖被民间尊为"天上圣母"，是至高无上的女神。山门的建筑风格是歇山顶式的城楼，顶上的垛口像长城，最顶部有两条跃跃欲飞的龙。

在中国古代，皇帝是真龙天子。狮子是中国的吉祥物，山门两旁的石狮，这一组"龙腾狮跃"，更是增添了几分喜庆气氛。

钟鼓楼是所有妈祖庙的必配建筑，东西对峙。平时，晨钟暮鼓，昭示风调雨顺，物阜民丰。而每逢节

晨钟暮鼓 指寺庙中早晚报时的钟鼓声。古人划一昼夜为十二时辰，到一定时辰便击鼓报时，以便让民众知晓。为了使钟声传播更远，除了铜钟越铸越大之外，还建较高的钟楼，与鼓楼相对，朝来撞钟，夜来击鼓。

庆祭祀活动，以鸣鼓三通开始，以敲钟表示礼终。每当那个时候，钟鼓和鸣，声震海陬，庄严肃穆，蔚为壮观。

在郑和下西洋时，因妈祖庇佑有功，奉旨遣官修整祠庙。在1441年，郑和最后一次下西洋之前，亲自与地方官员备办木石，再次修整祖庙。

传说郑和下西洋时曾亲眼看到妈祖显灵。郑和第一次下西洋是前往暹罗等国。船队云帆高悬，浩浩荡荡。当船至广州大星洋时，突然大风骤起，洪涛如山，上下颠簸，船只将覆。

在这紧急关头，船员请求郑和向"天妃"妈祖祈祷，郑和祷告说："郑和奉命出使外邦，忽遭风涛危险，身固不足惜，恐无以报天子，军士生命，系于一发，望天妃救之。"

据说郑和祷毕，忽闻鼓笛之声，一阵香风，宛见天妃飒飒飘来，立于云端，旋即风平浪静，转危为安。后来郑和的船队在经过三佛斋时，又遇海寇，也得天妃帮助，剿灭海寇。

郑和回国后，立即奏明皇帝，于是，朝廷封妈祖为"护国庇民妙

■ 湄洲妈祖庙景观

光明灯 是供奉神明的一种灯具，体积小，数量多，给信徒使用，并尽可能地延长其燃烧时间，在庙宇中，经常都有光明灯，也叫平安灯。民间习俗上，如果哪年生肖与自己生肖相同，就是所谓的犯太岁，如要化解则必须到庙中点一盏光明灯，时间为一年。

灵昭应弘仁普济天妃"。

湄洲祖庙经过历朝历代的重修重建，祖庙更加金碧辉煌、巍峨耸立。

在湄洲祖庙正殿的神龛内外各供奉一尊妈祖神像，这是因为湄洲祖庙是世界上所有妈祖分灵庙的祖庙，很多分灵庙都要从祖庙分灵妈祖神像，而神龛外的这尊妈祖就是要先供奉过一段时间的香火，然后由分灵庙虔诚请回去奉祀的妈祖神像。

神龛两旁是妈祖光明灯，信众们可以把名字与心愿写进灯里，祈求妈祖保佑合家平安，心想事成。妈祖精神的真谛就是慈爱为怀和普济苍生，所以人们相信妈祖一定会保佑他们。

寝殿也就是祖庙天后宫，是世界妈祖信众心目中最神圣的殿堂。进寝殿之前的石柱上面有一副奇特的对联，是明代莆田的大才子戴大宾所作。联道：

■ 湄洲妈祖庙寝殿
天后宫

■ 郑和（1371—1433），原名马三保。出身云南咸阳世家，明朝伟大的航海家。他深得明成祖朱棣的器重。1404年，明成祖朱棣赐姓马三保"郑"，改名为和。从此，他便改名为郑和。任内官监太监，官至四品，地位仅次于司礼监。在1405年至1433年间，郑和七下西洋，完成了人类历史上最伟大的壮举。

齐斋齐斋齐齐斋齐齐斋戒；
朝潮朝潮朝朝潮朝朝潮音。

上联的意思是朝拜妈祖的同时，也要学习妈祖慈爱博大、乐于助人的精神，一起"戒"掉不良的行为及私心杂念。下联所蕴含的意思是在学习妈祖精神上，也要像连绵不断的海水一样，每天潮起潮落，持之以恒。

寝殿内左右两边都绘有壁画。右边的壁画记述的是明代著名航海家郑和下西洋的故事。

郑和于1405年至1433年七下西洋，每艘船上都供有妈祖，并且他每次下西洋之前，都要到妈祖庙上香，祈求妈祖保佑。

左边壁画所记述的是清朝施琅将军收复台湾的故事。在施琅将军率领收复台湾的军队来到莆田的时候遇到了干旱，后来施琅向妈祖祈求，希望得到妈祖的庇佑找到水源，收复台湾。

后来施琅便从枯井里挖到了水源，解决了大军的用水难题，最终顺利收复了台湾。

寝殿神龛正中奉祀的是"妈祖金身"。在妈祖金

施琅　（1621—1696），字尊侯，号琢公，明末清初军事家。原为郑芝龙和郑成功的部将，降清后被任命为清军同安副将，不久又被提升为同安总兵，福建水师提督，先后率师驻守同安、海澄、厦门，1683年率军渡海统一台湾。

人间天宫的祭祀圣殿

雍正 清世宗爱新觉罗·胤禛（1678—1735）的年号。胤禛是清朝第五位皇帝，入关后第三位皇帝，清圣祖康熙的第四子。1722年至1735年在位，庙号清世宗。雍正在位时期，平定了罗卜藏丹津叛乱，设置军机处加强皇权，实行"改土归流""火耗归公"与"打击贪腐"等一系列铁腕改革政策，对康乾盛世的连续具有关键性作用。

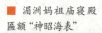
■ 湄洲妈祖庙寝殿匾额"神昭海表"

身的两边各有一尊执扇的侍女塑像，她们分别是掌管香花和侍候妈祖的玉女，叫司花和司香。

在殿堂的两边还塑有"五风十雨"塑像，也就是掌管风雨的神灵。还有"左右相"，就是掌管文武大事的官员。

两边廊庑供奉的则是"五湖""四海"和"九河"共18员部将，就是所谓的"水阙仙班"神像。站立门旁的神像是为妈祖服务的，而神座上跪着的小神像是妈祖生前收伏的高里鬼。

相传妈祖在世时，有一个叫高里的地方出了一个妖怪，当地百姓深受其害。于是百姓们前去求妈祖医治，妈祖给求治者一符咒，叮嘱百姓回去后，将符咒贴于病人床头上。

妖怪知符咒法力巨大，提前变成一只鸟逃跑了。妈祖心道："怪物不能留此为患乡里。"于是去追寻它。到了一棵树下，看到树上有一只小鸟，鸟嘴还喷

湄洲妈祖庙寝殿内妈祖金身坐像

出一团黑气。妈祖看出这便是那妖怪，用符水喷洒小鸟，小鸟落地变成一撮枯发，妈祖又用火烧枯发，小鬼才现出原形，叩头请妈祖手下留情。于是妈祖将它收在了台下服役。

寝殿里悬挂的匾额"神昭海表"，是清代雍正皇帝在1726年的御笔。

阅读链接

妈祖金身又称"巡天妈祖"。

湄洲妈祖庙作为祖庙，每天来朝拜的香客非常多。为了香客们在妈祖金身出巡时也能朝拜，所以在妈祖金身背后，还供奉着一尊镇殿妈祖。

重建后的祖庙如海上龙宫

　　1683年，清朝闽浙总督姚启圣奉旨赴台湾颁布第一道朝廷诏书，但是因为风不顺，他估计无法按时到达台湾，这样就是欺君大罪了啊！烦恼的姚启圣亲自来到妈祖庙祈祷，希望妈祖能够帮助他顺利到达台湾。

■ 湄洲妈祖庙太子殿

■ 姚启圣（1624—1683），字熙之、忧庵。浙江绍兴马山姚家埭人。他是清代康熙年间的杰出政治家，收复台湾的决定性人物之一。他曾担任福建总督，当政期间以执法严明而著称，在收复台湾战役中功勋卓著。姚启圣性情爽朗，也颇关心故乡建设，曾修郡学校及三江闸等。

果然，姚启圣起航之后非常顺利，按时到达了台湾。

姚启圣还朝复命后，为了答谢妈祖，就重修了妈祖庙，并把重修后的朝天阁改名为"正殿"。

自从姚启圣重建了湄洲妈祖庙以后，便屡建奇功，后来便晋升为太子太保和兵部尚书，人称"太子公"。所以，后来人们又将姚启圣重修的正殿称为"太子殿"。妈祖庙重修完成后，还剩下许多杉木和石料，于是姚姚启圣又在山门旁盖了一座庙宇，但一时又不知道这庙宇该叫什么名字。

姚启圣想，妈祖贵为天后，虽然手下有"千里眼"和"顺风耳"两将军，但还少个手下总指挥。这座新盖的庙就叫中军庙吧！可是这位中军的像该怎么塑呢？

姚启圣一时想不出，便先回去了，临走时向妈祖祷告道："殿已盖好，少个中军，妈祖有灵，请自选。"

没想到姚启圣回家后不久便病死了。这时中军殿的塑像刚好完成，于是庙主便请姚夫人到殿祭祀。姚夫人来到祖庙烧香祭祀以后，就来到中军殿。她对着塑像，想起当时跟丈夫一起来许愿的事，一下子眼泪止不住地流。在场的随从看到这情景，也流下了眼泪。

忽然，有个人抬起头，看到泥雕像也是满脸泪痕。大家都非常吃惊。这时，有个随从昏倒了，口里喃喃地说道："我就是姚启圣，因为去年在妈祖面前说过中军殿里无中军，所以被妈祖请来镇殿了。今天见夫人哭得伤心，所以不觉得也流泪了。"原来是姚启圣的魂魄附体在随从身上了。

姚夫人听后"啊"的一声大叫，立即扑向塑像，想要自尽，想跟随夫君而去。塑像赶忙往后退了一步，塑像的脸也变成了红色，而且看上去是满脸愁容。

事隔不久，有人重新塑了中军塑像，当时脸上没有加色，但过了一夜后，塑像的脸就变成红色了，而且也是带点忧愁。

这事传开后，人们推想这个中军就是姚启圣的神像。于是，人们便在殿中右边门前塑了一匹姚启圣生前最喜爱的白马，让他来骑，以便他处理事务。后来，在明末清初时候，靖海侯施琅又增建了梳妆楼、朝天阁和观音殿等建筑。

施琅重建的朝天阁位于正殿后面的山坡上，是一座三层八角形、

朝天宫

宝塔顶的楼阁式建筑，它的建筑结构奇特、严谨，显得十分华美。阁内神龛上供奉着妈祖神像。妈祖神像均为黑面，人们称她为"黑脸妈祖"。

这些黑脸妈祖像，是1683年台湾鹿港天后宫从湄洲祖庙分灵过去的。由于台湾信众非常虔诚，香火不断，时间久了，妈祖的脸就渐渐熏黑了。

梳妆楼位于寝殿的下侧，此楼是两层的单檐回廊式建筑，楼内供奉着妈祖像。这个梳妆楼表示了妈祖将一生奉献给大海的坚定意志。

相传妈祖18岁时，父母开始为她的婚事操心，但是她却矢志不嫁。她只想把自己所有的精力都花在帮助乡亲和拯救海难上。

于是，妈祖便给自己精心设计了一个像船一样的发型，表示已把身心都许给了大海。

妈祖升天后，岛上的乡亲们为了纪念她，凡女孩子出嫁，都会梳这样的发型。

头顶发型呈船帆状，发髻代表船帆，两侧的银卡子代表船桨，中间的红头绳代表缆绳，头顶上的簪子代表锚，这样的发型代表着大家一个共同的愿望，就是家人出海时，一路平安、一帆风顺。

新娘的服装也特别有文化内涵。蓝色上衣表示深深的大海，红黑相间的裤子，红色比为吉祥，黑色喻为思念。当丈夫出海时，妻子在家里这样穿着，表示对丈夫的忠贞、思念和祝福。

据说观音殿的建造是因为在老百姓心里，妈祖的出生是观音菩萨赐予的礼物，而且妈祖的慈悲济世精神，与观音一脉相承，所以清代以前的妈祖庙建筑群中总有观音殿作为主要配殿。

观音殿中奉祀观音菩萨，供广大妈祖信众及求子心切的天下父母顶礼膜拜。

到了1735年，乾隆登基的时候，湄洲妈祖祖庙已颇具规模了，成为一座有99间斋房，号称"海上龙宫"的雄伟建筑群。

湄洲妈祖祖庙一度遭到破坏，只剩下圣父母祠和中军殿，妈祖庙的文物也相继被毁和遗失，唯有妈祖神像存留下来。经过几年努力，湄洲妈祖庙在原址上被稍加改动，建立了起来。

重建的妈祖庙坐东北，面西南，呈轴线分布，有牌坊、长廊、山门、香炉台、圣旨门、广场、钟鼓楼、正殿、寝殿、朝天阁、升天楼等，还有佛殿、观音殿、五帝庙、中军殿以及爱乡亭、龙凤亭、香客山庄和思乡山庄等一系列建筑物，形成规模庞大、雄伟壮观、楼亭交

■湄洲岛妈祖庙鼓楼

错，殿阁纵横的祖庙建筑群。

从山门至升天楼、从升天楼至妈祖石像的石级分别是323级和99级，象征着妈祖诞辰日农历三月二十三和升天日农历九月初九。

大牌坊是进入妈祖庙建筑群的第一道关口。它是"三开重檐"形式构成，气势不凡，并且由中国书法大师林加国题写庙名"湄洲妈祖祖庙"。

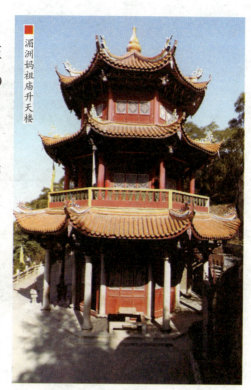

两旁长廊，雕梁画栋，依山逶迤，与大牌坊连成一体，沿轴线递叠而上的建筑群，错落有致，布局精巧。驻足坊前，可以将祖庙的风采一览无余。

仪门也称"圣旨门"。凌空而建、巍峨壮观，正中悬挂"圣旨"竖匾，象征妈祖曾受历代帝王褒封。

在当时，朝廷对妈祖的封赐皆用圣旨传送，这里就是颁发圣旨的地方，所以此门又名"圣旨门"。由于它的威严与神圣，所以当时凡经此门的文官下轿，武官下马。在仪门的主柱上面有两副对联，一副是：

商旅平安闽台和衷共济；
春秋报赛群众朝圣联欢。

还有一副是：

历代褒封崇懿德；
寰球利涉赖慈航。

■湄洲妈祖庙仪门

这两副对联概括了妈祖受历代褒封及商旅群众前来朝圣答谢妈祖的盛况。

朝廷的累累封赐，最终确立了妈祖作为唯一海神的至高无上的地位，也使妈祖这一民间信仰的传播日渐扩大，几乎遍及全国。同时，她的名字又伴随着漂洋过海的华侨、海员和外交使节，传遍了天下。

阅读链接

在圣旨门的前面是圣旨门广场，宽66米，深66米，暗喻"六六"大顺之意。据说，每次朝廷为妈祖封赏而下达的圣旨，都是在圣旨门宣读的。

并且自从宋徽宗皇帝下诏赐妈祖庙"顺济"匾额，封妈祖为"顺济夫人"后，直到清代，朝廷先后36次为妈祖叠奖褒封。封号从"夫人""妃""天妃""天后"直至"天上圣母"，殊荣臻隆，无以复加。其中宋代14次、元代5次、明代2次、清代15次。

南轴线建筑群中的美好夙愿

　　妈祖庙重建完成之后，为了满足广大妈祖信众的朝拜需要，应海内外妈祖信众的要求，后来又设计建筑了湄洲妈祖祖庙南轴线工程，就是祖庙新殿。

　　祖庙新殿整体建筑群沿轴线对称布局，呈南起向，故又称"南轴

■ 湄洲妈祖庙新殿建筑

■ 湄洲妈祖庙大牌坊

线建筑群"。它的整个工程硕大无比，占地50 000多平方米，从妈祖石雕像至大戏楼，总长400多米，最宽处100多米，上下落差达60多米。

祖庙新殿建筑群是一座五进庙宇式仿宋的建筑群，主要有大牌坊、宫门、钟鼓楼、顺济殿、天后殿和灵慈殿。其配套建筑有东西廊庑、祈福殿、妈祖文化展览馆、天后广场、观礼台和大戏楼等，气势恢宏，庄严肃穆，举世无双。

大牌坊是进入祖庙新殿的第一通道，为五开三檐建筑，高20多米，宽35米左右，凌空飞檐，磅礴壮丽，为中国少有的雄伟牌坊之一，上面书题"湄洲圣境"4个大字，笔法苍劲有力。

牌坊与天后广场相连，坊前平台为祖庙大型祭典之祭坛。天后广场长120米，宽88米，面积10 000平方米，两旁是观礼台各长129米，各有13级磴座，能容

祭典 也称为祀典。祭祀的礼仪法度。祭典由主祭一人、与祭若干人、司仪、司香、读祝文等各一人主持，还有司钟、司鼓、司乐、司僚等执事，整个祭典庄重、肃穆。在妈祖诞辰和羽化升天之日，湄洲祖庙及各地妈祖庙都要举行隆重的祭典。

万人观看，是祖庙大型祭典和举行盛大活动的场所。

大牌坊之后便是新殿的第一门宫门。早在1409年明朝的时候，天妃庙就升格为宫了，皇帝御书赐额为"弘仁普济天妃之宫"，宫门的门额就是由此摹勒而来的。

在宫门的门厅内祭祀着千里眼和顺风耳两位神将。在中国古代，航海技术还不发达，航海人很难预测海上多变的恶劣气候，出海的时候经常遭遇飓风的袭击。

于是人们就希望有一种神灵，能够在千里之外就可以看见、听见海上的情况，提前告诉人们海上的情况，保佑人们出海平安，因此便有了千里眼和顺风耳这两尊神。

但是据《封神演义》及民间传说，这两位神将原本是殷纣时期的高明和高觉两兄弟，他们自封为金王和柳王。后来他们被姜子牙打败后就化为了妖魔，在湄洲西北方向作祟，后被妈祖收服为帐下二将。

1869年，清代的总理船政大臣沈葆桢题奏，赐封二神将为金将军、柳将军。

对于这两尊神将，还有另外一个传说。传说当

摹勒 古代将文字刻在石碑或木板上的方法。首先是将文字写在纸上，再在纸背用朱砂依样勾勒字的轮廓，然后覆盖在准备刻字的石头或木头上，按压使朱砂粘于面上，然后根据印记刻字。

海上龙宫

湄洲妈祖庙

■ 弘仁普济天妃宫

人间天宫的祭祀圣殿

■ 湄洲妈祖庙内的
千里眼和凉伞将军

千里眼顺风耳
是道教中的两位
守护神，地位虽
然不高，流传却
很广泛。这两位
小神功力非凡，
千里眼能够看到
千里之外的物
体，顺风耳则能
听到千里之外的
声音。他们被道
教纳入神仙体系，
成为该教的护卫
神。他们的塑像
一般安置在宫观
的大门口，同时
又在他们的旁边
加了两位武士，合
称"四大海神"。

时湄洲屿西北方有两个水怪，一个叫聪，听力好，号称"顺风耳"；一个叫明，视力好，号称"千里眼"。他们两个经常出没作祟，村民甚受其苦，祈求妈祖惩治。

于是妈祖混杂在妇女当中上山务农，经过十余日，妈祖与他们相遇了。他们误以为妈祖是普通女子，悄悄地靠近妈祖。妈祖将手中的丝帕一拂，顿时狂风卷地，只见到两妖怪拿着斧子看着妈祖。妈祖说："敢掷下你们手中的斧吗？"

他们听了不以为然地丢下了斧子，但丢下后发现再也拿不起来斧子了，非常吃惊，就逃跑了。

两年后，他们又出来作祟。这次是在水上出现，他们乘风踏浪，翻云覆雨，弄得渔民苦不堪言。

妈祖说："江河湖海都有其自然规律，渔民们顺应自然、依靠江河休养生息，你们不可造次。"

于是念起咒语，顿时林木震荡，飞沙走石，他们无处躲闪，于是拜伏在地，表示愿意归顺妈祖，为她效力。妈祖于是将他们收为麾下二将，作为耳目为拯救海难、驱恶扬善效力。

在"千里眼"旁边的是凉伞将军，是妈祖巡游时为妈祖挡风遮雨的守护神。因为妈祖作为海神经常要四处巡游，了解海上的状况。

在海面上免不了风吹雨打太阳晒，爱美之心人皆有之，何况是妈祖这位美丽的女海神呢，于是便有了这个凉伞将军来替妈祖遮风挡雨。

在"顺风耳"旁边，手牵白马的则是马将军，人们又称他为"飞天信使"，他是专为妈祖传递最新消

咒语 就是有一定能量的信息。咒在佛教中被称为真言，且广泛运用于佛教典籍。在佛教中，咒或名陀罗尼，亦即总持法门，是诸佛菩萨修持得果之心法结晶。在道教施法仪式中，常有咒语、掐诀、步罡等，它们和书符一起成为道法的基本手段。

■ 湄洲妈祖庙内的顺风耳和马将军塑像

息的神将。

出宫门之后，往上登石磴，就到了东西对峙的钟鼓楼。楼内悬有两吨多重的祈福巨钟及直径将近两米的祈安大鼓。平日里，晨钟暮鼓，昭示风调雨顺、物阜民丰。而每逢盛大节庆，都会钟鼓齐鸣，响声震天，天地同欢，神人共庆。

顺济殿是本宫的前殿。在1123年的宋代，路允迪出使高丽的途中遇到飓风，得到了妈祖的救助，后来宋徽宗得知后赐予了"顺济"庙额，所以顺济殿就摹勒了宋徽宗御书的"顺济"两字为本殿的额名。

在顺济殿内供奉着四海龙王。早在唐代，唐玄宗敕封四海之神，俗传即四海龙王。宋代以后，妈祖被奉为最高海神，四海龙王则作为其配祀的神灵被供奉在这里。

在大殿的中间是"妈祖巡海图"的巨型插屏，屏

人间天宫的祭祀圣殿

■ 湄洲妈祖庙顺济殿插屏《妈祖巡海图》

的背面记载了历代皇帝对妈祖的35次敕封。

■ 湄洲妈祖庙敕封
天后殿

天后殿是南轴线主要建筑物，高19米，宽50米，进深30米，面积986平方米，可供千人同时朝拜，规模雄伟，气势磅礴。

天后殿题额为"敕封天后宫"，这是清代康熙晋封妈祖为"天后"之后统一的名称。殿内主祀敕封天后的金身，陪祀顺懿夫人，即陈靖姑，又称临水夫人，还有惠烈夫人，就是钱四娘。

另在两边配祀的是8位有功于国家与民族，且还有对弘扬妈祖精神有独特建树的历史人物，有路允迪、郑和、姚启圣和施琅等。

据清代学者赵翼著的《陔馀丛考》：

倘遇风浪危急，呼妈祖神则披发而来，

赵翼 （1727—1814），清代文学家、史学家。字云崧，一字耘崧，号瓯北，又号裘萼，晚号三半老人，今江苏省常州市人。他的史学著作有《二十二史札记》《陔余丛考》《檐曝杂记》和《皇朝武功纪盛》等。他还善吟诗，驰骋诗坛近70年，与袁枚、蒋士铨并称"江左三大家"。

元文宗 孛儿只斤·图帖睦尔（1304—1332），蒙古帝国可汗，汗号"札牙笃可汗"。他是元朝的第八位皇帝。元文宗重视文治，为文化的发展做出了很大的贡献。他在位期间，创建奎章阁，编修《经世大典》，为研究元朝的历史提供了一笔宝贵的财富。

其效立应，若呼天妃，则神必冠帔而至。

所以，后来人们看到的有些地方妈祖神像则是红衣披发的便装模样。

灵慈殿是本宫之后殿，额名"灵慈"。这个额名是在元代由元文宗所赐，后来用以彰显妈祖慈悲济世的高尚品格。在灵慈殿内主祀的是便装湄洲妈祖。

妈祖新庙主建筑非常的壮丽华美，其配套建筑祈福殿、妈祖文化展览馆、天后广场、观礼台和大戏楼等也蕴含着深厚的妈祖文化。

祈福殿殿内供奉着1000多尊祈福妈祖，尊尊显圣，像前有999盏祈福神灯，长明不熄，寓意是妈祖于"九月九"在湄洲升天，多了一个"九"是象征妈祖仙逝之后，精魂不泯，圣光永放。

妈祖文化展览馆全馆分"两岸妈祖情缘"和"妈

■ 湄洲妈祖庙灵慈殿

祖信仰"两大部分。

"两岸妈祖情缘"主要记录了以台湾同胞为主体的海内外妈祖信众掀起的全球性的"妈祖热"，充分展示了作为中华民族"真善美"象征的妈祖凝聚力和亲和力。

"妈祖信仰"通过对妈祖史迹、妈祖文物及民俗风情等的介绍，揭示了妈祖信仰的源流及文化内涵。

妈祖文化园占地几十万平方米，大海环抱，怪石嶙峋，满目青山，胜景迭出，它具有浓重的妈祖文化内涵，主要由妈祖石雕像、妈祖故事群雕和妈祖碑林等组成。

■ 湄洲妈祖庙灵慈殿内主祀便装妈祖

石雕巨像是为纪念妈祖羽化升天而建的，当时另建了一尊模样完全相同的石雕石像屹立在台湾北港朝天宫，两岸妈祖石雕像头顶冕旒，身披霞帔，端庄慈祥，遥遥相望，共同维护台湾海峡的和平与安宁。

这里的石雕石像高近15米，象征着妈祖诞生的湄洲岛，共由365块花岗石雕成，寓意妈祖一年365天都在保佑人们平安吉祥。

妈祖故事群雕是根据妈祖的故事，用优质的石料精雕而成的，共有30组216尊。造型生动活泼，人物栩栩如生。

冕旒 古代大夫以上所戴的礼冠和帝王所戴的冕冠。帝王所戴的冕有十二旒，诸侯九旒，上大夫七旒，下大夫五旒。在帝王的冕旒前端，有一块前圆后方的长形冕板，叫"延"，象征天圆地方。据说，置旒的目的是为了"蔽明"，意思是告诫帝王要洞察大体，包容细小的瑕疵。

■ 湄洲妈祖文化园

人间天宫的祭祀圣殿

书法 文中特指中国书法。中国书法是一门古老的汉字的书写艺术，是一种很独特的视觉艺术。书法是中国特有的艺术，从甲骨文开始，便形成有书法艺术，所以书法也代表了中国文化博大精深和民族文化的永恒魅力。

其中有妈祖生前涉波履险、扶危困济的故事，成仙后精魂不泯，神庥人间的显灵事迹。一组组群雕，透视着厚重的文化底蕴。

寝殿左侧山崖上有"观澜"二字石刻，是明代南日寨中军秦邦锜的摩崖题刻，在"观澜"字右下角他的《丁巳仲春登湄洲山谒天妃圣宫》，笔力苍健，气势恢宏，虽经几百年的风雨剥蚀，但仍清晰如初。

驻足石上，可观波澜起伏，浪涛拍岸，而那阵阵铿锵的"湄屿潮音"，宛如悠扬酣畅的历史回声，令人发古幽思，回味无穷。

妈祖碑林坐落于妈祖文化园的东边山坡上，占地240 00多平方米。妈祖碑林是由碑坊、碑廊、碑亭和碑石四大部分组成，依山傍海，秀甲一方。

其主体部分碑石有主碑一通，碑高3米多，长9.9

米，寓意妈祖诞辰及升天日，两边为龙柱，顶部也横卧两条飞龙，以体现碑林的非凡气魄。碑文是清代庄俊元的五言绝句：

宋代坤灵播，湄洲圣迹彰。
至今沧海上，无处不馨香。

这首诗是对于妈祖文化始于宋代，源于湄洲，并从湄洲走向世界最生动、最精辟的概括。

辅碑有99通，造型各异，分传统、天然和艺术创意三类，碑文除帝王御书外，大多出自历代文人墨客歌颂妈祖丰功峻德之诗词或联句。

这些碑文涵盖了真、草、隶、魏和篆等字体，气势如虹、超凡入圣，其艺术造诣和文化品位，堪称华夏碑林一绝，是妈祖文化与书法艺术的珠联璧合。

妈祖碑林为享誉五洲四海的湄洲妈祖祖庙增添了

华夏　是古代汉族的自称，即华夏族。原指中国中原地区，后包举中国全部领土而言，遂又为中国的古称。"华夏"一词由周王朝创造。最初指代周王朝。华夏文明亦称中华文明，是世界上最古老的文明之一，也是世界上持续时间最长的文明之一。

■ 妈祖故里

湄洲妈祖庙妈祖像

一道亮丽的文化风景，自然与人文相得益彰，构成和谐美妙、具有浓厚妈祖文化色彩的独特园林景观，是颂扬妈祖精神的一座伟大的历史丰碑。祖庙新殿整体金碧辉煌、宏伟壮观，被誉为"海上布达拉宫"。

驻足广场，仰望凌空的牌楼、巍峨的殿阁，飞檐流丹，美轮美奂，给人一种人间天庭的气势。

妈祖生前扶危助困，济世救人，深受人们爱戴。升天后又流传许多传说，经过不断的演绎发展，终于形成了反映人类追求"真、善、美"的妈祖信仰。

妈祖虽然原本只是一个平凡的女性，但正是她以有血有肉的身躯，诠释了为人处世的尽善尽美。尽管她的生命是那样短促，又悄然隐逝，可她那充满爱心的纯真之魂，却化作亘古不灭的璀璨灵光，逾越泱泱海波，遍照迢迢异国，五洲同惠，四海共泽。

饱含特色的妈祖祭祀文化

妈祖的祭祀活动有着独特的方式与内容，但对于每个供奉妈祖的妈祖庙来说，它们的祭祀方式和信仰活动都大致相同。

在每年农历三月二十三妈祖诞辰的时候，便会在祖庙举行纪念活动。妈祖诞辰的庆典活动非常隆重，从三月初五开始到二十三结束，它的规模甚至超过了春节。

从三月二十二的晚间开始，虔诚的信徒便会聚集到妈祖山上等待

■ 湄洲妈祖庙景观

簪 是由笄发展而来的，是中国古人用来绾定发髻或冠的长针。其可用金属、骨头、玉石等制成，多加以珠宝装饰。后来专指妇女绾髻的首饰。撷，簪股，将头部做成可搔头的簪子，所以俗称为搔头。

■ 湄洲妈祖文化展览馆

午夜吉时的到来。在三月二十二的晚上，湄洲祖庙还有一个独特的风俗，那就是为妈祖梳妆。祖庙董事会的老阿婆们会在当晚聚集在梳妆楼，为妈祖梳妆。

梳妆楼里所供奉的是不戴冕旒的妈祖神像，阿婆们要为她梳妆打扮。三月二十三是妈祖生日，老阿婆的心情比女儿出嫁还要激动万分，喜盈盈地忙着为妈祖梳妆，给她戴簪和插钗，擦拭脸上的香灰，还会给妈祖换上一身新袍。

午夜吉时到来后，会先鸣放铳炮，然后开始做醮，奏鼓吹八乐并且演戏。这时，围在寝殿香炉前的人们会争先恐后地把手中的清香插进香炉，都希望能抢到头香，获得妈祖更多的庇佑。

在寝殿内，在如同白昼一般的灯光照射下，端坐的妈祖更显慈祥亲切。长长的供桌上摆满了信众奉献的各式各样贡品。贡品的种类繁多，但大致分可为五

牲、五汤和什锦。

五牲就是指全猪、全羊、鸡、鹅和海味。五汤，就是用桂元干、茨实、莲子、红枣和柿饼五种果实做成的面汤点。而什锦，则是用染了颜色的白豆排出10种花样或文字，分别放在10个小碗内。属于干品。除此以外，还有烧金和表礼等。

当夜，祖庙内是一个不眠之夜，前来跪拜的信众非常多。爆竹声不断，十音八乐此起彼伏，舞龙舞狮翻飞腾跃，非常热闹。而戏台上正演出曲调高亢的莆仙戏，好戏连台直演到天亮。

在妈祖诞辰当天的上午，还会在祖庙举行祖庙祭典，气势磅礴、恢宏壮观。这也是妈祖诞辰祭祀活动的最高潮。

妈祖是海神，大海是妈祖重点管辖和显灵的地方，所以，人们除了庙祭之外，还会举行海祭。海祭主要是渔民的节日，是在三月二十三妈祖诞辰这一天

■ 湄洲妈祖庙朝天阁牌匾《佑济昭灵》

跪拜 跪而磕头。在中国的旧习惯中，作为臣服、崇拜或高度恭敬的表示。古人席地而坐，"坐"在地席上俯身行礼，自然而然，从平民到士大夫皆是如此，并无卑贱之意。只是到了后世由于桌椅的出现，长者坐于椅子上，拜者跪、坐于地上，"跪拜"才变成了不平等的概念。

殿 福 祈

感恩还愿追怀信念系心楼

朝圣翰忱一片真诚祈景

人间天宫的祭祀圣殿

■ 湄洲妈祖庙祈福殿

状元 就是在封建社会中，科举考试的最高一级选拔出来的或者经皇帝认定的第一名。自古以来，在漫长的中国历史中存在着文治武功。人们已经习惯于一方面"以文教佐天下"也就是教化民众，维护社会太平；另一方面"以武功戡祸乱"也就是保护国家安定、巩固国家政权。一文一武，相得益彰，有文状元和武状元之分。

举行。海祭的礼仪和庙祭一样隆重，只是把供桌、贡品摆到海边沙滩上而已。

海祭时，信众们会面朝大海，向海神妈祖跪拜，祈求海上出行平安，海上捕捞丰足。海祭因地域不同而名称也不同，在浙江象山称为"开渔节"，在广东则称为"辞沙"，在台湾澎湖则称为"海上巡安"。

与海祭关联的习俗是水族朝圣与渔民的禁捕。相传，在三月二十三妈祖诞辰的这一天，海龙王也率所有的水族来到湄洲湾海域，向湄洲妈祖朝拜。

每当这时候，人们常能望见水族齐聚，追波逐浪，竞相腾跃，煞是壮观。因此，渔民们相约，妈祖诞辰前后几天海上禁捕，好让鱼虾同人类一样庆祝妈祖诞辰。此俗由来已久，并且从未破例。

除了妈祖诞辰，农历九月初九的妈祖升天日祭祀活动也非常盛大。但因为是忌日，纪念活动的特点是戒荤，供品不备五牲，一律用素食，祖庙内部住持祭祀的道士也必须进行三斋六戒。

像妈祖诞辰和妈祖升天日所做的醮都属于清醮，就是常年纪念活动。除此以外，还有大醮，大醮就是大庆典的纪念活动，湄洲祖庙在祖庙落成、开光或者千年祭的时候会举行大醮。

举行大醮时，祖庙内会演奏五锣鼓，放铳炮，演木偶戏，奏八乐鼓吹，并且演莆仙戏。

演戏时规定必须要先跳加官和演八仙，还要进行状元游街，这以后才能正式开始演节目。在祖庙内有经师、和尚各9人做道场法事，经师和尚一般都配有自己的吹鼓手演奏。

大醮整个庆典活动规模很大，形式非常隆重。除此以外还有出游，出游是湄洲全境祈求妈祖平安的一种活动仪式。目的是请妈祖巡游全境，扫荡妖魔，庇护黎民平安顺利。

这种出游，不一定每年都举行，出游的日子也不是固定的。在出游前，人们会在妈祖神像前问卜祈安，就是通过占卜询问妈祖是在祖庙举行祈安法事，还是出游。

木偶戏 是民间戏剧表演中的一种特别类型，多由艺人操纵木偶伴随宗教仪式进行表演。中国很多民族都有在祭祀仪式中制偶作戏的习惯，通过木偶戏的象征性表演，达到仪式所要实现的目的，以满足人们的心愿。中国木偶戏历史悠久，三国时已有偶人可进行杂技表演，隋代则开始用偶人表演故事。

海上龙宫

湄洲妈祖庙

■ 湄洲妈祖庙香火

择日 古代人无论婚丧嫁娶，还是安床架灶或出行祭祀等，都非常重视日子的选择，认为选择一个良辰吉日可以事半功倍。所以在老式挂历或老皇历上，往往都写满了各种择日信息。

若是"卜杯"，也就是占卜，妈祖表示同意，就在祖庙做祈安法事、演戏等。如"卜杯"不同意，便决定出游。此时，全乡耆老集中祖庙决定出游的主持人，再"卜杯"确定出游的月份，然后再择日推算出游具体日期。

出游的那一天，湄洲全境15个宫的妈祖同祖庙的妈祖全部抬出去巡游并规定到下山宫驻驾一天。诸宫妈祖东西两行排列，妈祖则排在东边首席。出游后，再"卜杯"决定妈祖回驾祖庙的时辰。

妈祖圣驾回銮，要先是五驾和中军，继为妈祖，后为各宫妈祖相随。下山宫的妈祖排在最后，因为它是妈祖驻驾时的宫庙主人。

分神，则是指外地妈祖执事人员到湄洲祖庙请香仪式，故称"分神"或叫"分灵"。

通常是外地妈祖庙有庆贺活动或节日时，虔诚的

■ 湄洲妈祖庙建筑

■ 湄洲妈祖庙功德榜

信徒便不论远近，专程来到湄洲祖庙，敬请妈祖驾临该地妈祖宫观赏和赐福。

事后，香火会留在这个地方不再送回。以后如有活动，还会再次进行进香。所以，分神一事，在湄洲祖庙多则一日数十起，尤其是每年三月二十三妈祖生日请香的人非常多。

此外，关于妈祖的祭祀活动还有妈祖元宵和农历八月十五的庆贺中军生日。元宵节祭祀妈祖时，家家户户都会备好"水族朝圣"贡品，或真或仿，摆成"宴桌"。

妈祖元宵日是在元月初十。这个节日主要是人们敬请妈祖庆赏元宵。由于湄洲除祖庙外，在福建全境还有15座妈祖宫奉祀妈祖，所以庆赏元宵的活动，是从元月初八始至十八止。

各妈祖庙的妈祖神像先后抬来祖庙上香。各妈祖

进香 民间信仰的一种仪式，分灵的神像每逢一段时间，就需要回到原庙宇参加祭典，以增添神祇的法力，号称"进香"，又作"谒祖"。这是因为，分灵的神像通常是原本神明的部将，进香可使其汲取原本神灵的法力，也可向祖庙神祇述职，禀告情况。另外信徒往往会安排自己所信奉的神像，环游各地，在名庙古刹接受祭祀，亦称进香。

神龛 一种放置神明塑像或者是祖宗灵牌的小阁，规格大小不一，一般按照祠庙厅堂的宽狭和神位的多少而定。比较大的神龛有底座，是一种敞开的形式。祖宗龛无垂帘，有龛门。神佛龛座位不分台阶，依神佛主次设位；祖宗龛分台阶按辈分自上而下设位。因此，祖宗龛多为竖长方形，神佛龛多为横长方形。

宫随从的仪仗队有大旗、大灯和大鼓，还有放铳炮。由各宫福首主持进香，祖庙请道士做醮。

供品由平时祈求、许愿的信徒提供答谢祭祀，还演奏鼓吹八乐等。

按惯例，元宵活动先由山尾宫抬妈祖神像到祖庙庆元宵，然后出巡庆贺元宵。有"摆棕轿""耍刀轿"等，场面壮观和热闹非凡的文娱表演以及妈祖出宫、回宫活动。

关于中军生日，因为中军是妈祖属下，所以庆贺只在中军殿内举行。

关于在祭祀过程中的贡品，也有很多种类。在民间供奉妈祖的主要群体是渔民和船工，所以在妈祖的祭祀活动中，大多都用海产品供奉妈祖，这成为了渔民的一大特色。

他们用一些罕见的大蛤壳、海螺壳、大龙虾壳等

■ 妈祖庙天后宫香火

■ 天上圣母妈祖像

作为供品献上。有时，在大小节日庆典，渔民们还用面粉蒸制各种象征水族或其他神兽的供品。

除了这些，在许多宫庙中还藏着为数众多的船模，这是船工们奉献给妈祖的供品。代表着渔民们祈求妈祖保佑出航平安，有时也是征询妈祖神灵的意愿，然后动工造船。妈祖的供品中，往往还有形式多样的绣花鞋，名为"妈祖鞋"，表示向妈祖求子。

在妈祖庙中，除了贡品外，神龛、供桌、烛台、香炉、钟磬、鼓号和其他祭器，也都具有深厚的妈祖信仰文化。

关于祭器，如盘龙烛台、果盒、馔盒等也都是漆金木刻的珍品。莆田地区的漆金木刻工艺，普遍用于这一带妈祖庙的神龛。供桌的制作，不仅雕工精细，

祭器　祭祀时所陈设的各种器具。在周朝的时候祭祀有六器，就是璧、琮、珪、璋、琥和璜。人们凭借这些专门的法器和道具，再通过一定的仪式与上天沟通。同时，也借助祭器营造庄严肃穆的气氛。青铜器就是最重要的法器和道具之一。

湄洲妈祖庙妈祖像

构思奇巧，且金光闪烁，令人世间炫目。在这些宫庙中，妈祖神像的装饰也极为华丽，有精镂细雕的银冠、铜冠、绚丽多彩的龙袍、霞帔、珠靴及朝珠、玉圭等。

关于仪仗，在妈祖信仰的民俗文物中，数量最多而且品种最丰富的就是妈祖出游时所用的全套仪仗器物。

其中有刺绣人物、花卉和龙虎图案的清道旗，龙头杖、"天上圣母"衔牌，还有"肃静""回避"牌等。此外，还有大小灯笼、火铳及其他器物。

每当妈祖出巡或谒祖进香，所有这些仪仗器物会由打扮成侍神、中军、文曹、武判或随人等人物，按一定顺序相间排列，前呼后拥地随妈祖出巡。因此每次妈祖出巡，也都是妈祖民俗文物的大展示。

人间天宫的祭祀圣殿

阅读链接

在妈祖诞辰的时候，水族会集结到海边，传说是为了感谢妈祖。东海历来水怪众多，时常兴风作浪，破船沉舟，过往渔民商旅，深受其害。

妈祖自16岁起就经常飞巡于海上，游于礁屿之间，降妖伏魔，除掉了不少水怪。一日，妈祖与当地官员巡行海上，命驻舟中流，只见四海龙王率领水族骈集，毕恭毕敬，向妈祖请罪问安。

妈祖赦免了它们的罪，嘱咐它们以后要庇护渔商百姓，不得兴风作浪。四海龙王率水族齐齐谢恩，然后退潮。后来每当妈祖诞辰的时候，龙王都会率领水族来为妈祖庆生。

平海天后宫

　　平海天后宫俗称"娘妈宫"，位于福建莆田平海镇海滨路，背靠朝阳山，面临平海湾，庙门与湄洲妈祖庙隔岸相望，形成了平海天后宫最具特色的景观。

　　平海天后宫始建于999年的北宋，因宫内由108根木柱组成，故又称"百柱宫"。

　　平海天后宫被称为全世界最古老、保存最完整的宋代宫殿式结构妈祖行宫，也是世界第一座妈祖分灵宫庙，影响十分深远。

富含神秘色彩的行宫建筑

平海天后宫位于莆田平海镇的东南方，原名"通灵神女庙"，俗称"娘妈宫"，创建于999年的北宋，是湄洲妈祖庙分灵的第一座行宫。后来，经过多次重修改名为"天后宫"。

平海天后宫整体背靠朝阳山，面临平海湾，与湄洲妈祖庙隔岸相望，风景迷人，形成了一个极具特色的景观。

平海天后宫建筑总体设计严谨，独具特色。宫庙的造型飞檐翘角，雕梁画栋，镏金烫彩，典雅古朴，保持了宋代建筑风格，是世界上保存最完整的千年古建筑之一。

平海天后宫宫殿为抬梁穿斗结构建筑，进深各五间，其

平海天后宫飞檐

■ 天后宫内景

正殿、两庑、大门等全部使用木柱。大门外檐下仍沿用原宋代的梭形石柱数根，其屋盖为后单檐硬山顶卷棚出檐与前单檐歇山顶的混合体，造法特殊。

其中，中座宫庙分三殿和两厢，并由一条回廊将其串联起来，形成了一个"工"字形布局，构造十分独特。平海天后宫还有一个特色之处在于当年匠师们寓意深刻的建筑设计，整个天后宫有三处不离"108"这一数字的。

首先是大殿的大屋顶和廊庑由108根木柱承托。因此，又被称作"百柱宫"。而宫内檐下四周又用108块青石砌成，组成内院埕。再有宫前古水井，也就是师泉也是用108块青石砌筑而成，组成较为少见的方形井。

108是中国传统文化中的吉祥数字，是易学中的一个"大周天数"，意味着阴历与阳历三个"小周

歇山顶 即歇山式屋顶，宋朝称九脊殿、曹殿或厦两头造，清朝改称歇山顶，又名九脊顶。其为中国古建筑屋顶样式之一，有严格的等级限制。歇山顶屋脊上有各种脊兽装饰，其中正脊上有吻兽或望兽，垂脊上有垂兽，戗脊上有戗兽和仙人走兽，其数量和用法也都是有严格等级限制。

■ 天后宫内景

天"后的又一次契合，象征着圆满；"108"又是佛教中的吉祥数字，如佛珠通常是由108颗组成。"108"在天后宫以良好的寓意、有趣的方式再三地被使用，形成一大特色。

进入平海天后宫的大门，走过长廊，便可以到达正殿。殿内的神龛上供奉着五尊妈祖神像，中间的最大，左右依次渐小。她们虽然神态各异，但都慈眉善目，十分亲切。

大殿左右两旁供奉五帝爷、水天王、临水夫人、慈济真君。前上方依次挂着"神昭海表"横匾和一块独特的"皇帝万岁万万岁"直匾。

据说，此殿供奉五尊妈祖神像与朱元璋有关。

相传明初朱元璋为平南方叛乱曾率军从水路来到南日水寨。舟行古南啸时，忽然遇到了飓风。狂风大浪不停地袭击着漕船，船体摇晃不定，无法行进。朱

朱元璋（1328—1398），字国瑞。原名重八，后取名兴宗。濠州钟离人。明朝开国皇帝。在位期间，为进一步加强中央集权，设承宣布政使司、提刑按察使司、都指挥使司三司分掌权力。

元璋下令连续抛了5个锚，想要稳住船身，可是怎么也稳不住，船只被大风催逼着左摇右摆，情况十分危急。

这时，随行的官员想到，听说平海的百姓一直供奉的妈祖十分灵验，于是劝朱元璋向妈祖祈祷。朱元璋听后举目向天，伸出双手呼救妈祖。

突然，一阵红光显现。只见妈祖飞身而来，瞬间化为5位红衣少女，分别按住5个锚，稳住了大船，并指示船队开往平海港避风。

于是人们奋力划向平海港，一路上船队好几次都要发生危险，但5位红衣少女都使他们化险为夷了。上岸后，5位红衣少女就不见了。

由此朱元璋感动于狂风恶浪后平静的海湾，认为此处应该叫"平海"，遂将原来的南啸改名为"平海"。也因五位红衣少女神奇地遁去后在战船上留下了五朵金花，感念于此，故而，平海的天后宫里供奉着独一无二的五尊妈祖神像。

朱元璋非常感激妈祖的保佑，还赐了"皇帝万岁万万岁"的匾额，此后，匾额便一直保存在平海天后宫的正殿之内。

阅读链接

平海天后宫是世界第一座妈祖分灵的行宫，备受人们尊崇。2011年，平海天后宫与中国台湾台南大天后宫缔结成了"姐妹宫"，缔结庆典活动在平海天后宫举行。

此次活动是平海天后宫与台南大天后宫为了加强海峡两岸之间妈祖文化的联谊和交流，进一步促进妈祖文化的弘扬和传播而举行的。

这是平海天后宫举办的规模最大的庆典活动之一，有力地推动了海峡两岸妈祖文化的传播与交流，成为增强妈祖文化连接两岸同胞的情感纽带。

妈祖助战施琅的动人传说

天后娘娘塑像

到了清代，平海天后宫妈祖显灵的传说也从未断绝。在平海天后宫的大院内有一口古井。这口井就是著名的师泉井。井口呈四方形，由四块大石砌成，井壁用条形石块砌就，共108块。

在海边挖井，经海水浸润，井水一般较苦涩。但师泉井却不是这样。师泉井虽不深，水却澄澈甘甜。并且，关于师泉井还有一个极具历史特色的传说呢！

1682年，清军水师提督施

琅奉旨率30 000水军驻扎在平海，准备乘风东渡，收复台湾。他们来到平海后，正好遇到干旱，施琅找了很多地方，都没有找到合适的水源，30 000水军的饮水成了一件非常紧急的问题。

施琅望着士兵们口渴唇裂，萎靡不振的样子，不禁心急如焚。他深知，如果不尽快解决水源的问题，那么，收复台湾的整个作战计划就会全部失败。

为此，施琅走访了当地许多乡绅和百姓，可是没有一个人能为他指点迷津。一天，施琅为了排遣心中的郁闷，来到了海边，站在一块巨大的礁石上，举目远眺烟波迷茫的台湾岛，海峡两岸的涛声带着他的心事飘向茫茫大海。

半夜，施琅回到了宿营地，躺在床上辗转反侧，难以入眠。到了天快亮的时候，施琅迷迷糊糊地睡着了，做了一个梦。

在梦中，妈祖娘娘从天后宫的神龛上走下，微笑着对他说："施将军何必如此长吁短叹，水不就在宫门口吗？"

妈祖娘娘说完，便飘然而去。施琅猛然惊醒，茅塞顿开。第二天，施琅便带领士兵来到平海天后宫，果然在宫门口找到一个已经被填了的古井。

施琅下令开始挖井。用两天时间，只挖了6米多深，奇迹便出现了，泉水汩汩地从井底涌出。施琅俯

■ 妈祖庙石碑

提督　武职官名，全称为提督军务总兵官。负责统辖一省陆路或水路官兵。提督通常为清朝各省绿营最高主管官，称得上封疆大吏。若以职能分，提督分为陆路提督与水师提督。清朝共在中国各地设置12名陆路提督，3名水师提督。

身捧着喝了一口，泉水清冽甘醇，非常清爽。为了感念妈祖"赐泉济师"，施琅欣然命笔，写下了"师泉"两个遒劲有力的大字，还命人刻下他的《师泉井记》的碑文。

相传，井边的那个状如龟头的石头，干旱时，只要你在龟头上连磕三下，那么便会泉涌如潮，永不干涸。在平海天后宫宫门的左右各立一通大石碑，左边便是《师泉井记》，而右边的《平海天后庙重修碑记》是与施琅将军有关的另外一个传说。

1683年，施琅将军奉命第二次东渡澎湖，收复台湾。当施琅率领舟师经过澎湖列岛的时候，却遇到海盗窃踞要津，使大军难以东渡。要收复台湾，首先就要收回澎湖。澎湖既是赴台的跳板，又是征服台湾的序幕。施琅对此早有所准备，他整顿东征大军，严阵以待。

施琅命令用大炮攻击，敌人也用大炮还击。一连打了三天三夜，船上的粮草和淡水快用完了，施琅心里十分焦急，但想到他们是正义之师，于是斩钉截铁地说："正义之师，奉旨征台，合乎天意，顺乎民心，不把海盗聚歼，决不收兵！"

平海天后宫石兽

这时，施琅将军回想起去年，得到妈祖帮助寻到水源的事情，更加相信妈祖一定会再次保佑东征雄师。于是，施琅站在指挥船上，拈香朝拜："祈求天妃显灵，保佑王师克敌制胜。事成之后，自当厚谢！"

于是，将士们也在战舰上朝拜妈祖。一时间，30 000水军军心振奋，纷纷请求将军下令："严

■ 妈祖庙建筑

惩为非作歹的海盗，敢冒炮火，视死如归！"

又打了三天三夜后，施琅和众将士都已经筋疲力尽了。在这千钧一发之际，施琅将军再度请求天妃显圣，并下令三军将士奋勇杀敌，有进无退。

传说，这时，将士们好像看见天妃从天而降，还有红面、绿面的将军冲杀在前，势不可当。说也奇怪，从这时起，虽然海上烟雾弥漫，但战舰一路顺利，威风凛凛地开进了澎湖列岛，并肃清了岛上的敌人。占据台湾的郑克塽惊闻澎湖失守后，只好投降。

还有传说，在未攻克澎湖之前，署左营千总刘春，夜梦天妃告之道："二十二日必得澎湖，七月可得台湾。"

果然施琅率领的大军于二十二日攻克了澎湖。又有传说，在清军攻克澎湖那一天，莆田平海乡人去朝拜妈祖，看见妈祖身上的衣袍都被水湿透了，而她的

千总　中国古代官名。明代驻守京师的京营兵分为三大营，设千总、把总等领兵官，皆以功臣担任。后来职权渐渐变轻，到了清代，属于为武职中的下级，为正六品武官，地位次于守备。

施琅将军雕像

左右两位神将，绿面的千里眼和红面的万里耳涂油漆的双手都起了"泡"。

乡人们都说奇怪，等到出海渔民回来报告施琅将军攻打澎湖得到天妃帮助，人们才知道原来妈祖是率领部将去帮助施琅了。班师回朝后，施琅将军奏请朝廷，说："澎湖神助得捷。"

康熙皇帝非常高兴，加封妈祖为"护国庇民昭灵显应仁慈天后"，特旨重修扩建平海天后宫，立碑勒石《平海天后庙重修碑记》。并且，康熙皇帝还派遣礼部郎中雅虎等人，怀抱着御香、御帛到平海天后宫分灵的祖庙湄洲妈祖庙褒嘉致祭。

到了1750年，太子少保兵部尚书总督闽浙地方等处军务兼理粮饷都察院右都御史署理闽巡抚何口重修中殿和后殿。1880年重建中殿。

阅读链接

1682年，施琅第一次率兵渡海攻打台澎，因缺风船行很慢，施琅下令返回了平海。但是回到平海后不久，海上就起了大风，战舰上小艇被风刮下海，不知去向。

第二天风停后，施琅命令出海寻找小艇。找到小艇的时候发现，它们都安然地停在湄洲湾中。据小艇上的被困的人说，在昨夜里波浪中，好像看到船头上有一个红衣女子，稳住了小艇，尽管多次差点发生危险，但每次都化险为夷了。

施琅认定是妈祖再次帮助显灵了，非常感动，命令整修了平海天后宫，重塑妈祖神像，并捐重金建了梳妆楼和朝天阁，并请回妈祖神像一尊奉祀在船上。

泉州天后宫

　　泉州天后宫位于泉州南门天后路，地处城南晋江之滨，这里被称为"蕃舶客航聚集之地"，是多种文化的交汇点。

　　泉州天后宫始建于1196年的宋代，是中国东南沿海现存最早、规模最大的一座妈祖庙，有"温陵天后祖庙"之称。

　　泉州天后宫被认为是海内外建筑规格最高、规模最大的祭祀妈祖的庙宇，中国台湾和东南亚许多妈祖庙都从泉州天后宫分灵建庙，可见影响十分巨大。

妈祖显梦建造泉州妈祖庙

相传在1196年的一天夜里，泉州海潮庵所有的僧人做了同一个梦，梦到有一位女神显现，自称是妈祖，让他们为她建造宫殿，好使她可以住在其中，保佑泉州的水运。

泉州天后宫大门

僧人们醒后非常惊讶，认为是妈祖显灵，就推举了一个德高望重名叫徐世昌的僧人去负责建造妈祖庙。于是徐世昌便向百姓募捐，然后用这些募捐得来的钱修建了一座妈祖庙。

当时修建的妈祖庙规模已经很大了，是由山门、三殿、两廊和两亭组成。原山门名叫马戏台，后来被拆毁了，存留下来的山门是后来重建的。

■ 天后宫

　　重建的山门是雕花漆绘木构斗拱，竖有青石龙柱，两侧有麒麟石雕，螭虎窗户。山门的屋顶重檐是四坡面，屋脊反翘着，上面还有龙的瓷雕。山门屋檐的角脊上是做成凤尾状的装饰，线条柔和优美，整体上结构华丽壮观。

　　戏台连接于山门的后檐，坐南朝北，有木构的藻井顶盖，雕脊画枋，小巧玲珑，具有泉州独特的艺术风格。

　　紧接山门两侧为东西阙建筑，显示了天后宫的尊贵地位。东西阙建筑为二层楼阁，两楼高耸，楼上分别放置着钟和鼓，楼下分别安放着千里眼和顺风耳两个神像，威武庄严。

　　同样建于宋代的正殿虽历经沧桑，但它的木构建

螭虎　战国之后玉器和建筑中常见的一种异兽，战国晚期玉器上就有螭虎纹饰。汉以后，螭虎使用的更为广泛。螭虎在中华民族的古老文化中代表神武、力量、权势和王者风范。

人间天宫的祭祀圣殿

■ 泉州天后宫山门

雀替 中国建筑中的特殊名称，安置于梁或阑额与柱交接处承托梁枋的木构件，可以缩短梁枋的净跨距离。也用在柱间的落挂下，或为纯装饰性构件。在一定程度上，增加梁头抗震能力或减少梁枋间的跨距。宋代称"角替"，清代称为"雀替"，又称为"插角"或"托木"。

筑依然保存完好。正殿占地面积600多平方米，建筑在一个须弥座上，高出地面1米，这个须弥座是采用花岗岩石修葺的。

在须弥座的束腰处浮雕着"鲤鱼化龙"、雄狮、文房四宝、仙家法器、鹤舞云中和宝盖莲花等图案，雕刻的刀法熟练，图案生动活泼，突出表现了天后的神职至高无上的尊贵。

在正殿的内部是木梁骨架，还有圆形花岗岩的石柱立在其中，柱头的浮雕着仰莲纹。殿内的建筑结构非常特别，空间变化很丰富。

在殿内的门窗上还有弯枋雀替，雀替上有精致细密的雕花，纹饰丰富多彩，既有几何图案，又有花卉水族和鸟兽人物。殿内还画有如意、西番莲及喜鹊登梅等图案，都具有吉祥的象征。还有的图案则是异兽，寓意"益寿"。

殿内的浮雕更是琳琅满目。有八骏、八宝、博古鸟龙和各种花卉，表现着水族鱼龙腾空翻浪与百花争艳。这些浮雕都是表现道教主题的图案，以福禄寿吉祥物作衬托，呈现出了仙家的非凡境界。

正殿的殿顶则是九脊重檐，属于四面落水的歇山顶式。正脊是整个天后殿的制高点，两端是用五彩瓷塑成的双龙戏珠，造型精美，光泽鲜艳。

在四岔脊头上则是组合的凤凰图案，这凤凰团是对应大脊的龙，形成了龙凤呈祥的场面。这些都是吉祥如意和庆贺长寿的象征。

正殿殿名是以1123年宋徽宗为湄洲妈祖庙赐额"顺济"为名，称它为"顺济宫"。"顺济"也就是顺风以济的意思。

在宋代，泉州地方长官和市舶司的官员每年都会在春秋两季来到顺济宫，举行"祈风"和"祭海"仪式，目的是祈求风浪平静，航海安全，也是为了鼓励

道教 是中国土生土长的宗教，道教起源于上古鬼神崇拜，发端于黄帝和老子，创教于张道陵，以"道"为最高信仰，以神仙信仰为核心内容，以丹道法术为修炼途径，以得道成仙为终极目标，追求自然和谐、国家太平、社会安定、家庭和睦，充分反映了中国人民的宗教意识、性格心理和精神生活。

■ 泉州古建泉山门

人们发展海上贸易。

其实最初人们祭海不是在顺济宫，而是在晋江边的真武庙中，而祈风仪式则在南安县的九日山上。但后来因为顺济宫的香火非常繁盛，所以这两个祭祀便都在顺济宫举行了。

到了1211年，南宋郡守邹应龙为了便于商户和渔民们来顺济宫朝拜，在笋江下流造了石桥，取名为"顺济桥"。

并且，泉州天后宫的信仰文化走向中国台湾也是从南宋开始。据记载，早在1171年，泉州知州汪大猷就曾使一部分百姓迁居台湾。

在后来，元代著名旅行家汪大渊从泉州浮海到澎湖后，在《岛夷志略》一书中写道：

澎湖分三十六岛，巨细相间，坡垄相望……自泉州顺风，二昼夜可至……泉人结茅屋居之，各遂生育。

文中的澎湖指的就是台湾群岛，从文中可知，在元代的时候，中国台湾就已经有了泉州移民而来的百姓。同样在这一时期，台湾建起了第一座妈祖庙，称为"娘妈宫"，它是中国台湾地区历史上最早的一座妈祖庙。

阅读链接

顺济桥位于顺济宫的前面，横跨晋江，全长500多米，宽5米，在桥上有石栏杆和塔幢，在桥头上还有威武的石将军和桥堡。在桥身的横匾上还书有"雄镇天南"4个字，桥中有石刻"顺济桥"3个字。

中外商船泊于岸边江中，首先看见的就是顺济宫和顺济桥这两座雄伟的建筑，"顺济""妈祖"之名随之四海传扬。

地位日益升高的妈祖神格

宋代时，泉州已经与埃及的亚历山大港齐名了，成为世界上最大的贸易商港，与亚洲很多国家和地区有贸易往来。

到了元代，泉州港的贸易更为繁盛，和海外通商的国家更多了，海上巨船入港的数量有时多达300多艘。帝王为了使漕运和海运顺利，也多次诏封妈祖，以祈求妈祖的庇祐。

据《元史》记载，元世祖为了发展海上贸易，于

泉州天后宫正殿

翰林院 唐朝开始设立，初时为供职具有艺能人士的机构，自唐玄宗后，翰林分为两种，一种是翰林学士，一种是翰林供奉。在院任职与曾经任职者，被称为"翰林官"，简称"翰林"。宋朝后成为正式官职，并与科举接轨。明以后被内阁等代替，地位清贵。

1278年下诏敕封妈祖为"泉州神女"，号"护国明著灵惠协正善庆显济天妃"，妈祖的神格骤然提高，顺济宫也随之改称为"天妃宫"。

1281年，元世祖再次下诏册封妈祖为"护国明著天妃"，并特地指派泉州的蒲师文为册封大臣，在泉州天妃宫举办祭祀和褒封天妃的典礼。

1299年，元文宗下诏书，加封泉州海神为"护国庇民明著天妃"，并且在诏文中直呼妈祖为"泉州海神"，妈祖的海神职位进一步明确了。

1329年，元文宗又命翰林院拟定了祭文，并派遣官员到天妃宫致祭，祭文道：

圣德秉坤极，闽南始发祥。

飞升腾玉辇，变现蔼天香。

海外风涛静，寰中麟凤翔。

■ 天后宫内景

民生资保赐，帝室借匡襄。
万载歌清宴，昭格殊未央。

进入明代，泉州港仍是全国的重要港口。1370年，泉州设市舶司，并在天妃宫附近的车桥村设置了来远驿，专门用来接待外宾。

后来，明太宗为了帮助台湾群岛开发经济和文化，1392年派遣了"闽人三十六姓"定居台湾。在这36姓人中，泉州人占了相当一部分，如南安的蔡氏、晋江的李氏和翁氏等。这些泉州人在定居台湾的同时，也将泉州的妈祖信仰文化进一步带入了台湾。

■ 妈祖雕像

"闽人三十六姓"到达台湾后，分别在台湾首府那霸和他们聚居的久米村建起了上、下两座天妃宫。宫成之后，琉球当地的地方官也做了规定：

自贡船开船之日起至第七日，上至大夫下至年轻秀才，都必须参拜两天妃宫……
自第七日至贡船回归本国为止，每日大夫以下的年轻秀士与乡官士们都要轮流诣庙参拜。

后来，随着交流的不断密切，妈祖神格也不断提高，妈祖信仰在台湾也逐渐深入人心。

市舶司 古代官署名。负责对外贸易之事。唐时对外开放，外商来货贸易，广州等地就成了重要通商口岸，朝廷在此设市舶司，或特派，或由所在节度使兼任。始于唐，盛于宋，至明末逐渐消失。清时设海关而废市舶司。

人间天宫的祭祀圣殿

1407年，三保太监郑和第二次出使西洋时途经泉州，遣使祭拜妈祖，当时的天妃宫因为年久失修，很多建筑都已经倾颓了，于是郑和奏报朝廷申请重修了寝殿等建筑。

寝殿又称后殿，地势比正殿高出1米多，两侧突出的部位设有翼亭，左右还设有斋馆。整座殿宇是大木构建筑，屋盖为两坡面的悬山楔，面阔7间，木质梁架粗大古朴。

大木柱置于浮雕仰莲瓣花岗岩的圆形石础之上，殿前檐柱保存一对16面青石雕的元代印度教寺石柱，柱上接木柱，刻有楹联：

神功护海国；

水德配乾坤。

■ 泉州天后宫建筑

正面原有悬挂明代大书法家张瑞图所书的"后德配天"横匾。

天后宫砖雕

1417年，郑和第五次下西洋再次途经泉州，在依制祭拜妈祖之后，又去灵山伊斯兰圣墓行香，祈求祖先灵圣庇佑，存留下来的郑和行香所立碑石上刻着：

钦差总兵太监郑和前往西洋忽鲁谟斯公干。永乐十五年五月十六日于此行香望灵圣庇佑护。镇抚蒲和日记立。

1540年，郡人徐毓集资再次大修了天妃宫，先修正殿五间，重建寝殿7间，凉亭4座，两厢30间，东西轩及斋馆28楹，于1544年落成。

在明代泉州人又分别随颜思齐、郑芝龙和民族英雄郑成功移民到了台湾，再一次将妈祖文化带入了台湾。

阅读链接

"闽人三十六姓"中大部分人都是泉州人，他们在从泉州前往台湾的途中，船只必须经过沧水和黑水。

沧水和黑水是一条深达2000多米的大海沟，古称"沧溟"，又称"东溟"。海沟中波涛汹涌，航海者经常在此遇难。

他们为了能够安全到达台湾，在出发前就在泉州天后宫举行了祭祀，然后将妈祖恭奉于船中。就这样，妈祖就伴随他们从泉州出发，一路保护他们顺利到达了台湾。从此，泉州妈祖的信仰文化也随着这些泉州百姓在台湾落地生根了。

泉州妈祖文化深入台湾

泉州天后宫圣旨碑

1680年，清朝靖海侯施琅奉旨东征台湾，统一祖国。他分兵三路出击，最终取得胜利。据泉州知州刘颖所编的《泉州府志》记载：

国朝将军施琅征海师次于此，神有助顺功。

平定台湾后，施琅感念妈祖神恩，上书康熙帝请封，历数妈祖助顺神迹。1684年，康熙遂敕封妈祖为"护国庇民妙灵昭应宏仁普济天后"，天妃

宫也改名为"天后宫"了。

■ 泉州妈祖庙大殿

后来，施琅将军为报答妈祖的恩惠，对天后宫进行重修和扩建。并且在平定台湾和重修天后宫期间，他也带领泉州百姓向台湾进行了3次大规模的移民。

到了1723年，雍正御书匾额"神昭海表"，悬挂于殿中，乾隆后历代有重修。后来清文宗加封妈祖为"天上圣母"，泉州天后宫又进行了大规模的修建。

在清代，私商贸易和向台湾的移民热潮也在泉州港进一步兴起，泉州的妈祖信仰文化也随着泉州商人和移民的足迹更为广泛地传播。

1732年和1760年，清政府曾两次开放海禁，当时有许多泉州人乘机东渡，到达了台湾。

也正是因此，台湾的居民中有很多人的祖籍都是泉州。这些泉州人，在来到台湾的同时，也将妈祖文化带到了台湾。

侯 古代分封制度中的爵位之一。爵位是古代皇帝对贵戚功臣的封赐。旧时说周代有公、侯、伯、子、男5种爵位，后代时爵称和爵位制度往往因时而异。

清文宗 清朝第九任皇帝，全名为爱新觉罗·奕詝，即咸丰帝，在位11年，是道光帝的第四子。葬于河北遵化的清东陵之定陵。在位期间对妈祖进行了敕封，并拨款重修了泉州天后宫。

人间天宫的祭祀圣殿

符 指书写于黄色纸、帛上的笔画屈曲、似字非字、似图非图的符号。通常和箓同时出现，称为符箓。箓指记录于诸符间的天神名讳秘文，一般也书写于黄色纸、帛上。在宗教信仰文化中，符箓是天神的文字，是传达天神意旨的符信，用它可以召神劾鬼，降妖镇魔，治病除灾。

台湾的妈祖基本上可分为湄洲妈祖、泉州妈祖、同安妈祖三大类别，它们分别为湄洲妈祖、泉州妈祖和同安妈祖的分灵。

从台湾妈祖庙宇的级别来看，都属于大陆妈祖庙的分灵。一是从大陆捧持妈祖神符或香火到台湾奉祀，称为"分香"；二是从大陆捧持妈祖的神像到台湾奉祀，称为"分身"。它们大概都是出于明清时期福建向台湾大规模的移民。

在这些移民的百姓当中，泉州百姓一直是开发台湾的主力军。他们在台湾的开发是由南至北，从西而东的，因此，台湾岛上的妈祖庙建造年代的顺序也是如此。

1709年泉州人陈赖章开发台北的时间，与台北天后宫的修建年代接近。

■ 湄洲妈祖庙

■ 泉州闽台缘博物馆

1720年，泉州人林列开发新竹的时间，与新竹的长和宫修建年代相近。道光年间泉州曾氏开发桃园的时间，与当地仁海宫的修建时间相近。

由此可见，台湾的妈祖信仰文化大部分都是泉州天后宫妈祖信仰文化的延续。

台湾有800多座妈祖庙，妈祖的信徒占总人口的3/4，台湾堪称妈祖信仰的极盛之地。

这些庙宇的殿堂、山门、龙柱、石壁、石楣以及上面雕绘的人物、花卉、鸟兽等，尽是泉州的能工巧匠的杰作。从而也证明了，台湾的很多妈祖庙，都是泉州天后宫的分灵。

由于台湾的妈祖庙和泉州天后宫有着不可分割的紧密联系，后来，在泉州天后宫专门建设了"闽台关系史博物馆"。

闽台关系史博物馆，是反映祖国大陆福建与宝岛台湾历史上渊源关系的专题性博物馆。

龙柱 指用天青墨玉、霞玉、汉白玉、墨玉、大理石或花岗石等石材玉料，雕刻的龙形浮雕柱体。有圆形和棱形。龙柱是中华民族的传统建筑物，有着悠久的历史。相传既有道路标志的作用，又有过路行人留言的作用，在原始社会的尧舜时代就出现了。

妈祖塑像

馆内收藏有大量珍贵的历史文物和民俗文物，曾多次举办过大型的展览会，如"闽台民间艺术展""泉州古今字书展"和"闽台民俗风情摄影展"等。

台湾的各大天后宫长期以来就跟泉州天后宫有交往。在两地的天后宫内，都保存有对方几十年前互赠的匾额。

为了促进两岸文化交流，每年元宵节的时候，泉州天后宫都会举行"乞龟仪式"。祈福的大"米龟"则是由两岸的信众一起捐赠的。台湾的信众们也到泉州天后宫祈福。

阅读链接

每次泉州天后宫"乞龟"活动点睛仪式开始后，会有专人为大"米龟"点睛，这就意味着为期6天的"乞龟"活动正式开始了。

这时，闻讯赶来的香客会依次走过象征平安吉祥的"平安桥"，这代表在新的一年里就能得到平安、顺利。

在"米龟点睛"仪式结束后，香客们会蜂拥而上，摸着大"米龟"，口中念着："摸到头，起大楼；摸到嘴，大富贵；摸到尾，有头又有尾……"

赤湾天后宫

　　赤湾天后宫也叫天后博物馆，坐落在广东深圳赤湾村旁小南山下，依山傍海，风光秀丽。以天后宫为中心的"赤湾胜概"是明清时期"新安八景"的第一景。

　　赤湾天后宫始建于宋代，明、清两代多次修缮，规模不断扩大。殿宇巍峨壮丽，外景气象万千，是中国沿海地区最大的天后宫庙，拥有99道门，也是深圳历史上最负盛誉的人文景观。

妈祖慈目下的天后宫盛景

　　赤湾天后宫坐落在广东深圳赤湾村旁的小南山下，始建于宋代。它原名为"赤湾天妃庙"，1684年更名为"赤湾天后宫"。

　　赤湾天后宫在鼎盛时建有山门、日月池、钟鼓楼、前殿和正殿等数十处建筑，是中国沿海地区最大的拥有99道门的天后宫。

　　赤湾天后宫的整体色调是天蓝色，仿若海洋一般。在天后宫的院

■ 天后古庙

■ 赤湾天后宫大殿

门围墙上，有40余通书法碑林，刻下了历代名人书写的与天后有关的墨宝，内容都是记录这位华人圣母的传奇故事和对赤湾天后宫的赞誉。

赤湾天后宫大门的正前方，是一堵天后圣母照壁，照壁上刻着"中华海神，天后圣母"8个大字，与照壁前的天后像相映生辉。在天后圣母照壁对面是天后前殿。

赤湾天后宫前殿为天后宫重要建筑之一。前殿面宽24米，高10余米。正门台基前面的浮雕纹样石刻，相传为宋代末年赤湾天妃庙原建筑构件。

前殿的前正面有龙柱4根，用整块青石精镂而成，鬼斧神工，栩栩如生，是宫中最珍贵的文物。这4根龙柱每根高4米多，全部采用中国传统石雕镂刻而成，双龙盘柱，态势生动。

台阶两旁设置海神天后的守护神兽圆雕石麒麟两

照壁 在古代风水意识的影响下，产生的一种独具特色的建筑形式，称"影壁"或"屏风墙"，是中国传统建筑特有的一个部分，从明朝开始流行，一般都建在大门内，当作一种屏蔽物。在旧时，人们认为宅院中总是有鬼不断地穿梭往来，修上一堵墙，以断鬼的来路，因为传言小鬼不会拐弯，只会走直线。

龙床 在宗教文化中，人们认为龙床是最宝贵的床，故称之为"龙床"，尊之为仙人之床，神灵的卧榻。庙内设龙床，是世人相信，神仙也需休息，各地都有很多仙人下榻的古迹。庙内设龙床，即表示仙人下榻之地，故十分神圣。

尊，寓意着天后宫的神圣与庄严。

赤湾天后宫正殿古典而巍峨，是按"官式做法、闽粤风格、海神特点"这3个原则修复的，是宫中最负盛名的殿宇，也是瞻拜朝圣者必到之处。

正殿的建筑结构简明、利落，色彩以大红配搭黄色为主，光线十分明朗。在正殿塑有一尊天后神像，高6米多，面容慈祥秀美，像慈母一样注视着来往香客，因此被信徒们亲切地称为"最美妈祖娘娘"。

赤湾天后宫正殿的左边是香云阁，其中最吸引人的是那些吊满一屋的塔香。这些塔香又称"好运塔"，在香云阁中，塔香林立，氤氲袅袅，使人们的身心都得到了平静。

来香云阁点燃一个塔香，祈福求安，表达人们希望妈祖能保佑他们一生如意吉祥的愿望。来香云阁点塔香已经是民间流传已久的风俗了。

■ 赤湾天后宫牌坊

■ 天后宫香云阁

在正殿两旁的门可以通往左右的偏堂。左偏堂为庙祝居住的地方，右偏堂为天后寝宫。以前，在寝宫内设"龙床"，据说抚摸该龙床可添丁发财，尤以天后诞之日摸之最灵。

1310年，明朝中使张源出使泰国，途遇狂风恶浪，危在旦夕。张源情急中大呼天后娘娘，幸得妈祖显灵庇护，得以脱险完成使命。完成使命后，张源为了报答妈祖神恩，重修了天后宫。

从此，赤湾天后宫声誉日隆，历代官员感其护国护民大功，多次重修扩建不遗余力。后来，郑和奉明成祖朱棣之命，率领舟师远下西洋，开创海上"丝绸之路"，赤湾天后宫为其重要一站。

1403年，三宝太监郑和率领舟师远下西洋，其副使张源重修了天后宫。照壁左右两边的日月池和神泉井，还有挂满许愿布条的许愿树，都是由张源在重修

明成祖（1360—1424），朱棣，朱元璋第四子。明朝第三位皇帝，谥号"启天弘道高明肇运圣武神功纯仁至孝文皇帝"，原庙号太宗，后由明世宗改为成祖。一生文治武功赫赫。他统治期间社会安定、国家富强，后世称这一时期为"永乐盛世"，明成祖也被后世称为永乐大帝。

开光 是宗教活动中最基本内容之一。所谓开光，就是给一些物品，如神像等吉祥物赋予"灵气"。开光的正式启用来自道教，开光即为道教仪式之一。开光就是把宇宙中无形的、具有无边法力的真灵注入神像中去，神像也就具有无边法力的灵性。故而开光是神像被供奉后，必不可少的仪式。

天后宫的时候建成的。

日月池分别建在赤湾天后宫大门前照壁的两旁。日为阳，月为阴，日月池相互对应象征着阴阳和谐，冷热有序和刚柔并济，也喻示天后圣母的丰功伟绩与天地共存，和日月同辉。

在月池旁还有一眼神泉井，天然纯净，味道甘美，相传常饮此水乌发养颜，永葆青春。另外，日月池旁还有一口井叫"神泉井"，在阅台前的叫"圣水井"。两口古井是相互对应的，一圆一方，代表天圆地方。

民间传说，喝这两口井里的水，可以得到妈祖的保佑，益寿延年。传说有一年东莞东坑镇瘟疫肆虐，求医问药也无济于事，有人提议到赤湾天后宫祈求天后娘娘祛病消灾。

他们祭拜天后娘娘后，既喝足圣井水又用竹筒和

■ 天后宫日月池

陶罐将井水带回家中与患者共享，果真得到了医治。

　　从此东莞信众每次到赤湾天后宫来都要带上大大小小的水桶，将水盛满，然后全部集中到一起，大家在摆着几十桶水的旁边围上一个大圈子，有巫婆带动大家手舞足蹈，诵经祈福，左右转动，巫婆不时在水的上方比画着，表示给圣水开光。

　　赤湾天后宫内还有一棵榕树，相传是郑和的副帅张源重修赤湾天后庙时亲手所植，历经数百年沧桑，依然生生不息。据说有一次，它枯死了60年，但后来却又奇迹般地在树根处发出了两根连理枝，从此人们更加相信这许愿树能达成人们的愿望了。

　　于是，人们在盘根错节的枝丫上挂满了红黄相间的布条，把自己的各种愿望写在这些布条上。希望许愿树能帮助自己实现愿望。

　　1463年，兵部给事中王汝霖赴占城前到此祈拜，果然一路顺风，遂出资增建正殿三间。

　　1580年，广州海舫同知周希尹，在平定倭寇时也得妈祖神佑，顺利率军平定老万山的倭寇。战后，周希尹为了报答天后，增建了寝殿3

间、大堂3间、偏堂2间和檐门2座，并建亭围墙，规模盛大。

1616年，当地的一位王姓知县又修砌了日月池、石拱桥等，还加盖了牌楼。

1656年，清朝守备张应科押运粮食赴海南，在途中经过了赤湾天后宫。他进去向天后祈祷，希望能够一路顺风顺意、圆满返回。

在顺利完成使命后，张应科为赤湾天后宫一举增建了房屋12间，还建设了钟鼓楼台。

天后宫钟鼓楼在天后圣母照壁的对面。鼓为中国传统打击乐器，在远古时期以陶为框，蒙以兽皮或蟒皮，也有以铜铸成的。

赤湾天后宫的钟楼和鼓楼均为两层建筑。钟楼、鼓楼是中国古代特有的建筑，所谓"晨钟暮鼓"，在古代用以报时或在战时用以报警。每当天后宫有重大典仪或节度时，便会钟鼓齐鸣。

在明清时期，赤湾天后宫成为了朝廷官员出海使外官祭的三大天后宫之一，也是明清时期"新安八景"中的第一景。

人间天宫的祭祀圣殿

阅读链接

在很多供奉妈祖的庙宇之内都设有龙床。在泉州天后宫内就设有一张龙床。

龙床一般都会布置得十分辉煌。床的四边挂着锦绣的帐幕。而床前则垂下了罗帐。在龙床旁边，还有梳妆台。很多信徒到庙里上香时，也会到这张龙床之前，伸手到罗帐内去，摸索一番，这种行动，叫作"摸龙床"。

摸龙床含有一种预卜今年运程的作用，因为龙床之内，有很多东西，有人摸到一粒莲子，预卜今年抱孙了，因为莲子即年生贵子之谓。

有人摸得一粒花生，预卜今年生意兴隆，因花生即生意如锦上添花之谓。有人摸到一枚铜钱，即表示今年将有大财到手。所以很多信徒，都想去摸一摸龙床。

精彩绝伦的赤湾辞沙仪式

赤湾天后宫香火一直非常繁盛，并且成为中国南方出海远航者祭祀之地的首选。赤湾天后宫的祭祀仪式具有浓烈的乡土色彩，"辞沙"就是其中之一。

赤湾天后宫的"辞沙"祭祀习俗已经有很长一段历史。可追溯到1464年的明代，在翰林院学士广州府事黄谏的《新建赤湾天妃庙后殿记》中记载：

凡使外国者，具太牢祭于海岸沙上，故谓

赤湾天后宫

■ 赤湾妈祖雕像

"辞沙"。太牢去肉留皮，以草实之，祭毕沉于海。

舞狮 又称"狮子舞""狮灯"和"舞狮子"，多在年节和喜庆活动中表演。狮子在中国人心目中为瑞兽，象征着吉祥如意，从而在舞狮活动中寄托着民众消灾除害、求吉纳福的美好意愿。舞狮历史久远，《汉书·礼乐志》中记载的"象人"便是舞狮的前身，唐宋诗文中多有对舞狮的生动描写。

过去人们在出海前，会用"太牢"祭祀妈祖，祭祀的时候，人们会将牛、羊和猪这三种牲畜去肉留皮，用草填实，摆祭于海边的沙滩上。祭祀完毕，将三牲沉于海中。

而这整个祭祀的仪式便称为"辞沙"。后来"辞沙"成为从赤湾出海者启航前一种固有隆重仪式的名词。

从天后诞辰的半个月前开始，各地的信众就会从各地赶来，海湾内万船云集，宫内外张灯结彩，沙滩上舞龙舞狮，热闹非凡。

据《香港掌故》中记载：

由于赤湾天后古庙宏伟，每年农历三月廿三天后诞，香港九龙水陆居民都前往赤湾天后庙去贺诞。

每逢农历三月二十三日妈祖诞辰，来沙滩上举行"辞沙"祭祀的信众数不胜数。"辞沙"祭祀大典是赤湾天后宫独有的。

"辞沙"前，做生意的人会事先在天后宫周围搭起商铺，销售香烛和食品。主持人则会将各绅士的捐赠登记、造册并入库。

祭祀开始时，主祭人会指挥将"太牢"先抬于大殿祭妈祖，领海上航行者和渔人到妈祖坐像前燃香行三跪九叩礼。祭祀完毕后焚祝文，焚帛，然后移至沙滩，将"太牢"沉入大海。

此时便会举行舞狮、唱戏、武术表演和杂耍等，而近千艘在赤湾港停留的渔船则会爆竹齐鸣，彩旗招展，盛况空前。

后来因为各种原因，辞沙的方式已经改变，由海边移到了庙堂，但是人们没有忘记到赤湾举行盛大的"辞沙"祭妈祖活动，每到辞沙活动举行的时候，照样是热闹非凡。

整个辞沙活动会持续四天，在辞沙的第一天下午，会有一

戏　即戏曲，是中国特有的民族艺术，历史上也称戏剧。中国戏曲是包含文学、音乐、舞蹈、美术、武术、杂技以及表演艺术各种因素综合而成的一门传统艺术。远离故土家乡的人甚至把听、看民族戏曲作为思念故乡的一种表现。

新安之景

赤湾天后宫

■ 赤湾天后宫香炉

■ 赤湾天后宫雕刻

些人先到天后宫。他们会在正殿、左右殿和阅台上摆设水果、饼干、牛奶等供品，给油灯添灯芯草和香油，做完这些他们还会在山门平台上用竹片搭好人形架子，用纸糊一个"鬼王"。

这"鬼王"右手执令箭，左手托"善恶分明"令牌，腰系大鼓，面目恐怖。同时还会再糊一县令和其所骑的小白马。到了晚上，他们则要在大殿举行一个简单的祭拜仪式。

第二天上午，南巫、武术队和舞狮队等也会相继赶到，南巫身着道士长袍，敲锣击鼓，吹奏唢呐，诵经念文，在正殿内外带领信众叩首祭拜，祈祷天后娘娘保佑他们。

信众按领头南巫指挥，叫跪下祭拜则全部下跪，喊起来祭拜就全部起身。在祭拜信众中有的手托一捆衣物，这是赤湾天后宫祭祀的一个习俗。

信徒会将家人所穿衣物洗干净，按年龄大小依次捆好带来，对着天后娘娘祭祀，表示让衣服沾上灵气，给家人带来吉祥健康。

另外，到妈祖神像前的部分信徒会手执香烛，在大殿天后神像前和观音、财神像前不断发出"喀、喀、喀"的声音，让人听了好像是吃坏了东西要呕吐了。但这呕吐声代表妈祖神灵转附到自己的身上了，已经有了神灵的感觉，羽化成神了，能够像神那样灵验，保佑善良的人们。

祭拜结束后，信众们就开始观看舞狮表演和武术表演了。舞狮表演和武术表演都非常的精彩，动作协调，并且展现了阳刚之美，都会赢得信众们的阵阵掌声和喝彩声。

午餐后，有一阿妈搬来一张竹椅坐在山门处，双目紧闭，嘴上振振有词，全身故弄抖动，百余人在围观，当说到"阿妈保佑我们"时，引来阵阵喝彩声。

另有一个老太太，手执一把燃烧的香，放入嘴中，烟从鼻子里冒出，香从嘴里取出后，竟安然无恙，此时信众们会鼓掌喝彩，还给这老太太口袋里塞红包。

第三天晚上，大家把"鬼王"抬到院内的广场上燃烧，在燃烧前，大家争先恐后去撕"鬼王"腰上挂着的纸鼓。信徒们认为带上这纸片可祛邪，很快"鬼王"的鼓就会被信众抢去。

紧接着就要点燃鬼王了，南巫嘴上要念着咒语去点燃"鬼王"，鬼王点燃后大家都会把纸钱和大米撒向火海。此时，纸钱"鬼王"照天烧，整个大院火光冲天，亮如白昼。

091

新安之景

赤湾天后宫

■ 鬼王塑像

到了第四天，整个辞沙活动就达到了高潮。开始举行盛大的祭拜仪式，人们给天后娘娘下跪叩首，锣鼓、唢呐声回荡在大殿。

仪式结束后，会有一只狮子在震耳的锣鼓声中腾空而起，随即俯首用嘴轻轻触碰放在案台上的所有供品，以示吉祥。南巫则抱着两个纸箱，一个是装着红花白花，一个是用来装钱，他们到供品放置的案台旁，逐个分发红花白花。据说白花代表添男，红花代表添女。

当南巫将红花白花放到信徒供品上或放到衣袋里时，信徒都要合掌致谢，还要不拘多少向妈祖献些财物。

不久那只空荡的纸箱便装满了钱。最后一个程序是，将用红纸抄写的所有参加这次祭祀活动人员的名单，放在用纸糊的县令手上抱着，然后点燃县令和小白马，连同大家的名字一起化为灰烬。

缥缈的香烟把人们的芳名和愿望一起带给天后娘娘，给天后娘娘传递一个信息，让她在遥远的神仙国度里知道她的信徒是如何的虔诚。至此整个辞沙仪式也就结束了，信徒们也会渐渐离开。到赤湾天后宫的信众在祭拜妈祖后，还都会到许愿树下摘取树叶。

他们摘的树叶有的放在供品上，有的插在抬神像的轿子上，有的插在头发上，但大多是把它带回到家中，插在门楣上或花瓶里，表示希望把赤湾天后宫的吉祥和神灵护佑带回家。

阅读链接

在天后诞辰祭妈祖时，来到赤湾天后宫的信众都会带着礼物来朝拜妈祖。他们不仅会为妈祖填油，还都会带来一包最好的米，在油灯上先倒米、填油、捐款，再点燃香烛，祈求妈祖在这一年的时间里，保佑自己平安顺利。

这里多年来，信众所献的米、油不只是局限于倒米填油于油灯，在功德箱里、神龛上、供台上、石雕龙、麒麟上、地上等，到处都倒满了米和油。意寓为寺院送米填油，积蓄功德。

天津天后宫

天津天后宫，又名"天妃宫"，俗称"娘娘宫"。它位于天津古城东门外，始建于元代，是天津最古老的一处古建筑群，也是中国年代最早的妈祖庙之一。

天津天后宫原本是海员祭祀海神天后举办酬神演出和聚会的场所。后来随着时代发展，它成为天津民俗文化的发祥地和天津发展的历史见证。

"先有天后宫，后有天津卫"，这是对天津天后宫历史地位通俗而生动的概括。

蕴含深厚文化的主体建筑

　　天津天后宫又称"天妃宫"，俗称"娘娘宫"，位于天津古城东门外，始建于元代，是天津最古老的一处古建筑群体，也是中国存留下来的年代最早的妈祖庙之一。

　　在元代，由于运输漕粮时海难不断发生，而天津是海运漕粮的终

■ 天津天后宫

■ 天津天后宫戏楼

点，是漕粮转入内河装卸的码头。所以，在1326年，皇帝下令建天后宫于天津海河三岔河口码头，供人们奉祀海神天后。

天津天后宫整体建筑，从海河岸边沿中轴线从东向西依次为戏楼、天后宫广场、幡杆、山门、牌楼、前殿、正殿、凤尾殿、藏经阁和启圣祠，其中间一条长30多米的天街连接，两侧分列南北的是钟鼓楼配殿和张仙阁等建筑。

戏楼、广场和幡杆均在天后宫正门之外，这里在过去是祭祀天后的场所，后来在过年等节日时这个广场会有大量卖吊钱、窗花的摊位聚集，非常热闹，戏楼有时也会启用。

戏楼为酬神演出之所，坐东朝西，面向大殿。是过街楼，西向宫前广场，东向海河和宫前大街，戏楼上悬"乐奏钧天"4字横匾，北侧上场门横额为"扬

吊钱 天津的特色吊钱儿是始于宋朝时期的一种习俗。是用一张长方形的红纸剪刻成花纹图案，下部形似"流苏"，上面一般写有"恭喜发财"等之类的吉祥语，有的挂于门楣，有的直接贴到门上。预示着一年吉祥如意，招财进宝。

人间天宫的祭祀圣殿

■ 天津天后宫山门

风"，南侧下场门前额为"典雅"。

后来被毁，存留下来的是重修的戏楼，高12米，宽10米，进深约12米。

幡杆不同于其他庙的旗杆，这个幡杆是由海船主桅杆演变而来，是天后宫坐落的标志，高度都在26米左右。

每逢初一、十五和天后诞辰，还有重要节庆庙会，人们都会将旗幡悬于空中，其上绣有"敕封护国庇民显神赞顺重佑瀛壖天后圣母明着元君宝幡"24个字。入夜高挂红灯每灯一字共24盏，远远看去非常壮观，可以为往来船只导航。

山门为砖木混合结构，平面长方形，面阔约6米，进深约3米。下部砌筑砖拱券，前、后设有券门，在拱顶上置十字形梁柱，柱顶施脊檩，横梁两端施金檩，檐檩置于前后檐砖墙上，脊檩上皮至屋外地

庙会　又称"庙市"或"节场"。是指在寺庙附近聚会，进行祭神、娱乐和购物等活动。庙会是中国民间广为流传的一种传统民俗活动，是一个国家或民族中被广大民众所创造、享用和传承的生活文化。

面通高约6米。

山门顶部是九脊歇山青瓦顶，门额以整砖篆刻"敕建天后宫"5个字，上首可识"乾隆已巳秋九月"。"已巳"为清乾隆十四年，表示山门是在1749年的清代重建。

牌楼是元明时代天妃宫前的标志，是木结构的二柱一楼式建筑，原有匾额"护国庇民"，意取"上以护国家，下以庇民生"。在1674年重修了。

前檐正中竖悬着"天后宫"木匾。斗拱下边是"海门慈筏"大字横额，上款题"康熙十三年岁次甲寅春任正月"，下署"整饬天津刀副使加六级薛柱斗立"，表明了这个横额是1674年，由薛柱斗题写的。背额为"百谷朝宗"。

在山门和前殿之间有普济泉等三口井水，传说这三口井是天后娘娘为保一方平安，镇住海眼留下的遗迹。

前殿前的一对石麒麟采用汉白玉石雕琢，石麒麟面目生动，造型夸张，通身造型概括简洁，刀法生动，大刀阔斧之处又有小心精细之笔。

麒麟的头部夸张，比例较大，造型和艺术手法都有北魏石雕之风格，尤其是左边麒麟脚踩海龟，十分罕见，一看便

麒麟 亦作"骐麟"，简称"麟"，外形像鹿，头上独角，全身有鳞甲，尾像牛尾。它是中国古籍中记载的一种动物，与凤、龟、龙共称为"四灵"，是神的坐骑，古人把麒麟当作仁兽、瑞兽。雄性称"麒"，雌性称"麟"。麒麟是吉祥神兽，主太平、长寿。

■ 麒麟

正月 又称孟春、端月、新月或开岁，是中国农历一年中的第一个月，也是新年的开始。正月在中国的文化中，是一年之中最值得庆贺、最吉利、最热闹，也是神灵显现最多的一个月份，据说正月时福神最多，正月出生的人都是天生富贵之人，能逢凶化吉，事事顺心。

知是为护佑海神的异兽，造型罕见。

由于这对专司护佑海神的麒麟建造历史年代早于元代，因此有些专家推断天后宫始建可能在1326年之前。前殿后来被毁了，后在原址上重建的。重建的前殿平面为长方形，是歇山青瓦顶，前、后设砖券门，前后檐柱和山柱共10根，殿内没有中柱，只在柱头间安置有额枋。

前殿是天妃宫最早的山门，为面阔三间的过堂殿。前檐正中门额"三津福主"，上款书"康熙十三年岁次甲寅春任正月"，下署"整饬天津副使加六级关中薛柱斗谨献"，也表明了这个横额是由薛柱斗献上的。

殿内是祭祀天后仪仗的护法神像5尊，中间为王灵官，两侧为千里眼、顺风耳、加恶和加善，他们均为天后驾前仙班里的神将。

妈祖庙里的顺风耳

■ 妈祖庙里的千里眼

中间的王灵官是专司镇守道观山门之职的神将，其职能相当于佛教中的韦驮，人称"灵官王元帅"。在中国民间神话里，王灵官是一个从凡胎俗子步入仙境神坛的奇特人物。

传说王灵官，原名王恶。他为人侠肝义胆，专为百姓抱打不平，除恶扬善。去世后，天庭晋封他为"玉枢火府天将王灵官"，赐给了他金印，命他执掌监察之职。从此他便纠察天上人间的善恶是非，惩恶扬善。老百姓都称赞他说："三眼能观天下事，一鞭惊醒世间人。"

在王灵官两旁是千里眼、顺风耳和加善、加恶。他们俗称"四大金刚"，也有人称他们为中国神话中的"青龙、白虎、朱雀、玄武"。

据说，这四位神将以前均为海怪，经常扰乱百姓生活，乡民祈求妈祖，希望妈祖能惩治妖魔。

玄武 是一种由龟和蛇组合而成的一种灵物。玄武的本意就是玄冥，武、冥古音是相通的。玄，是黑的意思；冥，就是阴的意思。玄冥起初是对龟卜的形容：龟背是黑色的，龟卜就是请龟到冥间去诣问祖先，将答案带回来，以卜兆的形式显给世人。因此，最早的玄武就是乌龟。

■ 天后宫天后圣母

于是妈祖便前去捉拿他们，妈祖法力无边，几年间相继收服了千里眼、顺风耳、嘉善和嘉恶4个海怪，同时他们也钦佩妈祖的非凡本领和高尚人格，甘心侍奉于左右，担当起了妈祖的驾前侍卫。

正殿祭祀天后，正殿一对石狮为后来明代雕刻的石狮子。它造型端庄大方，刀工细腻，由于时代久远，石内所含铁分子氧化变成红褐色。

在正殿，悬挂由清代进士郑瑞麒所撰的一副楹联：

补天娲神，行地母神，大哉乾，至哉坤，千古两般神女；

治水禹圣，济川后圣，河之清，海之晏，九州一样圣功。

在联中，郑瑞麒把妈祖和上古的补天英雄女娲和治水英雄大禹相比，来烘托妈祖作为航海保护神的事功伟绩，并认为妈祖作为航海保护神，其功堪与女娲、大禹比肩。

正殿内是天后妈祖。在正殿的神龛里，天后圣母慈眉善目，仪态端详，凤冠霞帔。她的左右立着四位彩衣侍女，其中两人手执长柄扇遮护天后，另两人一个捧宝瓶，一个捧印绶。

抬头向上，中间一块写着"垂佑瀛堧"，意为赐福沿海。两旁分别写着"盛德在水""万里波平"，意思都是歌颂天后海神。右壁上还有一块匾，上写"四海同光"。这是后来台湾北港朝天宫赠给天津天后宫留念的匾额。

凤尾殿位于正殿后方，殿内祭祀的是净瓶观音、滴水观音和渡海观音。观音崇拜在民间较为普及，自

大禹 姒姓，夏后氏，名文命，字高密，号禹，后世尊称"大禹"，夏后氏首领，传说为帝颛顼的曾孙，黄帝轩辕氏第六代玄孙。他是中国传说时代与尧、舜齐名的贤圣帝王，他最卓著的功绩，就是历来被传颂的治理滔天洪水，又划定中国国土为九州。

民俗博物馆

天津天后宫

■ 天津天后宫内的前殿

宋代就有家家弥勒佛，户户观世音的说法。

观音菩萨被老百姓视为万能之神，生育求子拜观音，祛病消灾找菩萨。此外，观音菩萨那博爱、慈悲的胸怀更是让人津津乐道，传承百年。在全国大部分妈祖庙、天后宫中都塑有观音菩萨神像，这是有一定渊源的。

传说妈祖是龙王的女儿，天资聪慧领悟性强，备受菩萨宠爱，随后拜观音为师潜心修炼，深得菩萨真传。

成道后，下界广结善缘、普度众生。因此在妈祖庙内也供奉了观音神像。

观音和妈祖都是具有除恶扬善、消灾祛疫、护佑万家的神灵，又是中国最具亲和力的女性神祇，深得百姓爱戴。总体来说，天津天后宫无论是其建筑艺术风格，还是石雕、木雕、诸神雕塑、书法、壁画，都衬托着天津天后宫的悠久历史和深厚的文化底蕴。

阅读链接

还有传说妈祖是龙王的小女儿，因为贪玩被观音收为侍女。顽皮的小龙女悄悄溜出龙宫，化身为一个渔家女孩儿，在闹市游玩，不料被水打湿身体，现出原形。

一个鱼贩子将她收入网中，卖给了一位厨师。这一幕都被一个小和尚看在眼里，他尾随其后用重金赎下了她。这个小和尚就是观音菩萨手下的善财童子。

善财童子把小龙女送回东海后，东海龙王听说小龙女险遭不测，又心疼又气愤，自责平日太娇纵小女儿，于是狠心搬出家法，要施以重刑。善财童子见此情景，赶忙回到紫竹林向观音菩萨汇报，希望观音能够帮助小龙女。

观音得知后，决定留下小龙女，一来便于管束，二来又多了个帮手。观音向龙王道出此意，龙王喜出望外连忙将小龙女送到了观音那里。小龙女因祸得福，从此成了观音菩萨的随从侍女。

绚丽的天后宫配殿文化

  天后宫主体建筑大多供奉的是天后娘娘，而左右配殿陪祀的则是其他民间信仰中的神灵。其中就有祭祀天后仪仗中的药王和四海龙王的配殿。

天津天后宫建筑

人间天宫的祭祀圣殿

比干　子姓，名干。为殷商贵族商王太丁之子，纣王的叔父，官任丞相，受其兄帝乙的嘱托，忠心辅佐侄儿纣王。一生忠君爱国，后因强谏被纣王所杀。因比干公平公正，民间将比干供奉为财神。

药王殿供奉的是药王孙思邈，孙思邈是著名医药学家，生于陕西省耀县，自幼立志学医造福万家，因此他饱读医书，吸取中医精髓，博众家之所长。

后来，孙思邈经过多年的行医积累了丰富的经验，撰写了多部医学著作，为中国的医药研究做出了卓越贡献。他还经常义务为穷苦百姓治病疗伤，扶危济贫，因其医术高超、药到病除被后世誉为药王。

治病求医为人之本能，在旧社会，老百姓轻信"是药三分毒"，经常将礼拜神佛当作治病诊疗的良方。因此，药王崇拜应运而生。

除了药王配殿，还有蕴含了百姓希望生意兴隆而祭祀的文财神和武财神的配殿。

财神殿的文财神比干原是殷商末代皇帝纣王的叔父，任商朝宰相。他平日里为人正直，勤于朝政，忧国忧民。

■ 天后宫财神殿

比干见纣王因为宠爱妲己而废朝政感到忧虑不已。随后遭妲己所害，挖心自尽。他生前心直口快、说一不二，对事对财都能公正无私、绝无偏袒，故被百姓尊为财神。

比干之所以成为文财神，并不是因为比干是大财主，而是因为民间流传着一个关于比干的故事。

传说比干因为纣王昏庸无道，怒视纣王，并且自己将心摘下，扔于地上，走出王宫来到了民间，广散财宝。他虽然没了心，但因吃了姜子牙送给他的灵丹妙药，并不曾死去。

因为没了心，所以比干就无偏无向，办事公道，深受人们爱戴和称赞。当时，在比干手下做买卖者，都没有心眼儿，大家公平交易，谁也不会坑骗谁。

所以人们把比干这位老幼都无欺的君子立为财神，人人敬服。

而且在民间有谚语"财神到家，越过越发"的说法，所以敬财神、拜财神也是老百姓对富足、安乐生活的一种无限追求。天津地区也素有正月初二接财神、送"财水"的习俗。

在清晨，水铺的伙计肩挑两桶水、手拿两捆柴，

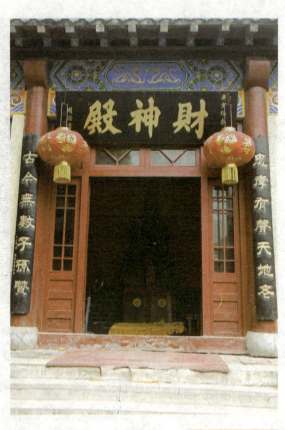
■ 财神殿

财神　是中国民间普遍供奉的一种主管财富的神明。财神是道教俗神，民间流传着多种不同版本的说法，月财神赵公明被奉为正财神，李诡祖、比干、范蠡、刘海被奉为文财神，钟馗和关公被奉为赐福镇宅的武财神。日春神青帝和月财神赵公明合称为"春福"，日月二神过年时常贴在门上。

■ 武财神殿

斗姆元君　道教神名。简称"斗姆"，又作"斗母元君"或"中天梵气斗母元君"。"斗"指北斗众星，"姆"指母亲。所以在道教经典中说斗姆是北斗众星之母。道观中供奉的斗姥都是有三目、四首、八臂，并称斗姥元君的圣诞是农历的九月初九。

挨家挨户地送，嘴里还大声吆喝："柴水啦！"水象征着财气、财运，柴与财谐音。

因此被老百姓赋予了招财进宝、大发财源的吉祥寓意。虽然后来这种风俗渐渐被人遗忘了，但是人们敬财神、拜财神的意愿却存留了下来。

关羽被誉为"武财神"。关羽，字云长。他仪表威武，武艺超群。东汉末年天下大乱，他投奔刘备，与刘备、张飞结为三兄弟，起兵争雄。刘备建立蜀国，关羽守襄阳、定益州、督江陵，被封为前将军，汉献帝封他为汉寿亭侯。

关羽具有忠君爱国、神勇威武、待人至信、行侠仗义的高尚品德。同时他也是中国少有的同时接受佛、道、儒三家信奉的神明之一，甚至与孔子一起被誉为中国的"文武二圣"。

而且关羽以忠义著称，由于他为人刚直，做事果断，还被百姓赋予了治病消灾、镇宅避邪、庇护商贾和招财进宝等诸多能力，被后世誉为"武财神"。

每年农历正月初五，信奉关帝的商家富户都要为关老爷供上牲畜，燃放爆竹，烧香磕头，祈求他保佑来年生意兴隆，财运亨通。

除了财神殿，还有祭祀斗姆以及北斗星君的配殿。

斗姆殿内供奉的是斗姆元君，即北斗众星之母，全称为"九灵太妙白玉龟台夜光金精祖母元君"，也称"斗姆""斗姥"。

在道教经典《太上老君玄灵斗姆大圣元君本命延生心经》中有记载，说斗姆擅长医药诊疗、精通阴阳五行有消灾避邪、护佑胎育等诸多神职。

斗姆造像较为特别，有4个头，每个头上有3只眼睛，还有8只胳膊，并且每只胳膊上各执着法器。慈祥中不失威严，民间信众颇多。

每逢斗姆诞辰、喜庆节日各地斗姆祠、元辰殿多举办祈福延寿法会道场，祈求斗姆元君保佑健康长寿，子嗣平安。

阅读链接

在天后宫配殿元辰殿当中，还供奉有太岁，分别以中国古代60位文官、武将命名，如甲子太岁金辨大将军、乙丑太岁陈材大将军等。

太岁即岁神，主管人间吉凶祸福，依六十甲子轮流值岁，当年轮值之岁神称为值年太岁。每个人都有自己的本命太岁，即本人出生当年的值年太岁。

北方地区有农历正月拜太岁的习俗，天后宫每年腊月二十三都举行"春祭拜"大典，就是请出本年的值年太岁，祈求太岁神驱走过去一年的霉运和苦难，祈盼来年万事顺利，平安如意。

配殿供奉的众神及其传说

王三奶奶塑像

天后宫配殿当中除了有崇拜范围较广的神灵外，还有供奉天津本地民间信仰的配殿，如王三奶奶殿、泰山娘娘殿等。

王三奶奶殿的主要神灵有王三奶奶、白老太太、挑水哥哥等。

关于王三奶奶，民间有着几种不同的说法。有人说她是河北三河人，逃荒来到天津做用人。自幼受到父亲熏陶，经常利用拔罐、刮痧和推拿等一些土办法为穷人治病，受到邻居们的好评与称赞。

还有人说，王三奶奶是天津津南人，从小敬神拜佛又精通巫术，

■ 王三奶奶庙

长大后以顶仙、跳神为业。一次她来到天后宫烧香，自从入庙就再也没有出去过，有人说在天后宫的藏经阁的佛龛内看到了王三奶奶，说她是成仙成佛了。

另外还有传说，王三奶奶每年都要去往京西妙峰山进香，并在途中设立若干个"茶摊"供朝拜者解渴纳凉。在一次登上妙峰山的途中，王三奶奶却不幸跌入山崖，失去了性命。

王三奶奶在天津的信众非常多，她乐于助人、扶危济贫和乐善好施的良好品格更是让津门百姓传承百年。天津百姓有了疾病都来求她保佑，并传着谚语：

摸摸王三奶奶的手，百病全没有。
摸摸王三奶奶的脚，百病全都消。

天津有歇后语：王三奶奶的匾——有求必应。通

跳神　汉族和许多少数民族民间巫卜风俗，流行于全国许多地区。旧时民间治病的一种信仰活动，是古代宗教遗风。跳神的目的很广泛，可请神来消灾治病、驱邪捧鬼，也可请亡灵对话。

天津天后宫

过这些俗语可见王三奶奶早已在天津深入人心了。

关于白老太太，有人说她是五大家仙之一的白仙。还有人说她曾是早年间天津民间的一位医者，尤以治疗眼病见长，深受百姓爱戴。

最后一个是挑水哥哥。传说，挑水哥哥姓白，原本是早年间在天后宫附近挑担送水的水夫。他不仅精通巫术，而且他挑来的水还能够"浇灭"天花，确保孩子们能够健康成长。

天花疾病具有传染性强，传播速度快的特点，患者轻则发热起疹，重则危及生命。当时医疗水平有限，所以百姓们都会来到天后宫祈求挑水哥哥帮忙，"浇灭"天花，驱走疾病。

泰山娘娘殿的神灵有泰山娘娘、河伯、雷公、马王爷、张仙爷、土地爷、文昌与魁星。

泰山娘娘，就是碧霞元君。据说她是东岳大帝的女儿，掌管群山的安危，同时也肩负着保护山矿开采者生命安全的重任。

泰山娘娘的信仰最早可追溯到宋元时期，在明清两代较为兴盛。传说，泰山娘娘有庇护众生、扶危济困、消灾祛疾、赐子佑婴的神力。每年农历四月二十八泰山娘娘华诞，各地信众都要举行盛大的庆寿活动，以此来酬谢泰山娘娘的灵应九州岛，恩泽四海。

水神和河神崇拜一直都深入人心，是最受百姓尊重的神明之一。据说河神长得很漂亮是个少见的美男子，人面鱼身宛如西方美丽的美人鱼。

河神又称"河伯"，民间传说确有其人。他原名冯夷，为人心直口快、性情刚直、乐于助人，平日靠打鱼为生。但天有不测风云，有一次他在下河救人的时候不幸身亡了。

因为他生前做了很多好事，于是天庭将他封为了河神，治理河道，保佑人们安居乐业。

其实河神崇拜还有一个原因，就是在中国历史上，百姓一直遭受到河水泛滥、改道等灾难的侵害，所以希望通过奉祀河神获得平安。

另外，中国是一个十分重视河道的国家，修建郑国渠，开凿京杭大运河等水利设施历来就是国家头等大事，以至于朝廷历时几代人去修缮。

并且水乃生命之源，与百姓生活息息相关，而河伯作为掌管河水的神，地位就尤显重要。因此，奉祀河伯便成了老百姓生活中的一部分，尤其是那些靠河捕捞为业的人们，对河伯更是充满着敬畏和感激之情。

雷公也是天后宫配殿祭祀的神灵之一，自古以来专供雷公、电母的庙宇并不多见，他们一般都是

■ 天津天后宫戏楼

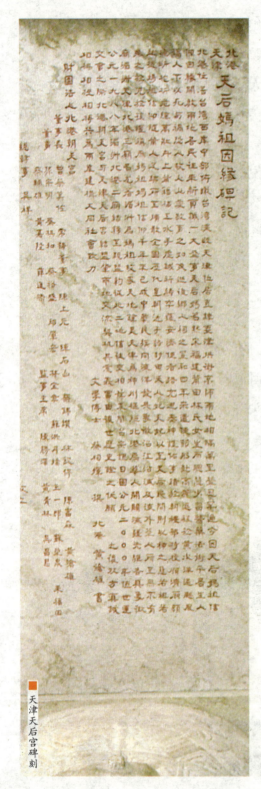

天津天后宫碑刻

借庙而居，依祠而安。

对于雷公的崇拜最早可以追溯到战国时期，在《山海经》《大荒东经》中均对雷公有记载。据传雷公是一位大力士，袒胸露怀后背长着一双翅膀，一副威风八面的样子。他能预知天气变化，司职响雷，在民间神话中经常与电母成双出现。

唐宋文人的笔记中，有很多关于大雷雨后，雷神从空而降、霹打不孝子和不法商人等故事。这些故事都反映出人们对雷神既存有敬畏心理，又寄托主持正义的愿望。

在配殿中供奉的还有马王爷。相传，马王爷，全称"灵官马元帅"。本是如来佛身边的侍从，后来玉皇大帝派遣他去掌管天宫中的马匹。

民间传说，马王爷是一名三目四臂全副盔甲的武将，他经常驾驭天马行走于天宫之中查看人间善恶，造福于众生。

对于文昌与魁星，中国自古就有读书人祈文昌求魁星之说，道教体系更是赋予二者助学业促前程的神力。文昌星俗称"文曲星"，源于古代星辰崇拜。道家认为他是主宰文人墨客功名利禄之神，广受民间推崇。

魁星的职能与文昌相似。"奎"是天文学中二十八星宿之一，道学认为奎主文章。而"奎"与"魁"谐音，"魁"又有魁首之意，预示学子们都能在考试中一举夺魁。民间俗谚说，魁星点斗独占鳌头。

还有张仙爷，民间传说，张仙爷本是五代后蜀皇帝孟昶。

孟昶由于兵败宋太祖赵匡胤，不但把江山社稷拱手相让，就连与他朝夕相处的妃子花蕊夫人也被掳去献给了宋太祖。

但是花蕊夫人不仅没有贪图皇宫内的富贵荣华，时刻不忘旧主，甚至请来宫中的画匠根据自己的描述绘制了一幅孟昶的画像悬于寝宫之内，表示对前朝君王的忠心。

后来不慎被赵匡胤发现，在情急之下她说此人是送子护幼的张仙爷，供奉他可以确保皇宫内人丁兴旺、子嗣平安。后来，后宫嫔妃们便纷纷效仿，以致

■ 天津天后宫祠堂

魁星　是中国神话中所说的主宰文章兴衰的神，即文昌帝君。旧时很多地方都有魁星楼、魁星阁等建筑物。由于魁星掌主文运，深受读书人的崇拜。因"魁"又有"鬼"抢"斗"之意，故魁星又被形象化成一副张牙舞爪的形象。同时还是中国古代星宿名称。

在民间盛行。

寺庙中供奉的张仙爷多为硬身像，面庞粉白，衣着华丽，左手持弓右手夹弹。做弯弓射箭状，善用弹弓驱赶天狗及灾星，威猛中不失慈祥。而"弹"与"诞"谐音，暗喻早生贵子，平安吉祥，深受世人的喜爱。

后来，人们又请他做小孩儿的保护神。于是，有的画像中，张仙爷不仅身负弹弓，而且旁边还有5个天真活泼的小孩儿，以喻"五子登科"之意。

昔日年关，主妇们在天后宫前请上一幅张仙爷的神像，回家后供在佛龛里。准备好香烛、蜡扦及酬神所用的鲜果糕点。

据说，是为了避免上界的天狗进入屋内吓到熟睡中的孩童，从一个侧面反映了长辈对子孙平安、家庭美满的迫切愿望。

对土地爷的供奉源于古代的"社神"，是管理一小块地面的神。土地爷神位不高但法力非凡，他也是最贴近百姓生活的神之一，民间信众颇多。

在一般民间的信仰中，神明多半会有明确的出身，但土地神的出处却有很多。其中一个传说，说在周朝一位官吏张福德，自小聪颖至孝，36岁时，官朝

■ 天后宫石雕

土地爷 又称土地、土地神、土地公公。在道教神系中地位较低，专业名称为"福德正神"。土地爷在民间信仰极为普遍，是民间信仰中的地方保护神，流行于全国各地，旧时凡有人群居住的地方就有祀奉土地神的现象存在。土地神崇奉之盛，是由明代开始的。土地神的形象大都衣着朴实，平易近人，慈祥可亲，多为须发全白的老者。

廷总税官，为官廉正，勤政爱民，去世时102岁。

有一贫户因为受到过张福德的帮助，所以用4块大石围成了一个石屋来奉祀他。不久之后，这个贫户就由贫转富了。

百姓认为是张福德保佑赐予了财富，就合资建庙并塑金身膜拜他，并取其名而尊为"福德正神"，后来生意人经常祭祀他，以求生意发展。

除此之外，土地爷还兼有安葬亡灵的职责。旧时有些地方，生下孩子的第一件事是提着酒到土地庙"报户口"。死了人的第一件事是死者在下葬之前，家属要到土地庙"报丧"。在民间传说中，死去的鬼魂要由土地神送往城隍。

同时，在古代劳动人民心中，土地是他们赖以生存的地方，是土地生长出五谷，养育了他们，所以人民才会格外郑重地祭祀土地。

土地神崇拜的兴盛是由明代开始的。在明代，土地庙特别多，百姓们也格外尊重土地神，其实这与明太祖朱元璋有关系。

在明人笔记《琅琊漫抄》中记载说，朱元璋就是生于土地庙。因此，在明代，小小的土地庙备受崇敬。而天津在明代是政治经济的大动脉，所以

115

民俗博物馆

天津天后宫

■ 天津天后宫石狮子

天津天后娘娘像

天后宫里供奉土地神也是在情理之中的事情。

在天后宫配殿中比较有名的还有启圣祠。启圣祠是供奉天后娘娘父母的殿宇。妈祖林默有着显赫的家世，家族中有9人先后在福建担任刺史，故有"九牧林氏"之称。

父亲林愿在福建任都巡检，母亲王氏整日礼佛极为虔诚，夫妇二人每日行善积德，从不计较个人得失，赢得了邻里的好评。

古人云："百善孝为先。"孝悌文化是中华思想道德体系的基础，也是中华民族传统美德中最为核心的价值取向，所以建造了启圣祠。

人间天宫的祭祀圣殿

阅读链接

有一个关于妈祖配殿土地神的传说，说周朝上大夫的家里有一名仆人名叫张福德。他的主人赴远地就官了，留下了家中的幼女。

后来，张福德带着主人的幼女去寻找他的父亲，路途中不幸遇到暴风雪，张福德就把自己的衣服给了主人的女儿，他最终冻死在途中。

张福德临终时，空中出现"南天门大仙福德正神"9个字，后来张福德的主人知道了这件事，感念他的忠诚，就为他建造了庙宇奉祀。

饱含美好祈愿的求子风俗

在天后宫正殿的神龛里，天后圣母慈眉善目，仪态端详，凤冠霞帔。她的左右立着四位彩衣侍女，其中两个侍女手执长柄扇遮护天后，另外两个侍女一个捧宝瓶，一个捧印绶。

在神像前的供桌上，则摆满了香客们供奉的贡品。在天后的祭祀

■ 天津天后宫正殿

天津天后宫藏经阁

崇拜中，船户们在出海之前往往将船做成模型奉送给天后，希望妈祖保佑他们出海平安。

在神像的上方悬挂着3块匾额，中间一块写着"垂佑瀛壖"，意思是希望妈祖能赐福沿海。两旁分别写着"盛德在水"和"万里波平"，意思都是歌颂妈祖的圣德。

在正殿的墙壁上还有一块引人注目的匾额，上面写着"四海同光"。这是台湾北港朝天宫赠给天津天后宫留念的匾额。

除此以外，老天津人还有在天后宫求子的习俗，过去夫妇婚后无子，会到天后宫祭拜后用红线拴一个泥娃娃回家供奉，称为"娃娃大哥"，就是长子，日后即使生下长子也要排行老二。

并且"娃娃大哥"每年还要拿去"洗澡"，寓意每年长大一点，这也是老天津的民间信仰之一。以"拴娃娃"作为求子习俗，历史上早就已经出现了。是以女娲"抟黄土造人"为基础，又经过民间的一步步演变，所以形成了拴娃娃这个求子习俗。

天津的拴娃娃虽然受多元文化影响，历史上也供奉诸如观音、碧霞元君、王母娘娘等孕育之神，但更多的妇女则以天后娘娘作为司孕育的主神供奉。清周楚良的《津门竹枝词》说：

儿女欢欣晒岁除，娘娘宫里众纷如……十方弟子为祈儿……

娘娘次号送生神，哄得孩儿降世尘，转面狰狞相恐吓，防他依恋不离身。

因此在天后宫，不但子孙娘娘和送生娘娘成了天后娘娘麾下协助天后娘娘的配祀神灵了，而且主殿所设观音神龛或是"观音堂"，也都以陪祀的地位存在的。由此可见天后娘娘在妇女们的心目中已代表了其他诸神，其地位之崇高，可想而知。

每逢初一和十五的开庙之际，那些婚后未育的妇女们，便会蜂拥而至，向天后娘娘焚香膜拜后，用红线拴走子孙娘娘像前的一个小泥娃娃，口中念念有词："好孩子，跟妈妈回家。"

有的妇女在拴一个泥娃娃之后，仍嫌不足，趁着道士不注意，偷偷

天津天后宫

■ 天津天后宫香火

又拿走一个，揣进怀里。这正应了天津的另一个习俗——"偷娃娃"。

但是无论是拴娃娃也罢，偷娃娃也罢，那些妇女一旦生育，便认为是天后娘娘赐予的，在婴儿百日之内，到天后宫还愿。还愿的时候除焚香礼拜外，还要送回99个小泥娃娃，放在子孙娘娘像前，供其他妇女再去拴或偷。

妇女"拴娃娃"之后，仍未生育，怎么办呢？聪明的天津人又兴起了一个新的行当，就是"洗娃娃"。妇女从天后宫拴来娃娃，仍未生育，但这泥娃娃也是天后娘娘赐予的，进了家门就如亲生一般，称为"娃娃大哥"。

"孩子"要年年长大，因此每年要把"娃娃大哥"送到娃娃铺去"洗"一次，也就是再换个大一点的。在清末，天津娃娃铺几乎都集中在天后宫以南的袜子胡同一带，有四家最著名的塑像店，即墨稼斋马家、凤鸣斋张家、纯古斋周家和笔耕斋刘家。

几家店铺所塑娃娃均呈坐姿，胳膊屈伸，两掌朝上，但面部的塑画却见功夫。一般面部塑造都采用面模翻制工艺，点活眉眼，再施以彩画。

娃娃分为两大类。一类是席地而坐呈坐姿的，从五寸开始，最大为一尺二寸。久婚未育的妇女，从天后宫拴来娃娃后，每年送来"洗"一次，娃娃变大一寸，如果日后有所生养，"娃娃大哥"的辈分也不得僭越。在天津还有"娃娃大哥坐炕头，老大吃喝不用愁"的说法，表明娃娃大哥的独特身份。第二类的坐像，因为变了辈分，由"娃娃大哥"而改称"娃娃大爷""娃娃太爷""娃娃大太爷"等。

端坐在太师椅上，身穿蓝色大袍，黑色马褂，黑鞋白袜，头戴红疙瘩黑帽儿。先是黑胡，随年龄和辈分变大，而改白胡。

天后宫的"拴娃娃"和"洗娃娃"，旧时直接关系着生活在最底层的妇女命运，尤其为久婚未育的妇女带来希望和勇气。

在当时的历史条件下，为稳定婚姻、家庭起到一些积极作用。天津的"洗娃娃"因其具有浓郁的地方特色和艺术风格，故又被冠以"天津娃娃"之美称，在妈祖文化中占有一席之地。

阅读链接

妈祖庙拴娃娃的习俗，来源于女娲造人的古老传说。

传说开天辟地以后，大神女娲行走在莽莽的原野上，感到非常孤独。她觉得在这天地之间，应该添一点什么东西进去，让它生气蓬勃起来才好。

于是，她就拿起一团黄泥，掺和了水，在手里揉着。不一会儿，她就揉成了一个娃娃模样的小东西。她把这个小泥人放到地面上，没想到刚一接触地面，小泥人就活了起来，开口就喊："妈妈！"

后来妈祖成为司孕育的女神后，人们为了向妈祖求得孩子，便也仿造女娲所造的小泥人，放在妈祖脚边，再从妈祖脚边用红线拴走，代表孩子跟自己回家了。

不断丰富的天后宫文化

　　初期海员们会在天后宫祭祀海神天后，举办酬神演出和聚会，并且水工、船夫和官员在出海或漕粮到达时，也都向天后祈福求安。

　　后来，居家百姓没钱的也来求财，没子的求子，有病的祈免病

■ 天津天后宫庙宇

■ 天津天后宫庭院

灾。这不仅表明古人对无法克服海洋、江河险难而求助神灵的迫切心理，也反映了苦难民众的古朴文化心态，即借助天后凝聚和抚慰着众人心。

每逢天后诞辰日，天后宫都要举行"天后出巡散福"皇会表演。这时候，百戏云集、万人空巷。元代张翥有首诗《代祀天妃角次直沽作》描写了朝廷官员身着宫袍祭祀妈祖的盛况：

晓日三汊口，连樯集万艘。

普天均雨露，大海静波涛。

入庙灵风肃，焚香瑞气高。

使臣三奠毕，喜色满宫袍。

元代朝廷封了天妃，又派官员代祀，可见上层人对天后娘娘的尊重。后来，祭祀的人更加多了起来，

酬神 清代民间为酬谢神的佑护，常常以歌舞、杂剧、鼓乐等形式举行活动，这种活动称为"酬神"。随着民间崇神、祭神内容的不断扩大，及民间崇神的地域色彩的不断加剧，宋代以后，酬神活动逐渐成为一种民间娱乐项目。

■ 天津天后宫建筑

其中最多的是船户，清人汪沆《津门杂事诗》中说：

天后宫前舶贾船，相呼郎罢祷神筵。

清人蒋诗在《沽河杂吟》中写道：

刘家巷里如云舶，部祷灵慈天后宫。

他们描写的都是江海船工祭祀天后的热闹情景。农民也来给天后娘娘进香。

后来到了清代，天津天后宫的香火依然繁盛，有清人崔旭所作的《津门百吟》中就总结了百姓们奉祀天后的情形。诗道：

飞翻海上着朱衣，天后加封古所稀。
六百年来垂庙绘，海津元代祀天妃。

壁画 在建筑物的墙壁或者是在天花板上描绘图案。可以分为粗底壁画、刷底壁画和装贴壁画等多种。是最为古老的一种绘画形式，原始社会时期，人们就在洞壁上绘刻各种图形，用来记录一些事情，是流传最早的壁画。中国的许多宫殿、墓室、庙宇、石窟中都有大量的壁画存在。

天津天后宫建立后，一直香火很繁盛。船户来往必定祭祀，远近百姓多来祈福，热闹非凡。这首诗就概括了多年来从朝廷到民间敬奉天后的历史。

随着时代的发展，天后宫渐渐成为了天津民俗文化的发祥地和天津城市发展的历史见证，"先有天后宫，后有天津卫"是对天津天后宫历史地位通俗而生动的概括。

后来天津天后宫被辟为天津市民俗博物馆。每两年都会举办"中国·天津妈祖文化旅游节"，那时台湾、香港、澳门及海内外宾朋近千人云集天后宫。

后来天津著名画家蔡长奎先生在天后宫的主殿描绘了一幅壁画，被称为"天后圣迹图"。这幅壁画在正殿的南北两墙上，长将近14米，宽将近3米，这幅壁画是首次以天后生平传说为内容绘制的壁画，非常宝贵。

125

民俗博物馆

天津天后宫

■ 天津天后宫建筑

■ 天津天后宫宫门

该壁画第一卷为"天后降生至升天得道"的故事，第二卷是"钱塘阻潮至敕封天后"的故事，该壁画内容磅礴多姿，以传统壁画艺术为主，把天上、地下、大海、人、神有机地结合在一起，使视觉空间广阔，再现了"海神"灵迹。

壁画共描述了天后故事，人物近300个，造像生动，线条流畅，色彩典雅又带华丽，给人以强烈的视觉冲击，达到教人育人的目的，也更加增添了天后宫的文化内涵。

在天后圣母诞辰1052周年期间，天津天后宫特别将供奉天后娘娘林默父母的神殿启圣祠，装饰一新，并在殿旁两侧竖立起了"二十四孝图"。

阅读链接

在清代，每逢天后的诞辰，天津的民间便会举行法鼓会、大乐会、鹤龄会、重阁会、中幡会和高跷会等活动，为天后庆祝生日，场面非常热闹，人们称之为"娘娘会"。

有一次乾隆帝乘船下江南路过天津，提出要看"娘娘会"。当时，乾隆皇帝的船停泊在三岔口，沿街表演的各种技艺从船前经过，精彩纷呈，乾隆皇帝非常高兴。

其中，乾隆皇帝格外喜欢法鼓会和鹤龄会的表演，于是赏给4名鼓手各一件黄马褂，给4名鹤童各一个金项圈。

另外，乾隆皇帝还对"娘娘会"的组织安排大加称赞，赏给"娘娘会"的组织人员两面龙旗。从此以后"娘娘会"便易名为"皇会"了。

人间天宫的祭祀圣殿

妈阁庙

　　澳门妈阁庙原称"妈祖阁"，俗称"天后庙"，位于澳门的东南方，枕山临海，依崖而建，周围古木参天，风光绮丽，是澳门最著名的名胜古迹之一。

　　妈阁庙初建于明弘治元年，即1488年，距今已有500多年的历史。主要建筑有正殿、弘仁殿、观音阁和正觉禅林，是澳门历史最悠久的古刹。

　　妈阁庙石狮镇门、飞檐凌空，是一座富有中国文化特色的古建筑，也是中国中外文化融合的起点。

妈阁庙中的神山第一殿

澳门妈阁庙原称"妈祖阁",又名"正觉禅林""海觉寺""妈祖庙""天后庙",位于澳门半岛南端妈祖山下,始建于明朝弘治元年,也就是1488年,至今已有500多年历史。是为纪念被信众尊奉为海上保护女神的天后娘娘而建。

妈阁庙是澳门现存庙宇中有明确实物可考的最古老的庙宇,与普济

■ 澳门妈祖庙飞檐

禅院和莲峰庙并称为"澳门三大禅院",并且为三大禅院之首,也是澳门文物中原建筑物存留下来时间最长的名胜古迹之一。

整座庙宇包括大殿、弘仁殿、观音阁、正觉禅林等几座主要建筑,石狮镇门、飞檐凌空,是一座

富有中国文化特色的古建筑。

■ 澳门妈祖阁楹联

　　妈阁庙的大门为一牌楼式花岗石建筑，宽近5米，只开有一个门洞，门楣上有"妈祖阁"3个金字，两侧书有对联。联道：

德周化守；

泽润生民。

　　大门顶部有琉璃瓦顶等装饰，其中门楣顶部为飞檐状屋脊，脊上有瓷制宝珠及鳌鱼为装饰。在庙门口有一对石狮，这对石狮雕工精美，栩栩如生，是清人的杰作。石狮镇门、飞檐凌空，形成了一座富有中国文化特色的古建筑。

　　紧跟在大门之后的为一座三间四柱的冲天式牌坊，由花岗石建造而成，4只石狮分置在柱头上。在

> **普济禅院**　俗称"观音堂"，是位于澳门特别行政区最大的禅院与最具规模的庙宇。普济禅院为中国古擎飞式的佛教建筑，保存着明清南方庙宇的特色。与妈阁庙与莲峰庙并称为"澳门三大古庙"。

人间天宫的祭祀圣殿

琉璃 琉璃指蓝色。琉璃瓦指施以各种颜色釉并在较高温度下烧成的上釉的瓦。流光溢彩的琉璃瓦是中国传统的建筑物件，通常施以金黄、翠绿、碧蓝等彩色铅釉，因材料坚固、色彩鲜艳、釉色光润，一直是建筑陶瓷材料中流芳百世的骄子。中国早在南北朝时期就在建筑上使用琉璃瓦件作为装饰物。

牌坊后，妈祖阁的庭院内有一块名为"洋船石"的巨石，上刻着一艘古代海船，船的桅杆上挂着一面写有"利涉大川"的幡旗，还有"一帆风顺"的图景。

传说上面记载的是清代一位福建商人，乘船来澳门途中遇到风浪，幸得妈祖相救，转危为安的故事。

正殿为供奉天后的神殿，有"神山第一殿"的美称。它和正门建筑、牌坊以至在半山腰上的弘仁殿在空间上成一直线，体现了中国传统建筑文化特色。

正殿建筑主要由花岗石及砖头砌筑而成，其中花岗石作主导。无论柱、梁、部分墙身以至屋顶均是由花岗石修筑成的，两边的墙体都开有琉璃花砖方形窗户，而在较高位置的气窗，则为圆形。

在由花岗石造成的屋顶上又铺设琉璃瓦顶，并以夸张的飞檐装饰正脊和垂脊。不仅如此，其屋顶造型还分为两部分，在朝拜区的屋顶以歇山卷棚顶的

■ 妈祖庙弘仁殿

■ 澳门妈祖庙牌坊

形式，而在神龛区上方的琉璃屋顶则为重檐庑殿的形式，飞檐纯朴有力。

妈阁庙建筑物中规模最小的弘仁殿建于1488年的明代，是一座3平方米的小形石殿，其门口石横梁至今仍存初建时的石刻"弘仁殿"3字，而旁边的题款则为清道光八年，即1828年。

弘仁殿以山上的岩石作为后墙，再以花岗石作屋顶及两边墙身。天后神像则置于山石前，与正殿神龛区做法一样，在殿内供奉天后，在两侧的墙上有天后之侍女和神将的浮雕，而在石屋顶上有绿色琉璃瓦和飞檐式屋脊装饰。

观音阁位于妈祖阁的最高处，建于1605年，当时由官方与商户合资筹建。主要由砖石构筑而成，其建筑较为简朴，为硬山式做法。该殿也是供奉天后的，阁内存留下来了一块1828年重修时的木匾。

飞檐　中国传统建筑檐部形式之一，多指屋檐特别是屋角的檐部向上翘起，如飞举之势，常用在亭、台、楼、阁、宫殿或庙宇等建筑的屋顶转角处，四角翘伸，形如飞鸟展翅，轻盈活泼，所以也常被称为飞檐翘角。飞檐是中国建筑民族风格的重要表现之一，通过檐部上的这种特殊处理和创造，增添了建筑物向上的动感。

■ 妈祖庙摩崖石刻

人间天宫的祭祀圣殿

　　1629年，妈祖阁又再重修。此外，自弘仁殿至观音阁，沿着山崖有不少石刻，成为骚人墨客遣兴，楷草篆隶，诸体具备。

　　这些摩崖石刻，出现在各具特色的建筑物之间，有石阶和曲径相通，四周苍郁的古树，错杂的花木，纵横的岩石，还有庄严的古庙，都巧妙地结合在一起，显得古朴典雅，极富民族特色。

阅读链接

　　关于妈阁庙的建造还有另外一个说法。在明朝万历年间，有一帮福建商人运货到澳门，船快要驶到港口的时候突然遇到了台风，海面浪涛汹涌，眼看船只就要倾覆。

　　这时商人想到，在岸上的时候听说妈祖有预测能力和神通，经常在海上搭救遇难船只，是海上的守护神。

　　于是他们急忙向妈祖祈祷，求妈祖显灵。果然有一女神出现在对面山上的云端，锦袖一挥，立时风平浪静。人们因感其恩德，尊为"海神""天后"，并立庙奉祀。

具有闽南特色的正觉禅林

正觉禅林是妈阁庙中规模最大的建筑，建于1828年的清代，内中供奉天后。正觉禅林位于建筑群最前方且与正殿同在一个平台上，不管在规模上或是在建筑形式上都非常讲究，由供奉天后的神殿和静修区组成。

神殿是四架梁结构，主殿前有一内院，两侧侧廊为卷棚式屋顶，主殿被两列的各3个支柱分为3个开间。

主殿的屋顶是琉璃瓦坡顶，两边侧墙顶部为金字形

妈祖大殿入口

镬耳山墙，具浓烈的闽南特色，还有防火功能。

山墙位于内院前之正立面，由左至右可以分为五个部分，中间最高两边渐低，墙身有泥塑装饰，墙顶则以琉璃瓦装饰，而在琉璃瓦檐下是三层象征斗拱的花饰。

此外，中间部分尚开有半径为1米多圆形窗洞，而琉璃瓦顶上之飞檐和瓷制宝珠装饰，亦显示出此殿之重要性。

静修区的建筑为一般民房，属硬山式砖结构。

另外，在正觉禅林中还发生过一件有着传奇色彩的事件。妈阁庙曾经发生过一场大火，澳门居民一说起这件事，仍记忆犹新。

那天，庙内的正觉禅林深夜的时候突然起了大火，整个殿宇都被烧塌了，塌下的横梁掉在神像的跟前，但是在神龛中央的妈祖神像仅仅是被烟火熏黑

■ 澳门妈祖阁庙石刻

除夕 中国传统节日中最重大的节日之一，指农历一年最后一天的晚上，即春节前一天晚上，又称该日为"年三十"。一年的最后一天叫"岁除"，那天晚上叫"除夕"。除夕时人们往往通宵不眠，叫"守岁"。

了，丝毫无损。人们都说是妈祖显灵了，从此以后妈阁庙的香火更繁盛了。

妈阁庙的香火一直都非常旺盛。无论是远来的客还是当地的人，都会在这里进香朝拜，祈求平安幸福。特别是每年农历除夕和农历三月二十三"天后神诞"，妈阁庙更是香火繁盛。

每当这个时候，祀拜祈福的善男信女们络绎不绝，场面十分热闹。并且由于烧香的缘故，妈阁庙上会有紫烟缭绕，一派祥和，人们称它"妈阁紫烟"，后来这也成为"澳门八景"之一。

诞期前后，在庙前的空地上也会盖搭一大竹棚，作为临时舞台，上演"神功戏"。

后来，在澳门最高点路环岛的叠石塘山顶，又落成了全世界最高的妈祖雕像。这尊雕像高19.99米，是由120块汉白玉石镶嵌而成，其中妈祖脸部由一块完整的汉白玉石雕刻而成。

妈祖雕像重达500多吨，全身晶莹洁白，而容颜慈祥温和，远眺澳门海面，犹如时刻深情地关注着澳门。因为这尊雕像矗立在澳门的最高点，所以无论从海面还是陆地，都清晰可见。

由于妈祖拥有博大慈爱的襟怀和救苦救难的高尚

■ 澳门妈祖阁内景

澳门八景 最能代表澳门特色的8个景点，有镜海长虹、妈阁紫烟、三巴圣迹、普济寻幽、灯塔松涛、卢园探胜、龙环葡韵、黑沙踏浪。

神功戏 传统节日中，百姓为了酬谢神恩会举行一连串庆祝活动，如舞龙舞狮、放鞭炮，更会筹集资金聘请戏班演出戏曲作为主要庆祝活动，这就叫神功戏。

人间天宫的祭祀圣殿

澳门妈祖阁

品德，人们为了表达对她的崇敬，1000多年来赋予她诸多神奇的色彩和美丽的传说。中华儿女也从妈祖的传奇故事中体会到了中华民族的传统美德，看到了中国优秀文化的光彩。

经过千年的演绎，妈祖文化已成为中华民族优秀传统文化的重要组成部分，妈祖也是海峡两岸及全球华人共同敬重的海上女神。

妈祖信仰已经成为联络海内外、沟通全世界的桥梁和纽带，也成为凝聚着千千万万海内外中华子孙爱国爱乡、虔诚向善的心愿女神。

阅读链接

相传多年前，葡萄牙人第一次抵达澳门的时候，是在妈阁庙前对面的海岬登岸的。

葡萄牙人登岸后，注意到了妈阁庙，觉得所到达的这个地方十分新奇。于是葡萄牙人便询问当地的居民这个地方的地名和历史。但是由于语言不通，居民误以为他们询问的是这个庙宇的名字，就回答道："妈阁。"

所以葡萄牙人便以为这个地方叫"MACAU"，这便是澳门葡文名称的由来。

北港朝天宫

北港朝天宫位于中国台湾云林北港镇，俗称"北港妈祖庙"或"天后宫"，主要奉祀妈祖，是台湾妈祖的总庙。

北港朝天宫最早创建于1694年，是树壁和尚从湄洲朝天阁恭请妈祖来台后在笨港建立的，当时是一座供人们奉祀的小祠。

1700年，由地方士绅捐资扩建祠庙，称为"天妃庙"。后来经过不断扩建，便改名为"北港朝天宫"。因神迹灵验，成为台湾妈祖信仰的龙头大庙。

妈祖来台后香火日益兴旺

 1694年，有一个和尚名叫树壁，他从福建湄洲天后宫恭请了一尊妈祖神像到台湾。他在北港上岸后，为了供奉妈祖，就在笨港，后来称"北港"的地方建立了一个小小的祠，名为"妈祖庙"。

南京朝天宫内景

■ 妈祖庙妈祖塑像

到了1700年，地方士绅捐资重建了妈祖庙，并取名为"天妃庙"。1730年，妈祖庙又经过扩建后，更名为"笨港天后宫"。

《重修诸罗县笨港天后宫碑记》中说：

天后宫建自雍正庚戌年，岁修于乾隆辛未年……

碑记中的雍正庚戌年，也就是雍正八年，即1730年，这说明在1730年以前，笨港妈祖庙仍是一座小祠，在1730年重建后，才具有了一定的规模，才称为"笨港天后宫"。

在乾隆年间，笨港天后宫又经历了两次重建。第二次重建在1774年，当时由笨港县丞薛肇熿捐俸倡议重修，由贡生陈瑞玉和监生蔡大成等人负责募捐。重

贡生 科举时代，挑选府、州、县秀才中成绩或资格优异者，升入京师的国子监读书的人称为"贡生"。意谓以人才贡献给皇帝。明代有岁贡、选贡、恩贡和细贡；清代有恩贡、拔贡、副贡、岁贡、优贡和例贡。清代贡生，别称"明经"。

龙头大庙
北港朝天宫

善才 唐代用来称呼弹琵琶的艺人或者乐师，意思为"能手"。"善才"本来指的是一个叫郭善才的人，因为他弹琵琶的技艺非常出众，久而久之，人们便把琵琶水平高超的人称为"善才"。

修完成后，笨港天后宫的建筑为正殿和观音殿，并立碑，刻《重修诸罗县笨港天后宫碑记》于其上。

笨港天后宫正殿又称圣母殿，内中供奉的是天后妈祖。这尊妈祖神像就是树壁和尚亲自前往福建湄洲天后宫请来台湾的。这是一尊宋代的软身妈祖神像雕塑。软身神像是一种装置有关节、四肢可活动的神像，通常为木雕。

在正殿殿内各处因为香火太盛，皆被熏得乌黑。神桌底下有一口古井，被称为"龙口吉穴"，相传朝天宫就是因为这口井而香火不绝。

立于神龛两侧的是千里眼和顺风耳两位神将。它们形貌奇特，神态威武，是妈祖的护将。正殿两侧厢房则分祀注生娘娘，即送子妈，还有境主公，即土地公。

在观音殿内，奉祀的主神是观音和佛祖，配祀是

■ 观音殿建筑

善才和良女，在左右两侧还供奉有十八罗汉：

右侧分别为降龙尊者、百纳尊者、进香尊者、弥勒尊者、志公尊者、开心尊者、达摩祖师、飞铋尊者和目莲尊者。左侧分别为伏虎尊者、优婆尊者、进花尊者、进灯尊者、梁武帝、长眉尊者、进果尊者、戏狮尊者和洗耳尊者。

笨港天后宫香火一直鼎盛。香火为世代相传同源同脉之意，取香火是为寻根溯源又称为"割香""割火""掬火""会香"等。

各地信众及分灵的庙宇众多，所以每年进香盛期，都会在朝天宫正殿举行庄严隆重的刈火仪式。

在刈火仪式的时候会遵照古礼，由住持法师诵经并恭读吉祥文疏，念完以后，会在万年香火炉内焚香烧金，然后由住持法师将香灰舀至一旁的香炉内，再将前来刈火的庙宇香炉封闭，带回自己庙宇内，这就是刈火仪式。

也正是因为朝天宫的香火来自湄洲祖庙，人们觉得非常灵验，所以后来海内外各地纷纷前来朝天宫分灵、分香供奉。他们每年所带回去的不只是香火，还有虔诚的祝福。

后来因为笨港天后宫本身就是从湄洲妈祖庙的朝天阁分灵来的，为了纪念这件事，笨港天后宫改名为朝天宫。后来，随着笨港改称北港后，"笨港朝天宫"也随之改称"北港朝天宫"了。

阅读链接

每年都会到北港朝天宫取回香火。在民间信仰中取香火仪典有诸多方式，其中以香担最为隆重。

"香担"是指将香炉存放香担内，香担贴上封条，香担留有一小圆孔，以便添加檀香木延续香火，不让炉内香火熄灭。

朝天宫的这座万年香火炉就担当了传递香火的重任，使万年香火永不熄灭。

著名的孝子钉和三川殿

妈祖庙雕像

在北港朝天宫的观音佛祖殿前石阶上有一枚孝子钉，并且流传着一个真实的故事。这个故事发生在清代。

1821年至1850年的清代道光年间，在福建泉州的南安有一个有名的孝子姓萧。因家境清贫，他的父亲独自一人前往台湾谋生了。

一转眼数年过去了，萧孝子的父亲一直都没有回乡，而且音讯全无。思亲心切的他准备随母亲偷渡去台湾寻找父亲。

当时朝廷为了防止人们偷渡前往台湾，在北港设置了水陆讯兵。

■ 妈祖像

萧孝子母子只好在外海沙汀下了船，涉水走上岸去。但是在上岸的过程中，他们突然遭到了激流分散了。

萧孝子很幸运得到了渔夫的帮助，被救上了岸。上岸后，萧孝子就跟着渔夫到北港寻找父母的下落。过了很多天，萧孝子的父母依然没有任何消息。

在萧孝子几乎绝望的时候，他突然听说朝天宫的妈祖非常灵验，于是就跑到朝天宫向妈祖奉香跪拜，虔诚祷告说："圣母如肯庇佑寻得父母，铁钉则能贯入石中。"

祷告完毕，萧孝子就拿出一根钉子，想要钉入殿前的石阶。说也奇怪，本来极易弯曲的铁钉，竟然轻易地没入了坚硬的青石之中。人们都觉得是他的孝心感动了妈祖，所以称那颗钉子为"孝子钉"。

不久之后，当地的一个花生油行的主人听说了

朝廷 封建社会时期，被王国、诸侯国拥戴为共主，由共主建立起来的统治机构的总称。在这种制度下，共主通常被称为"皇帝"。中国历代的中原王朝通常被认为是正统王朝，属于中央政权，周边臣服中原政权的民族、部落被封为诸侯国。这样，中原王朝的统治机构——朝廷又被称为"中原朝廷"。

■ 妈祖庙塑像

"孝子钉"的事，想要帮助萧孝子寻找亲人，于是就雇用萧孝子来到油行当伙计。这样萧孝子不仅可以养活自己，还可以从买油的人那里打听亲人的下落。

皇天不负苦心人，有一天，麦寮的一个商人来买油的时候，说到数月前在岸边救了一个妇人，萧孝子得知后，急忙随该商人往麦寮探询，果然是萧孝子的母亲。

母子重逢后，萧孝子便将母亲接到自己的住处，并且一同前往朝天宫答谢了妈祖。

后来一个偶然的机会，彰化的一个商人来到北港想要向妈祖进香。进香之后听说了"孝子钉"的事，由于好奇，就前往探访了萧孝子母子。非常意外的是，萧孝子与他竟然是表亲，并且他知道萧孝子父亲的住所。

于是萧孝子母子赶忙跟着表亲前往萧孝子父亲的住处，一家三人重逢，恍然如梦，悲喜交加，终于达成了数十年来的亲人团聚。后来，这枚"孝子钉"便一直在观音殿外的石阶上，被流传了下来。

北港朝天宫的前殿，包括中央的三川殿及两侧的龙虎门。"三川殿"就是3个门并列成川字的意思。按古制，诰封王、妃或将军级的神祇可以使用三川殿，若是帝后级则可以配5个门。

诰封 诰命封赏。在中国古代，对文武官员及其先代妻室赠予爵位名号时，皇帝命令有诰命与敕命之分，五品以上授诰命，称诰封。六品以下授敕命，称敕封。

三川殿的建筑一向被视为庙宇中雕琢最丰富的殿堂，整个建筑群中最细腻的功夫都在此展现了出来，所以朝天宫三川殿长久以来都被建庙匠师视为最高典范。

　　朝天宫三川殿宽三开间，各间皆辟一门，进深也是3间，殿内采用的是九架桁和四柱法的建筑形式，前后对称，是一种非常严谨的建筑栋架。在前步口有精致的花篮吊筒，共有两对，并且两吊筒连接在一起，塑造了入口的华丽气氛。

　　中门上方的栋架称为架内，朝天宫采用二支通梁及三颗瓜筒的形式，所用木材壮硕饱满，瓜筒用金瓜形，瓜脚包住通梁肚，称之为"趖瓜"，具有巩固结构及加强装饰的作用。

　　在趖瓜筒上雕有"老鼠咬金瓜"，意味上天仁民爱物，赏赐金瓜给老鼠。在瓜上并雕有磬牌，是取谐音为"庆"。

　　朝天宫三川殿栋架用料非常结实，连斗拱也是用厚料组成。拱身多使用陈应彬擅长的"螭虎拱"，拱身作螭龙形。

■ 妈祖庙毓秀坤元

朝天宫雕塑

在门楣上的"排楼斗拱"，使用"米字形"的斜拱，亦兼具巩固及装饰作用，斗顶以八仙人物装饰。后步口出现螃蟹形之斗座，其中一只见到背甲，一只见到腹甲，并暗藏三元及第文字，此为取自古代"科甲"与"及第"的寓意。

三川殿在后来毁于大火，存留下来的是由清代名匠陈应彬所建。

阅读链接

北港朝天宫三川殿的屋顶重檐歇山式，这是一种外观上两层屋檐，而内部是一层的特殊形式。中国古代建筑求外观壮丽，较重要且神圣的殿堂常做成重檐式。

朝天宫三川殿的中央明间升起，比左右次间高出近一尺，如此可突显中央屋顶，使屋脊高低错落的变化更多彩多姿。

当然，另外一个实际的作用可使室内不致太暗，且可将香火的烟气从上下檐间的空档自然地排出去，这是很成熟的屋顶形式。

重修后的朝天宫与妈祖香会

　　1852年，清朝著名将领王得禄的次子王朝纶和嘉义县训导蔡如璋对朝天宫进行了重修。此次重修扩建了拜亭与东西两厢廊，形成了四进三院的建筑格局。

■ 台湾妈祖像

■ 观音寺观音塑像

1905年，台湾发生地震，朝天宫大殿破损，亭台倒塌，后经民众募得巨资重修。重修后的北港朝天宫的建筑具有相当大的传统特色，为宫殿式建筑群，四落八殿、一埕七院的规模，十分宽广。

四落分别为三川殿、正殿、观音殿和圣父母殿，八殿则为三川殿、正殿、观音殿、三官殿、文昌殿、圣父母殿、注生娘娘和土地公。

一埕是位于三川殿和龙虎门前的庙埕，七院则是正殿前天井、凌虚阁前天井、聚奎阁前天井、观音殿前天井、三官殿前天井、文昌殿殿前天井和圣父母殿前天井七院所构成。

在朝天宫的宫门前有一广场，石地石墙，设有正、左、右等出入口。正面入口两侧置一对小石狮，墙头有四海龙王石像。

宫门一分为三，中间是山川门，右边是龙门，左边是虎门。山川门前立有一对蟠龙巨柱，另有一对石狮。龙虎二门楹柱下各置一对石磴。在三门的墙壁上，装饰有各种各样的雕刻。

第二进为正殿，是妈祖圣母殿，进深近13米，分为前后两段。从殿外观看，正殿顶似有3层，琉璃瓦

石狮 以石头为材料雕刻而成的狮子，与麒麟、四不像一起作为古代宫殿门前的守护神，有辟邪的作用。后来，狮子造型艺术遍及寻常百姓家，即使是普通人家门旁，也可立上一对小小的石头狮子，寓意勇武、强大和吉祥。

顶，前段屋顶翘脊上塑有"麒麟送子"及两只凤凰。东西两厢供奉注生娘娘、境主公和福德正神。

第三进中室为观音佛祖殿，供奉观音菩萨，右室为三界公殿，供奉三官大帝，左室为五文昌殿，供奉五文昌。

观音殿有石刻龙柱一对，刻有"乾隆乙未年腊月敬立"字样。五文昌殿阶前有双龙丹墀一块，刻有"道光庚子年阳月立"字样。

最后一进是圣父母殿和供奉历代住持神主的开山厅。宫内保存着康熙年间制作的妈祖天妃冠。

朝天宫规模宏伟，属于中国南方的宫殿式建筑，经过历代重修，留下许多精美古物，一梁一柱、片瓦粒石之间，都引人驻足观看。

除此建筑之外，妈祖的香会也蕴含着深厚的文化

蟠龙 是指中国民间传说中蛰伏在地而未升天之龙，龙的形状作盘曲环绕。在中国古代建筑中，一般把盘绕在柱上的龙和装饰在梁上、天花板上的龙均习惯地称为蟠龙。传说中，蟠龙是东海龙王的第十五个儿子，他时常偷跑到人间游玩，当他看见人间遭遇干旱，他便用法术帮忙人们，从而得到人们的敬仰。

■ 妈祖庙建筑

人间天宫的祭祀圣殿

■ 妈祖节

上元　就是农
历正月十五元宵
节，又称"春灯
节"，是中国汉
民族传统节日。
正月是农历的元
月，古人称夜为
"宵"，而十五
又是一年中第一
个月圆之夜，所
以称正月十五为
"元宵节"。
又称为"小正
月""元夕"或
"灯节"，是春
节之后的第一个
重要节日。

特色，非常有名。

　　妈祖崇拜是中国台湾民众的主要信仰，在台湾境内，妈祖庙不计其数，并且北港地区郊商组织经常举办妈祖会。

　　当时郊商组织的妈祖会分别有祖妈会金顺盛、二妈会金顺安、三妈会金盛丰、布郊、敢郊金兴顺、鱼铺街金海顺和屠户金义顺等。

　　在每年农历正月十五，朝天宫都要举办上元祈安法会。到了晚上，由当地各业团体和学校共同举办花灯会，各地来此参观者，人山人海，将宫前广场和附近街坊挤得水泄不通。

　　在农历三月十九妈祖诞辰，各地到此进香的队伍会长达数里。妈祖"出巡"，也就是抬妈祖塑像巡行时，沿途还设有路祭。接送之人会手执长香，在出巡路线上守候，盛况历年不衰。

北港朝天宫于农历过年前，有一连串的祭祀活动。为迎接新年及妈祖诞辰的庆典，每年农历十二月二十由庙方清洗殿宇，将一年来的尘埃清除干净，有除旧布新的意义。

到了二十四由庙方执事者举行送神仪式，以素果祭祀神祇，恭送庙内列位诸神，并象征性地关闭庙门至祭祀典礼结束。

除夕当日晚上朝天宫会再度关闭庙门，准备正月初一子时"抢头香"的活动。当庙门开启时，信徒蜂拥而入，希望能抢得头香，为新年带来好运。

祭祀　是华夏礼典的一部分，更是儒教礼仪中最重要的部分，礼有五经，莫重于祭，是以事神致福。祭祀对象分为三类：天神、地祇、人鬼。天神称"祀"，地祇称"祭"，宗庙称"享"。祭祀的法则详细记载于儒教圣经《周礼》《礼记》中，并有《礼记正义》《大学衍义补》等书进行解释。

151

■ 妈祖节

妈祖庙雕像

在节庆习俗中，农历正月初四为"接神日"，朝天宫会再度关闭庙门，以迎接众神祇的降临。

接神仪式完成后会再开启庙门，当日并由庙方主事者抽出公签，又称"四季签"，以预测未来一年中各行各业的流年运势，公签抽出后，会张贴于三川殿内公告周知。

朝天宫于元宵节时，还会举办妈祖"迎春绕境"活动。商家为表示对妈祖信仰的虔诚，并期望妈祖能保佑生意兴隆。

在妈祖绕境时，会准备大量的炮仗置于妈祖的凤辇神轿之下，称为"炸轿"，炮仗越多，也表示来年生意会越好。这也是绕境活动的高潮。

阅读链接

朝天宫中有妈祖文化大楼，位于朝天宫庙后侧，文化大楼的屋顶是中式古色古香庭园回廊景观公园，面积近千坪，景观公园顶楼上竖立一尊石雕妈祖像，神像手持如意象征和平女神护佑两岸人民。

石像采用花岗岩打造，石像高15米左右，由357块组合而成，石像底座高5米，正面采用青斗石雕刻四海龙王率二十四司朝拜妈祖，底座两侧雕刻"二十四孝图"。

石像共打造了两尊，另一尊安坐大陆湄洲天后宫岛上。

祭祀庙宇

香火旺盛的各地神庙

玉皇庙是为祭祀玉皇大帝而特别建造的庙宇。传说玉皇姓张，是极其遥远年代的光严妙乐国的王子，是太上老君在宝月光王后梦中赐予怀孕的神婴。后来他舍弃了王位，在山中学道修真，辅国救民，度化群生，经过"一亿三千二百劫"才当上玉皇大帝。

道教认为玉皇为众神之王，在道教神阶中修为境界并不是最高的，但是神权却最大。玉皇上帝除统领天、地、人三界的神灵之外，还管理宇宙万物的兴隆衰败和吉凶祸福，在民间的信仰非常普遍。

众神之王

玉皇庙

小天下的泰山顶玉皇庙

　　泰山顶玉皇庙位于山东省泰安市，是中国五岳之首泰山主峰天柱峰上的一座庙宇，也是泰山最高的一座庙宇。玉皇庙古称"太清宫""玉帝祠""玉皇宫""登封台"等，是玉皇大帝的供奉之所。

　　汉武帝登基以后，采取了许多富国强兵的措施，不仅慑服了匈

■ 泰山之巅——玉皇顶

奴，而且还平定了内乱，出现了国泰民安、经济繁荣的局面。汉武帝好大喜功，对自己开创的天下一统的西汉王朝十分得意，便于110年3月，率领群臣大规模地到泰山进行封禅活动。

汉武帝来泰山的最高峰天柱峰时，看到以前的帝王来泰山都树碑立传，为自己歌功颂德，对此他特别嗤之以鼻，很是不屑。

■ 玉皇庙大门

他认为自己功德盖世，万民俯首非一小小石碑所能言表，再说立碑名功，简直俗不可耐，于是便别出心裁，立一通无字碑于泰山极顶，让后世敬仰，以彰显自己高上加高、无以言表的功德。

据说汉武帝命人立石碑的时候，岱顶忽然瑞云飘忽，四面霞光。人们从地下挖出了一卷金简玉函，只见上面写道："武帝刘彻，寿终十八。"

汉武帝看后，顿时觉得心惊胆战，恍惚中把它倒读为"八十"，果然，汉武帝活到80岁而谢世，所以人们也将这块碑称为"石函"。

碑为方柱体，高6米，宽1.2米，厚0.9米。由跌座、削身、帽首三层迭递而成，以示高上加高。碑石上下渐削，石色莹白，通体无一纹饰，形制古朴浑厚，虽然历经百年的露浸雨湿却丝毫不生苔藓。

157

众神之王

玉皇庙

玉皇大帝　全称是"昊天金阙无上至尊自然妙有弥罗至真玉皇上帝"，又称"昊天通明宫玉皇大帝"和"玄穹高上玉皇大帝"，居住在玉清宫。在道教教义中，玉皇是众神之皇，神权最大。玉皇上帝统领着天、地、人三界的神灵，同时还管理着宇宙万物的兴隆衰败和吉凶祸福。

内帑 也称皇银内帑，是指皇室的金库，也就是属于皇帝个人的钱财。国库的钱并不等同于皇帝私人的钱，皇帝要动用国库里的钱，必须先跟大臣们打商量，要是群臣和户部尚书反对，皇帝也无可奈何。

据说，每当艳阳普照的时候，石碑便熠熠发光，金光射目，碑中就会隐隐约约显现出几行篆字，内容为歌颂武帝的功德，远视则有，近视则无，可谓是一个奇绝。

后来，汉武帝下令在无字碑后建造玉皇庙，以彰显自己的至高无上。玉皇庙坐北面南，前围垣墙。山门为石砌的券拱，采用单间歇山卷棚顶，门额外镌"敕修玉皇顶"，内镌"泰山极顶"。院内正殿三间，为单檐硬山式结构，顶覆铁瓦，殿内奉祀玉皇大帝及二侍者塑像。

1483年，明宪宗朱见深诏令中使钱喜以内帑金重建玉皇庙，由山门、玉皇殿、观日亭、望河亭、东西道房组成。玉皇庙为一长方形院落，南北宽24米左右，东西长近30米，面积670平方米。

玉皇殿为三间，前后为步廊式，屋面原铺有筒瓦和绿色的琉璃瓦，后在修葺中换成黄色的琉璃瓦，显得庄严而大气。

殿内祀奉的是新铸的玉皇大帝铜像，玉皇大帝是中国道教中的最高神祇，是众神之皇，

■ 泰山玉皇顶

■ 泰山玉皇庙建筑

也是宇宙的统领者，神龛上原有"柴望遗风"的匾额，说明历代帝王都热衷于登此燔柴祭天，用以祭祀山川诸神，保佑国泰民安。

　　玉皇大帝身着九章法服，头戴十二行珠冠冕旒，双目下视，其神情既雍容和善，又端庄严肃，自然散发出一种宁静、飘逸、超然的风度，透露出他无上的权威和超神的智慧。

　　玉皇大帝左边是托塔李天王、泰山石敢当和寿星的塑像，右边是太白金星守护、泰山老奶奶和财神爷的塑像。

　　东配殿里供奉的是观音神像，他相貌端庄慈祥，手持净瓶杨柳，慈眉善目，俯瞰着天下的众生。西配殿里供奉的是财神。整体看来，庙宇建筑错落有致，庄严肃穆，让人忍不住心生崇拜。

　　院中央立有"极顶石"，上面标志着泰山的最高

寿星　是中国神话中的长寿之神。本为恒星名，是福、禄、寿三星之一，又称"南极老人星"。在画像中，寿星常为白须老翁，持杖，额部隆起，是长寿老人的象征。常衬托以鹿、鹤、仙桃等，象征长寿。

点，后来在周围围以石栏，额书朱红"极顶"两字，并有"海拔1545米"的标记。"东天一柱"和后来郭沫若题写的《观日诗碑》傍列其侧。

极顶石的西北侧有"古登封台"碑刻，表明历代帝王封泰山时多在此设坛祭天。

因为泰山是天的象征，于是号为天子的君王们都与泰山结下了不解之缘。自原始社会晚期至封建社会后期，逐渐在中国历史上形成了一种极其隆重的旷世大典，也就是封禅大典。

凡是易姓而起或功高德显的帝王，自认为会被天神赐予吉祥的符瑞，他便有资格到泰山报告成功，答谢受命于天之恩，据记载，共有12位帝王到泰山举行封禅祭祀活动。

1572年8月，河道总督万恭治河成功，明穆宗朱载垕特祀泰山，并立《表泰山之巅碑》。碑阳书有

■ 泰山极顶

泰山玉皇顶

"泰山之巅"4个大字，文勒碑阴，书法刚劲有力，雄健洒脱。碑原立于顶石之旁。

同年，在殿前增建观日、望河二亭。观日亭可看旭日东升、晚霞夕照，望河亭可赏黄河金带、云海玉盘等奇观。

1684年，康熙皇帝下令在东南宽敞的平顶峰建乾坤亭，上刻"孔子小天下处"，以示对泰山的崇拜和对孔子的崇敬。

此外，在泰山玉皇庙周边还有大量的石刻和碑碣，集中国书法艺术的大成，真草隶篆各体俱全，颜柳欧赵各派毕至，是中国历代书法及石刻艺术的博览馆。

阅读链接

关于泰山无字碑的来历，还有其他的说法。世人多传为秦始皇立，说秦始皇在统一六国之后，认为自己功德难铭。于是，一字不镌地立了无字碑。

当然，也有人认为这块碑原本是有字碑，在泰山顶经过长期的风雨侵蚀，使得碑上原有的文字被风化，以至于剥落殆尽，最终形成了无字碑。

木构阁楼的天津玉皇阁

天津玉皇阁位于老城东北角南侧，是北运河与海河交汇处的三岔口西岸，近邻海河，坐西朝东。始建于1368年的明朝洪武年间，后来经过历朝的修茸，成为古代天津规模最大的道教建筑群，已经有600多年的历史了。

天津玉皇阁原有的建筑群落十分庞大，由旗杆、牌楼、山门、钟鼓楼、前殿、八挂亭、清虚阁、南斗楼、北斗楼以及三清殿组成，其中的清虚阁是庙内的主体建筑。

天津玉皇阁

到了近代，由于各种原因，玉皇阁的建筑群落遭到了严重的破坏，清虚阁是玉皇阁建筑群中唯一保留下来的一座明代建筑，也是天津年代最早的

■ 玉皇大帝塑像

一座木结构楼阁，但依然沿用了玉皇阁的名称。

清虚阁建在用砖石垒成的台基上，台基高1.5米左右。台阶踏步6级，两侧设有垂带石。整个楼阁分为上、下两层。九脊歇山顶，占地面积近300平方米。

其中的梁架结构具有明显的明代风格。梁上依旧可以清晰地看到一条条的"千秋带"，上面清楚地记载着历朝为它修缮的年代。

清虚阁上层檐下设有木制回廊，廊进深1.1米，方形檐柱，宝瓶式栏杆，站在廊中可凭栏远眺，四方景色尽在眼底。

殿内主要供奉的是在道教神系中地位仅次于三清的玉皇大帝，它是道教世界中级别最高的神明之一。但在民间的神仙世界中，玉皇大帝却是众神之王，统领三界十方，就连人间的皇帝也由它管辖，因此玉皇大帝也就成为人们心目中的世界主宰。

163

众神之王 玉皇庙

台基 建筑用语，即台的基座，又称"基座"。在建筑物中，系高出地面的建筑物底座。用以承托建筑物，并使其防潮、防腐，同时可弥补中国古建筑单体建筑不甚高大雄伟的欠缺。大致有四种：普通台基、较高台基、更高台基和最高台基。其中最高台基常用于最高级建筑，如故宫三大殿和山东曲阜孔庙大成殿。

■ 天津玉皇阁

玉皇大帝身穿九章法服，头戴十二行珠冠冕旒，手持玉笏，金童和玉女分侍两边。玉皇大帝一副秦汉帝王的装扮，是人间帝王形象的生动再现。

在玉皇大帝神像的两侧，配祀有斗姆神像和两尊侍奉在玉皇大帝身边的侍者，其中的一尊侍者就是"三只眼的马王"，是守护玉皇大帝的天神。

马王也叫"灵官"，是道教中的护法神将。马王赤面髯须，身披金甲红袍，三目怒视，左持风火轮，右举钢鞭，形象极其威武勇猛。

斗姆神像则为额生三目，肩扛四头，左右各有四条长臂，正中两手合掌，其余各手分别执有日、月、宝铃、金印、弓、戟等。斗姆位镇中天，统领三界，是诸天法王之师。

相传斗姆在每年的庚申、甲子、三元八节之日就会下降到人间解厄赐福。

天津玉皇阁楼阁的顶盖为九脊歇山顶，檐心为黄

弓 是抛射兵器中最古老的一种弹射武器。它由富有弹性的弓臂和柔韧的弓弦构成，当把拉弦张弓过程中积聚的力量在瞬间释放时，便可将扣在弓弦上的箭或弹丸射向远处的目标。弓箭作为远射兵器，在春秋战国时期应用相当普遍，被列为兵器之首。弓是自人类出现战争到近代枪炮大量使用为止，弓的作用是任何武器无法替代的。

色琉璃瓦，脊、兽和檐头瓦是绿色琉璃瓦。

这种建筑做法在古代建筑中是极为少见的，是当时天津等级规格最高的木结构楼阁。殿内四周墙壁上绘制有许多壁画，雕梁画栋，栩栩如生。

至后来，由于年久失修，玉皇阁建筑已经残破不堪，墙内14根檐柱全部糟朽，上、下层檐头翼角变形严重，瓦屋面瓦件、脊饰件残缺损坏。

屋面灰背开裂、漏雨严重，油饰地仗已脱落，室内外彩画破旧难辨，已经失去保护木构件和美化建筑物的作用。地面、台明、墙体、楼板、栏杆等均有不同程度的损坏。

于是朝廷按照"修旧如旧，恢复原貌"的方案，沿用原建筑材料，将一些风雨侵蚀严重的部位，根据历史资料最大限度地将其恢复。

戟　是一种中国古代独有的兵器。实际上戟是戈和矛的合成体，它既有直刃又有横刃，呈"十"字或"卜"字形，因此戟具有钩、啄、刺、割等多种用途，所以杀伤能力胜过戈和矛。戟在商代就已出现，西周时也有用于作战的，但是不普遍。到了春秋时期，戟已成为常用兵器之一。

众神之王

玉皇庙

■ 天津玉皇阁大殿

■ 天津玉皇阁打铜眼

玉皇阁内的精致彩画，对于无法保留的，组织专门人员按原彩画的色调和工艺进行重新描画，使得这座明代古典楼阁式建筑重新焕发出了光彩。

玉皇阁濒临三岔河口，是津郡明清时期重要的民俗活动场所之一。每逢九九重阳节，四乡人士云集此处，登高赏菊，盛极一时。

1722年在天津任盐官的鲁之裕写的《玉皇阁》中说道：

直在云霄上，蓬瀛望可通。

万帆风汇午，一镜水涵空。

写出了玉皇阁巍峨高耸，视野开阔，以及海河平

祭星　民间以正月初八为众星下界之日，制小灯燃而祭之，称为顺星，也称祭星、接星。古代重要祭礼之一。每年春至，天子出东郊设坛而祭祀星辰。每年正月初八晚上星斗出齐后，各家都要举行一个顺星的祭祀仪式。

如明镜，百舸竞先争流的景象。

一年当中，民间对玉皇大帝的祭祀活动主要有两次：一次是农历正月初九的玉皇诞辰庆典；一次是农历腊月二十五的玉皇出巡庆典。届时，善男信女纷纷前来敬香，玉皇阁内道士也要举办规模隆重的道场，诵经礼忏，迎接玉皇御驾。

玉皇阁外，民间各路表演团体前来献艺，来自各地的商贾也云聚于此销售各种商品，这自然形成的庙会为阁内外呈现出一派繁华热闹的景象。

除此之外，在玉皇阁举行的其他活动还很多，如农历正月初八的"祭星"活动，用以祈福求顺。九月初九的"攒斗"和重阳登高则用以消病免灾。"攒斗"是一项祭祀斗姆的活动。

民间传说农历九月初九是斗姆元君的生日，在此

农历 是中国长时期采用的一种传统历法，以朔望的周期来定月，用置闰的办法使年的平均长度接近太阳回归年，因这种历法安排了二十四节气以指导农业生产活动，所以称为农历，又叫"中历""夏历"，俗称"阴历"。

■ 玉皇阁

之前，人们要到玉皇阁进香，为斗姆上寿，以求能够增福延寿，消灾免劫。

玉皇阁内的道士们要将人们所进贡的香一层一层地摆在山门里院中斗座上，堆累成为粗大的圆形高柱，人们称之为"攒斗"。

"斗"，实际上是用香堆集而成的香柱，人们所攒的"斗"底盘直径可达2.7米左右，高约5.3米，自农历九月初八夜半时点燃。

人们认为这个时候是斗姆下界接受香火的时候，点燃是为了给斗姆接驾。

这时，道士还要诵经做北斗会，斗可一直燃烧至农历九月十五，历时一周，遇到雨水也不会熄灭，十分神奇。

玉皇阁是天津唯一的明代木结构楼阁，虽然红漆大柱已经斑驳，而建筑整体却仍旧散发出浓浓的历史文化底蕴，给人庄严肃穆之感。

阅读链接

斗姆在传说中是远古一个国家的王妃，名叫紫光，其性情温顺、贤惠。一年春天在莲池中感生九子，老大勾陈星后来成为玉皇大帝，老二北极星成为紫微大帝，其余七子为北斗七星，分别为贪狼、巨门、禄存、文曲、廉贞、武曲和破军七星。

紫光夫人因生九子有德，被封为"北斗九真圣德天后"。天后宫和玉皇阁内都供有斗姆神像。斗姆的大悲大愿就是"众生有难若称名，斗姆寻声来救苦"。

所以斗姆在人们心目中一直都是解厄、赐福、消灾、改命、有求必应的祖师，道教中还有专门朝礼斗姆的祈禳仪式。

具城防功能的蔚县玉皇阁

蔚县玉皇阁位于河北省西北部，是供奉玉皇大帝的神庙，其标准称谓应是"蔚州玉皇阁"。

1374年，明太祖朱元璋设蔚州卫。

1377年，卫指挥使将蔚州土城改建为砖城，辟东、西、南三门，正北无门，并在城墙上建起了玉皇阁，与三门遥相对峙。玉皇阁是蔚

■ 蔚县玉皇阁大殿

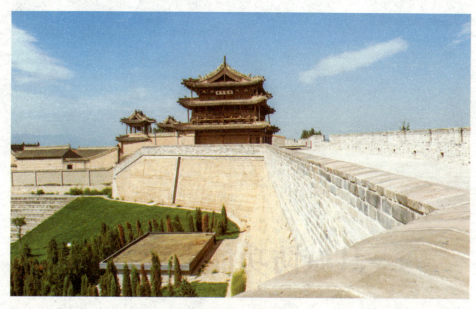

■ 蔚县玉皇阁侧面

斗拱 中国建筑特有的一种结构，拱是在立柱和横梁相交的地方，从柱顶开始层层探伸出的弓形承重结构。拱与拱之间相连接的方形木块叫"斗"，二者合起来就叫作"斗拱"。斗拱使人产生一种神秘莫测的奇妙感觉。在美学和结构上它也拥有一种独特的风格。无论从艺术或技术的角度来看，斗拱都足以象征和代表中华古典建筑的精神和气质。

州古城的屏障，起着瞭望敌情、防御外敌入侵的重要作用。

玉皇阁坐北朝南，总面积为20 000多平方米，由前后两院组成。前院为天王殿、东西禅房和东西厢房，均为硬山布瓦顶建筑，北端的玉皇阁和东西相对的钟鼓楼二楼组成后院，钟鼓楼为重檐布瓦顶方亭。其中，天王殿和玉皇阁大殿分布在同一条中轴线上。

天王殿面宽3间，进深两间，脊檩下题"大明万历二十八年岁次庚子孟冬朔月旦元吉创立"。天王殿配有东西正禅房各三间，东西下禅房各三间。

天王殿两侧各有小式硬山布瓦顶角门一座，通过十八步石砌台阶就可以直通正殿。

正殿分上中下三层阁楼，都采用了面宽三间，进深两间的建筑布局，为三重檐歇山琉璃瓦顶。

正脊为琉璃花脊，两端砌有琉璃盘龙，脊上有泥塑彩色八仙人，边脊砌大吻跑兽，四角脊梢下装有兽头，上悬挂有铁锋，微风吹来，叮当作响，气势非凡。

玉皇阁大殿为三檐两层楼阁式，上阁楼上悬挂有"玉皇阁"横匾。在第二层楼阁的中间又向外兀突出一檐，下设有游廊一周。

宫人们顺游廊四顾，在环廊上，可以北俯壶流河迤逦如带，南眺翠屏山云雾环绕，西顾则山明水秀，东望则村落疏密，山川阡陌，尽收眼底，美不胜收。下阁楼悬挂有"靖边楼"横匾，并建有前出廊。

玉皇阁有木柱36根，通贯3层，支撑着整个楼阁。柱上部施栏额和普柏枋，普柏枋上施斗拱，上檐和腰檐斗拱宏大简单，下檐斗拱用材较小，是后世重修时更换的。整个建筑木架全部采用油饰，彩绘则采用"和玺"和"苏式"图样，显得古朴而大雅。

三界 本来为宗教术语。道家所说的"三界"是指天、地、人三界，指的是整个世界或是宇宙范围。在佛教术语中指众生所居之欲界、色界、无色界或指断界、离界、灭界等三种无为解脱之道。在萨满教术语中三界则指宇宙的上、中、下三界。

■ 蔚县玉皇阁牌匾

三元大帝　又称"三官大帝"，是道教的神灵。源自上古时代中国先民对天、地、水自然现象的崇拜，认为宇宙万物生成和生长都离不开天、地、水三种基本元素，合称"三元"。逐渐形成为对天官、地官、水官三位天神的固定祭奠礼仪，称这三天分别为上元节、中元节和下元节。

■蔚县玉皇阁

玉皇阁大殿殿内正面塑有玉皇大帝神像，高4米左右，双眼狭长，半睁半闭，一手执天书，一手置于膝上，威严中还带有一丝倦意，仿佛是处理完三界事务后仍坚持读书、阅卷。

在玉皇大帝身后站立着两位宫女，手执宫扇，仪态万方。在玉皇大帝塑像两侧的墙壁上，绘制着大型人物壁画《封神图》、三元大帝及王母娘娘。

殿内东西两侧的墙壁上同样绘制有大型的壁画，东壁画长7.4米，高2.5米。北壁画长12.8米，高2.5米，绘有"三十六雷公"。帝王威严，雷公狰狞，侍者秀目，场面宏大，色彩艳丽，人物形象栩栩如生，是不可多得的艺术珍品。

梁上钉有长方形木匾3块，均为后世修葺过程中所置，分别为1683年康熙皇帝御赐、1764年乾隆皇帝御赐、1897年光绪皇帝御赐的匾额。

阁楼前的出廊内立有8通石碑，其中有7通是重立碑，分别为1614年的万历年间所立的一通、1719年康熙年间立的一通、1780年乾隆年间立的一通、1896年光绪年间立的一通、1897年光绪年间立的两通、1898年光绪年间立的两通以及1900年道光年间所立的一通重修碑记。

相传在明朝嘉靖年间秋天，外敌侵犯紫荆关，山西布政使司右参议、进士苏志皋奉命赴蔚州征催粮饷，并督促大军经蔚州飞狐峪进发涞源，以增援紫荆关。

苏志皋在蔚州的时候，忙里偷闲，乘月夜登上了玉皇阁，在环廊上环视周围群山，有如众位列仙骖鸾跨凤翱翔其间，不由得诗兴大发，作小词一阕，名曰《天仙子》，词说道：

■蔚县玉皇阁内景

■蔚县玉皇阁建筑

众神之王 玉皇庙

青帝祠前赤帝祠，
步虚声里梦回时，
羽轮归去鹤书迟。
山吐月、水平堤，
冷冷玉露湿仙衣。

后来，人们将这首词镌刻于碑上，并立在正殿的前廊。石碑为青石琢成，高2米，宽1米，碑顶呈弧

布政使司　明清两朝的地方行政机构。明朝时为国家一级行政区，简称布政使司、布政司、藩司，负责一级行政区的民事事务。布政使司设左、右承宣布政使各一人。清朝沿袭明制，但布政使司辖区直接通称为"行省"，并在各省布政使之上设置固定制的总督、巡抚掌管全省军民事务。

形，座为龟趺。碑上所刻的字体为草书，洒脱流利，雄浑苍劲，字体飘逸潇洒。

整个词碑保存得十分完整，颇具书法研究价值和古诗研究价值，是后世历代文人墨客拓摹学习的文化艺术珍品。此外，在阁楼的檐下还悬挂有"雄姿千秋""历古阅今""槛外云归""云蒸霞蔚""目穷千里"等匾额，这些匾额使得这座古老的建筑焕发青春，显得越加壮观雄伟。

在楼前月台的东南角建有钟楼，西南角建有鼓楼，均为重檐歇山布瓦顶。

玉皇阁气势雄伟，构造讲究，是将城防与道教功能合为一体的建筑，自从建造之后的数百年间，历经风雨剥蚀和战乱兵灾，几经后世的修建和重建，依然完整地矗立在高高的城垣之上，具有明显的明代建筑风格，表现出了古代能工巧匠的高超技艺和智慧，是研究明初建筑艺术的重要实例。

阅读链接

传说一次玉帝与众神一起周游人间，当他们到蔚州时已经是子夜时分。只见这里鲜花盛开，城外绿草如茵，百姓夜不闭户，万家灯火辉煌，一派宁静祥和景象。

玉帝触景生情，伸手一指说："好美的一座小城！"

不料，一本天书从衣袖中甩出坠落人间。玉帝忙派众神寻找天书。于是，当晚城中百姓做了同一个梦，梦中一个穿蟒袍的天神四处寻书。第二天，县令就张贴告示悬赏寻书。

三天后，果然有人前来献书。县令将书放于公案上。半夜，公堂大风骤起，天书不翼而飞，只留下一纸，上写："玉帝来此一游，不慎失落天书……"后来，人们就在捡到天书的地方建造起了阁楼，并取名玉皇阁。

宫廷建造的北山玉皇阁

玉皇阁位于吉林省吉林市北山主峰之巅，借山势高低错落而建，是北山古寺庙群中最雄伟壮观的庙宇。

中国的正统建筑，都讲究中轴对称，玉皇阁也不例外。玉皇阁掩映在绿色的树丛中，是北山寺庙群中规模最宏大、气势最雄伟的一座

玉皇阁山门

堪舆 堪，地突之意，代表"地形"之词。舆，"承舆"即为研究地形地物之意，着重在地貌的描述。《史记》将堪舆家与五行家并行，本有仰观天象，并俯察山川水利之意，后世以之专称看风水的人曰："堪舆家"，故"堪舆"在民间也被称为"风水"。

庙宇。北山玉皇阁始建于1776年的清朝乾隆年间，由宽真大师选址建造。宽真大师曾为宫廷内的伶人，后来看破红尘，皈依佛门。

当他四处云游来到关东吉林后，钟情于北山的堪舆和山水风光，于是开始化缘募资修建玉皇阁。

仅一年多的时间，玉皇阁便全面竣工，杰阁高楼依山而建，飞檐斗拱，雕梁画栋，巍巍壮观。

据宽真的门徒仁端所记载：

仰其势则凌云也，望其气则隐露也，烟霞迷离，晶彩掩映，猗欤林哉，真宝刹也。欣羡久之，盘磴登之，见阁上赫然者玉帝也；阁之下森然者三仙也；阁之左右近附者两庑；东西远翼者两亭也；阁之前屹然耸立

■ 玉皇阁香火鼎盛

者牌楼也；继则灵官殿也；异则祖师堂也。
不禁喟然叹曰，宽真之志大矣哉！

■ 玉皇阁内建筑

玉皇阁前为10余级高耸的石阶，山门天王殿门廊两侧是两座小巧的侧门，侧门两边东为钟楼，西为鼓楼，使玉皇阁在正面形成了一庙三门、晨钟暮鼓、威楼高耸、巍峨雄浑的气势，威严肃穆。

天王殿右侧立有东方持国天王和西方广目天王，左侧则为南方增长天王和北方多闻天王。这四大天王也称"护世四天王"，它们各守一方，是佛教的护法神。

东方持国天王能护持国土，塑像身着白色，手持琵琶，可以用音乐让众生皈依佛教。

南方的增长天王能令他人皈依增长，塑像浑身为青色，手持宝剑，用来保护佛法不受侵犯。

西方广目天王能以净眼观察世间，塑像周身为红

琵琶 一种传统的弹拨乐器，已经有2000多年历史。最早被称为"琵琶"的乐器大约在中国秦朝出现。"琵琶"二字中的"珏"意为"二玉相碰，发出悦耳碰击声"，表示这是一种以弹碰琴弦的方式发声的乐器。"比"指"琴弦等列"。"巴"指这种乐器总是附着在演奏者身上，和琴瑟不接触人体相异。

人间天宫的祭祀圣殿

色，手中缠绕一龙，如遇到有人不信佛教，就将他捉去，教化其皈依。

北方多闻天王拥有护持人们的财富，塑像身为绿色，右手持伞，左手持银鼠，手中的宝伞是用来降服众魔的。

寺庙内中轴线东侧为祖师殿，殿内供奉的是释迦牟尼佛、道教祖师老子和儒教圣人孔子的塑像。两侧则供奉的是各行各业的祖师，共计16人。

右侧8人为"药圣"李时珍、"建筑祖师"鲁班、"烧炭祖师"孙膑、"制军祖师"诸葛亮、"外科鼻祖"华佗、"道教北五祖"之一的吕洞宾、"棉纺织业祖师"黄道婆和"诗圣"杜甫。

左侧8人为"造纸祖师"蔡伦、"制盐祖师"沈括、"命相祖师"姜太公、"造笔祖师"蒙恬、"佛教禅宗祖师"达摩、"造酒祖师"杜康、"茶圣"陆

■ 玉皇阁大门

吉林北山玉皇阁雪景

羽和"造墨祖师"吕祖。

三教合一，诸业同堂，是玉皇阁中最大的一个特色。中轴线西侧为老郎殿，主位供奉的是梨园祖师唐明皇李隆基，配祀财神爷赵公明和文曲星比干。每逢农历三月十八日伶人节的时候，各个戏院都会停演，并前往老郎殿焚香顶礼进行膜拜。

祖师庙与老郎殿之间为"天下第一江山"牌坊，是清朝道光年间的大学士、将军松筠所书。匾额长为1.8米，宽为0.6米。左下落款是：松相甫相国遗迹，山下布衣张书绅昱。

朵云殿是玉皇阁中最雄伟的一座建筑，朵云殿西侧为大雄阁，阁内正中供奉释迦牟尼佛，两厢是18尊罗汉，栩栩如生，姿态各异。佛祖背后站立着的是护法菩萨韦驮。

大雄阁西前侧是万绿轩，是后来在修葺玉皇阁的

老子（前571—前471），即李耳，字聃。是中国古代伟大的哲学家和思想家、道家学派创始人，被唐朝帝王追认为李姓始祖，存世有《道德经》，其作品的精华是朴素的辩证法，主张无为而治，其学说对中国哲学的发展具有深刻的影响，在道教中老子被尊为道教始祖。

时候增建的，是吉林文人墨客的荟萃之地。

"万绿轩"的匾额是被称为"吉林三杰"之一的近代著名诗人和书法家成多禄所题写。成多禄还题了副楹联：

五载我重游，桑海高吟诗世界；
一层谁更上，乾坤沉醉酒春秋。

西耳房有晚清东三省的总督徐世昌所题写的行书楹：

泰华西来云似盖；
大江东去浪淘沙。

后来，吉林督军孟恩远在此题了一笔"虎"字。后来，近代将军张作相也曾题写了一副楹联：

仙吏本蓬莱，夜雨名山寻梦偶来香案地；
江城似图画，春风绮陌踏青遥见玉珂人。

吉林北山玉皇阁

朵云殿右侧有一棵古松，苍枝遒劲，生机盎然，格外引人注目。相传是开山祖师宽真和尚在清朝的乾隆年间亲手种植的。

沿着朵云殿与弥勒殿中间的砖铺甬道走向后院，霎时间豁然开朗，青石板铺就出一片整齐洁净的院落。

左侧是仿古新建的斋堂和念佛堂，为二层小楼；右侧为僧象寮房，是正德法师为解决常住僧众吃住问题而修建起来的。

玉皇阁后门的门楣之上，

玉皇阁内香炉

是"岚云横护"4个砖烘大字。玉皇阁后有一块平地，建有两座青砖宝塔，内存开山祖师宽真和尚的灵骨，异常珍贵。

阅读链接

吉林市北山原名为九龙山，9座山头形成了左辅右弼之势。

清朝康熙年间，玄烨在东巡吉林之时，听说九龙山符合《易经》八卦之说，具有王都之兆，是天下少有的"藏龙卧虎"之地。

康熙听到这个奇谈之后，就非常害怕在吉林出现"草龙"争天下的局面，于是他左思右想，派吉林将军带领清兵铲掉了九龙山的9座山头，破坏了当地的帝王风水，这才放心地回到了京城。

后来，初到吉林上任的松筠将军听到这个事情之后，就感到非常惊奇，关东向来都是苦寒之地，竟然也有如此帝王之说。他回到将军署衙门之后，激情一直涌动，便奋笔泼墨挥写了"天下第一江山"匾额，并派人悬挂在了玉皇阁庙中。

玉皇山巅的通化玉皇阁

　　吉林省通化市玉皇阁位于玉皇山，玉皇山南临江流，巍峨峭拔自成奇峰。峰下浑江波荡清涟，山石倒映水中，春花秋叶，绯红点点片片，朝照红霞，暮阳如血。

　　玉皇山蓬蒿之间有数处小庙，供奉山神、土地、狐仙、老把头

■ 通化玉皇山全景

■ 玉皇山望江亭

等，在民间向来都有"庙小神通大"之说，所以山上常年香火不断。

1877年，是清朝光绪皇帝执掌天下政权，李宗顺和李宗和两兄弟在佟佳江江畔北岸的山巅上建庙宇一座，名为"玉皇阁"，山因此而被人们称为玉皇山。

1891年，当时的通化县知县潘德荃奉令重新修葺了玉皇阁，并新增建了关岳庙、龙王庙、老母庙，后来仅剩玉皇阁一层。

在玉皇阁前面，还有东西两座山门，据说，山门早年有副木雕的对联，写的是：

狐仙　道教出现衰败的迹象之后，所谓的"五大仙"开始被民间百姓供奉。"五大仙"又叫"五大家"或"五显财神"，分别指：狐仙狐狸、黄仙黄鼠狼、白仙刺猬、柳仙蛇和灰仙老鼠。在中国北方有狐仙信仰，以乞求狐仙保佑食物年年不断。

暮鼓晨钟警醒尘寰名利客
讲经说法唤回苦海梦迷人

山门连接马殿三间，殿内左有岳飞的白马，右有

吕布 字奉先，东汉末年名将，汉末群雄之一。坐骑为赤兔宝马，手持方天画戟，天下无双，先后为丁原、董卓的部将，也曾为袁术效力，曾被封为徐州牧，后自成一方势力，在下邳被曹操击败并处死。吕布向来是以"三国第一猛将"的形象存在于人们的心目之中。

关公赤兔马，两侧皆侍立马童。

赤兔马本名为"赤菟"，是一匹红色的宝马，但性子像老虎一样的刚烈，据说为汗血宝马。赤兔马一直是好马的代表，所谓"人中吕布，马中赤兔"。

在三国时期，赤兔马最早为西凉刺史董卓的坐骑，后被董卓用来收买丁原的义子吕布。吕布死后，赤兔马被曹操赏赐关羽，一直跟随着关羽厮杀战场，关羽败走麦城被杀后，赤兔马思念旧主，绝食而死。

人们崇祀关羽忠义的同时，感念赤兔马的忠烈，就为赤兔马特别建造了马殿供奉香火。

出马殿则是一座铺满方砖的庭院，院中有古柳一棵，柳下有一泉眼，水甜而冽，冬暖夏凉，人称"神水"。

■ 雪后的玉皇阁

■ 玉皇阁大门

此外，在院中还有纸亭和香亭，拾级而上便是一层殿，为九间。檐牙高挑，檐头雕有香炉、马、车轮、八卦图等图案。房脊上雕制有海豹、海猫、海狮，两端房脊上还雕制有咆哮的龙头。

周围两米高的绛红色的围墙上，镶嵌着扇形、圆形、方形和梅花形等各式各样的小窗，别致典雅。殿内祀孔子、关公、岳飞像。

孔子一生从事传道、授业、解惑，被中国尊称为"至圣先师，万世师表"。孔子的思想对后世产生了极其深远的影响，被尊称为"孔圣人""至圣""至圣先师""万世师表"。

关羽在战乱频仍的三国时期，始终跟随蜀汉开国皇帝刘备，忠心耿耿，才成就了蜀汉大业。关羽对国

刘备 （161—223），字玄德，东汉末年幽州涿郡涿县人，是三国时期蜀汉的开国皇帝，谥号"昭烈皇帝"，又称为"先主"。他为人忠厚，知人善用，礼贤下士，以仁德而被世人所称赞。刘备得关羽、张飞的生死相助，于221年在成都称帝，国号汉，年号"章武"，两年后病逝于白帝城。

以忠、待人以义、处世以仁、作战以勇，深受人们的崇敬。

岳飞被誉为宋、辽、金、西夏时最杰出的军事统帅，同韩世忠、张俊、刘光世并成为南宋中兴四将。

前殿两庑六间是十方堂，东西两角建有钟楼和鼓楼，楼高约12米。出一层殿院拾阶而上便是后殿，为九间，殿内祀玉皇大帝、太上老君、轩辕黄帝像，周围墙壁上绘制有大量的壁画，绘制精美，令人惊叹。

玉皇阁修建在山巅，依山势由下而上构筑，雄伟壮观，古朴典雅，环境幽静，是吉林道教恢复宗教活动的最大道观。

每年农历四月十八是玉皇山庙会，时逢桃红柳绿春暖花开，是通化一年一度最热闹的日子，善男信女倾城而至，庙会上杂货摊床，应有尽有，展现着一派古老传统的民风民俗。

临县数百里都来赶庙会，香客数以万计，香火繁盛。如果是遇到风调雨顺的大丰收年景，那就更加热闹了，门前的对台大戏可以接连唱上3天，好不热闹。

人间天宫的祭祀圣殿

阅读链接　其实，狐狸在先秦两汉时期，地位是非常尊贵的，与龙、麒麟、凤凰一起并列称为"四大祥瑞"。在大量的汉代石刻和画像以及砖画中，经常出现九尾狐与白兔、蟾蜍、青鸟并列于西王母座旁的现象，用来表示祯祥。

甚至还有的人总结说狐狸具有三德：毛色柔和，符合中庸之道；身材前小后大，符合尊卑秩序；死的时候头朝自己的洞穴，是不忘根本。所以，在当时看来，狐狸是符合帝王对臣子和百姓的要求，以至于狐狸在夏至汉2000多年的时间里，生活得是非常滋润的。

观音寺

观世音在中国民间被称为"救世菩萨""救世净圣""大悲圣者""莲花手"等。观音菩萨是位大慈大悲的菩萨，能现三十三身，救十二种大难，遇难众生只要念诵其名号，菩萨就能立即听到，并前往拯救解脱众生，所以被称为"大慈大悲救苦救难观世音菩萨"，简称"大悲观音菩萨"。

观音菩萨以大悲救度为突出特点，民间认为是最完美的菩萨，可以与佛陀相媲美。在中国各地建有众多供奉观音菩萨的庙寺，有河北青县观音寺、福建厦门观音寺、海南三十三观音堂以及重庆南岸观音寺等。

水上寺院的青县观音寺

人间天宫的祭祀圣殿

　　河北青县观音寺东临大海，西临洞，南控齐鲁，北锁幽燕，地理位置非常优越，是中国历代高僧的仰慕之地，声名远扬。

　　据清朝的《青县志》记载，观音寺始建年月无从考证，在1867年的同治年间进行过修葺。之后，许多帝王墨客到此观瞻凭吊。

观音佛像

■ 观音殿匾额

189

救苦救难

观音寺

　　观音寺在康乾盛世之时，香火异常鼎盛，同治与咸丰年间都进行过重修，之后随着清王朝的衰落，国弱民贫，观音寺也失去往日的风采，至清末民初仅剩下一些残垣断壁。

　　后来，佛教大师释仁宽募资，重新修建。新建的观音寺占地4000多平方米，由山门、鼓楼、天王殿、施无畏佛殿、东方三圣殿、退居寮、西方三圣殿、方丈寮、僧寮等组成。

　　观音寺坐北朝南，东西长50多米，南北80多米，它的正面是山门，也叫"三门"，即无相门、空门和无作门。三门的建筑风格采用了重檐歇山式，在中国古代社会中，只有帝王的宫室才可以设三门，其他官宦舍宅均不得设三门。

　　三门两旁是4只威武的石狮子，代表着辅正摧邪。三门中间的台阶上饰有滚龙石雕，叫作"御道"，御道上的五条龙翻云吐雾，喻义着五龙捧圣，是一般人所不能逾越的雷池，只有帝王才能踏足。

　　三门西边是鼓楼，东边是钟楼，晨昏时钟鼓同起同止，晓击则破

韦驮 是佛的护法神。相传他姓韦名琨，是南方增长天王属下八大神将之一，位居三十二员神将之首。从宋代开始，中国寺庙中供奉韦驮，称为"韦驮菩萨"，他常站在弥勒佛像背后，面向大雄宝殿，护持佛法，护助出家人。

长夜、警睡眠。幕击则觉昏衢、疏冥味。

三门后面的第一座大殿叫作"天王殿"，殿内供奉的是笑口常开、袒胸露脐的弥勒菩萨。弥勒菩萨左手提布袋，右手握佛珠，慈眉善目，笑容可掬。

在弥勒菩萨的两边是一副对联：

大肚能容容天下难容之事；
慈颜便笑笑天下可笑之人。

这副对联既诙谐幽默，又富含佛教哲理，意在告诉世人要有容忍精神，要有能容天下之事的海量，不忍则生百病，生百祸。

在弥勒菩萨的背后是韦驮菩萨。韦驮是四天王所有三十二将中的为首天将。

由于夙世以童贞身修梵行业，亲受佛嘱发宏愿，

■ 天王殿

■ 弥勒佛像

护法安僧，连天王相见还须起立，向他致敬。所以韦驮手中的武器叫作降魔宝杵，是镇压邪魔恶鬼，保护佛法道场用的武器。

天王殿后面是观音寺的主大殿，叫"施无畏佛殿"。大殿的前面有两通石碑，石碑下面的神兽叫赑屃，是龙的九子的其中一个，又名"霸下"。形似龟，好负重，长年累月地驮载着石碑。据说触摸它能给人带来福气，只要摸一摸赑屃的头，就可以一生不发愁。

大殿东边是观音寺的记事碑，记载着观音寺的历史。西边的石碑是为津塘大慈善家立的无字丰碑。

施无畏佛殿的主大殿中供奉的是观世音菩萨，他结跏趺坐，慈祥庄严，龙女和善财童子站立两旁。

佛经记述龙女是婆竭罗龙王的小女儿，龙女自幼智慧通达，8岁时已成熟，在法华会上当众示现成佛。为辅助观音菩萨普度众生，龙女又由佛身示现为

结跏趺坐 一种坐法。坐法之一即互交两足，将右脚盘放于左腿上，左脚盘放于右腿上的坐姿，此坐法为最安稳而不易疲倦。又称交一足为半跏趺坐、半跏坐，为圆满安坐之相，诸佛皆依此而坐，故又称"如来坐""佛坐"。

红尘 指俗世，在李唐王朝开始使用，因为长安在西北，是黄土地质，在盛世之下的长安总是车水马龙，在夕阳下卷起的尘土在当时长安人看来是红色的，故有红尘之说，后来佛教把这个词用来形容俗世。

善财童子因"生时种种珍宝自然涌出"，无数财宝与之俱来而得名。尽管家财万贯，但善财看破红尘，视财产如粪土，发誓修行成佛。在文殊菩萨的指点下，善财童子历访53位名师而进入佛界。

最后在普陀珞迦山拜谒观音菩萨，得到观世音的教化而示现成菩萨。为了辅助观世音普度众生，善财献童子身，成为观世音菩萨的左近侍。

主殿东边的配殿是东方三圣殿，中间供奉的是东方药师琉璃光如来，是东方净琉璃世界的教主，又称"大医药师佛"。因为他能使众生离苦得乐，能脱众生的病痛、苦难和灾害，所以人们都称他为"消灾延寿药师佛"，也称"大医药王"。

当他在行菩萨道时，曾发了十二大愿，每愿都是为了满众生愿、拔众生苦、医众生病。

两边的菩萨为日光遍照菩萨和月光遍照菩萨，能

■ 大雄宝殿匾额

够照亮世界给众生光明。他们护持在大医药师佛的左右，和大医药师佛一道救众生。

善财童子像

西边是西方三圣殿，供奉阿弥陀佛、观世音菩萨和大势至菩萨，他们和东方三圣殿中的三尊佛像是中国北方寺院中唯一供奉的铜制贴金五彩佛像，尊贵异常。

此外，还有退居寮、方丈寮、僧寮、斋堂等，是僧众净修、起居、吃饭等的场所。

大雄宝殿位于施无畏佛殿之后，大雄宝殿东为伽蓝宝殿，西为群灵护法宝殿，主体大雄宝殿分为三层，一层是地藏殿，建在水下；二层和三层分别是水上大雄宝殿和藏经阁。

名殿犀台之间，有青石小桥相连，水中种植莲花，是中国北方第一座水上寺院，总面积近5000平方米，建筑面积3300平方米，十分珍贵和难得。

阅读链接

相传在中国五代梁朝时，奉化地方有一位和尚，经常背着一个布袋，终日奔走，劝诚人们信奉佛教，久而久之，人们就将这个和尚称为"布袋和尚"。

布袋和尚一生功行都异乎常人，在临终时，他对自己的弟子说了一首偈："弥勒真弥勒，分身千百亿，时时示世人，时人自不识"。

于是，此后各汉传寺院里都以这位布袋和尚的形象作为弥勒菩萨，并供奉在山门后的第一座大殿里，弥勒菩萨经常笑口常开，以欢喜相迎接来自四方的众生。

上万佛尊的厦门观音寺

福建省厦门观音寺位于仙岳山东麓，由山门、观音寺、大悲殿、万佛塔、五观堂、香积厨等组成，总建筑面积达9000平方米。

山门屹立在仙岳山山下，坐西朝东，是一个三间四柱式的牌楼，有琉璃瓦覆顶，中间榜书"观音寺"3个大字，色彩绚丽，气宇轩昂。

观音寺坐西北向东南，整座寺院布局合理，构思巧妙，正立面前为二层后为三层，中间二层左右各三层。正面三楼屋顶采用歇山式，坡分前后。两边楼屋屋顶也为歇山式，坡分左右。

一层大殿为拜亭，廊檐外凸，殿堂高大宽敞，左右墙壁上

厦门观音寺大门

装饰有黄杨木雕刻成的五百罗汉，底衬草绿色的山水图案，工艺精湛，神态万千，惟妙惟肖，栩栩如生。

殿门上的槅扇、拜亭的额枋都透雕有彩绘的鸟兽花卉。拜亭上一对镂空透雕的绿岩龙柱，翻腾飞舞，形态逼真。

二层奉祀的是阿弥陀佛、观世音菩萨和大势至菩萨，这三尊佛像都坐在莲花座上，在佛教教义中，莲花象征着出淤泥而不染。阿弥陀佛居中，代表无量的光明、寿命和功德。观音菩萨陪侍在阿弥陀佛左边，代表着大慈大悲。大势至菩萨陪侍在右，代表喜舍。

■ 厦门观音寺大悲殿

观音寺的第三层为藏经阁，是收藏佛教经书的地方。大悲殿在观音寺之后，依山势构筑。大悲殿分为两层，建筑面积有700多平方米，底层为寮舍；上层为殿堂，居高临下，气势宏伟。

大悲殿为重檐歇山式，屋面浑健雄大，檐角反翘如大鹏展翅，厚重而硕健。正脊两端加饰鸱吻，鸱尾卷曲相对。殿堂为五间，中间的立柱刚健雄壮，磅礴大气，具有明显的唐代建筑风格。

殿内供奉的是观音菩萨像，像高8.8米，端坐在莲

歇山式 在形式多样的古建筑中，歇山式建筑是最基本、最常见的一种建筑形式。即前后左右有3个坡面，在左右坡面上各有一个垂直面，故而交出9个脊，又称"九脊殿"或"汉殿""曹殿"，这种屋顶多用在建筑性质较为重要、体量较大的建筑上。

人间天宫的祭祀圣殿

箜篌 一种十分古老的弹弦乐器，最初称"坎侯"或"空侯"，在古代除宫廷雅乐使用外，在民间也广泛流传，在古代有卧箜篌、竖箜篌、凤首箜篌3种形制。从14世纪后期不再流行，以致慢慢消失，只能在以前的壁画和浮雕上看到一些箜篌的图样。

花宝座之上，面容慈祥端庄，拥有至高的法力，能够"观"到芸芸众生的诉苦之音，解救众生于苦海之中。

万佛宝塔在观音寺右侧，坐西朝东，规模宏大，塔基占地面积达1600多平方米，整座建筑共有13层，连同塔刹通高为78米。万佛宝塔的底层为大厅，中间供奉千手观音，木雕金妆，恬静庄严，熙怡慈悲。

千手观音全称"千手千眼观世音菩萨"，又称"千眼千臂观世音菩萨"，是佛教六大观音之一。佛教认为，众生的苦难和烦恼有多种多样，需求和愿望也不尽相同，因此，就应该有众多的无边法力和智慧去度济众生。

观世音菩萨为利益一切众生，变现出如意宝珠、葡萄手、甘露手、白佛手、杨柳枝手等千手千眼。无论众生是想渴求财富，还是想消灾免病，千手观音都能大发慈悲，解除诸般苦难，广施百般利乐。

佛教中认为，只要虔诚地信奉千手观音，就有息灾、增益、敬爱和降伏等好处。

在大厅门前还矗立着一对高约4米辉绿岩大石狮，石狮威风凛凛，英气勃勃，栩栩如生。

万佛塔的第二层和第三层为念佛堂，表面看起来是二层，实际为一层，有600多平方米。上方四周有

48幅玻璃彩画，为"阿弥陀佛四十八愿"图。左右两侧均为大阳台，四隅各建一座重檐歇山顶小殿。

四层为延寿堂，布满供奉牌位的龛橱。龛橱质地为花梨木，雕饰花纹图案，十分精细。第四层的顶为平座，四周有栏杆围绕，栏板剔地浮雕有40幅花鸟图画，铺锦列绣，生动传神。

中央建塔，为八角九层。塔身由外壁、回廊和塔心三部分组成，翘檐复宇，回廊萦绕，楼梯位于塔心室内，旋转上升。

每层的外壁有栏板，青石影雕有各种莲花图案。翘脊斗拱雕饰妙音鸟，八角九层共七十二尊，各持琵琶、箜篌、笛子、如意、钟、铃、引磬等乐器、道具、法器等，仙裙飘拂，神态各异。

妙音鸟左右吊筒，塔转角倚柱雀替，雕饰满眼，错彩镂金，绚烂耀目。

塔盖形如金钟罩，杏黄色琉璃瓦屋面，八角攒尖，造型优美。塔刹高15米，由覆钵、露盘、相轮和仰月宝珠组成。相轮13圈，为中间大两头小的橄榄形，象征"十三天"。相轮之上有月盘、日盘和宝珠，隽美别致，寓意深刻。

宝塔一共供奉佛菩萨11111

剔地　雕刻技法之一，是用平刀、铲刀削刮勒线以外的空余石面，使景物部分隆起半毫米左右。铲地的要诀是：把刀稳，用力均，刀向顺，轮廓清。凡自然形的石坯，铲地要随着石形之凹凸面而起伏；若是四方章坯，底地则必须平坦完整，印面转角要保持垂直。

■ 厦门观音寺香炉

观音寺檐头

尊，每层平均有佛1000余尊，以供不同信众的瞻仰和礼拜，故称"万佛宝塔"。万佛宝塔恢伟瑰丽，挺拔俊秀，屹立在仙岳山麓，被誉称为"厦门佛教第一塔"。

五观堂、香积厨在万佛宝塔的右侧。五观堂为两层，香积厨为三层，屋盖均为盝顶，隽永大气。

观音寺建筑群以红墙黄瓦为基调，富丽堂皇，巍峨壮观，成为厦门第三大佛教寺院。

观音寺常年坚持每星期六举行一次念佛法会，每月农历十九举行大悲法会，每年农历正月和六月各举办一次万佛法会。善男信女长年不断，香火异常繁盛。

阅读链接

传说古代兴林国妙庄王有三位美丽的公主。长女妙金，次女妙银，小女妙善。妙金、妙银在家中侍奉父母，只有妙善从小就虔诚地礼佛，出家当了尼姑。

妙庄王苦苦劝她回宫，但她始终不肯。一怒之下，妙庄王命人拆了庙宇，赶走了僧尼。

哪知天神怪罪下来，使妙庄王全身长了500个大脓疮，久治不愈。后来有位医生说此病必须要亲骨肉的手眼合药才能治好。于是，妙庄王求助于妙金、妙银，但两位公主拒绝了。妙善知道后，毅然献出手眼为父亲合药治病。果然，妙庄王的病很快就康复了。

这件事情感动了释迦牟尼，为了让妙善公主能时时拯救苦难众生，便赏赐给了她千手千眼。从此，妙善公主就成了众所祈求的千手千眼观世音菩萨。

规模宏大的三十三观音堂

三十三观音堂位于海南三亚的南山，南山因形似巨鳌，所以古时被称为"鳌山"，山高500多米，山上终年祥云缭绕，气象万千，历来被视为吉祥福泽之地。

相传古时候的南海一带经常有瘟神作怪，致使怪疫虐行，民不聊

三十三观音堂大门

生。海龙王的第五个儿子五龙王圣衍，主司人间兴云布雨，水聚财源。五龙王性格纯善，慈悲佛心，当他看到南海百姓的苦难之后，不忍人间百姓受苦，就想拯救天下的生灵于苦海，却苦无良方。

一天，五龙王在睡梦之时，冥冥中听见有个人在呼唤他的名字，五龙王慢慢睁开眼睛，一看，是一位慈眉善目的中年白衣女子，在他面前端庄而立。

五龙王道："敢问贵人是何方神圣，怎么来我龙宫？"

女子说："我乃西天观音菩萨，慈航大士是也。"

五龙王大惊，赶紧施礼道："哦，原来是观音菩萨到此，敢问让小神有何差使？"

观音菩萨回答说："南海一带瘟神作怪，疫疾虐行，民不聊生，你可有何良方？"

五龙王皱着眉头说："小神法力有限，只管兴云布雨，水聚财源。像这救世间疾苦，普度众生的大愿行，还需观音菩萨前往。"

于是，观音菩萨乘着龙王驾临到南山，开示佛法，拯救苍生。

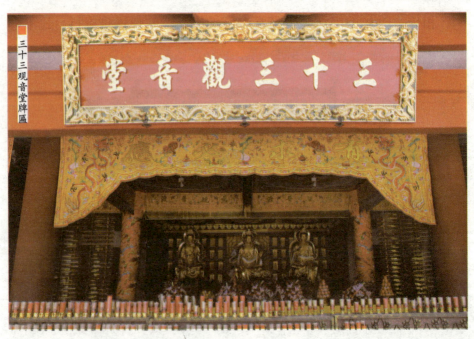

三十三观音堂牌匾

人们为了感谢观音菩萨，就在南山建造了一座观音堂，称为"三十三观音堂"。

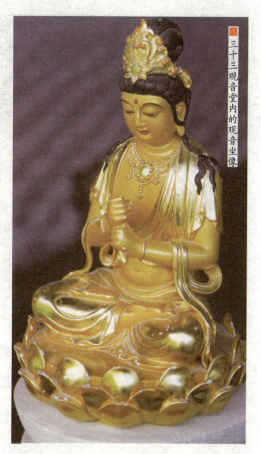

院内主要供奉的有观世音菩萨三十三尊应化法身群像、观世音菩萨三灾八难浮雕全图、观世音菩萨十二大愿转经柱、人间第一财神龙五爷、天下第一聚宝盆、南海第一祈福龙门等。

三十三观音堂仿盛唐佛寺建筑风格，红柱青砖，雄浑雅朴，柔和精美，一派宽宏庄严的气象。寺庙周围，林木荫翳，花草繁茂，野鸟竹风，海浪低吟，幽静如斯，有飘然出尘之感。

三大士殿殿中供奉的是大慈大悲观音菩萨、大智大慧文殊菩萨和大愿大行普贤菩萨。菩萨脚下一张约40平方米的巨大纯铜供台上，摆放着信众供养的数千盏莲花灯。

灯是佛门十大供养之一，《佛经》说道：

一灯能破千年暗，一智能灭万年愚。

这千盏智慧明灯闪耀，汇聚成一片灯海，映照着慈悲庄严的菩萨法相，让人恍如置身佛国圣地。

正殿具有浓烈的唐朝建筑风格，金碧辉煌却无奢华之气，流光溢彩自有清净之心。殿内主要展示的是《观世音菩萨普门品》中所记载

201

救苦救难

观音寺

■三十三观音堂大殿内观音像

的三十三观音应化法身群像。

　　观音菩萨三十三尊应化法身，代表着人世间众多不同心愿。现三十三观音堂中，三十三尊观音应化法身群像凌立于50米长的流动彩色水系之上，姿态各异，栩栩如生，严慈祥和，活灵活现，如菩萨真身现世。

　　殿内的主观音为"乘龙观音"，高4.3米，其余三十二尊观音塑像，每尊都高2.3米。群像均采用大漆材料和贴金彩鎏工艺，是四海之内规模最大、工艺最精湛的室内观音群像。

　　这三十三尊观音神态各异，有的安详庄重，有的含蓄沉静，有的沉思凝想，有的和蔼可亲，有的威武刚健，有的笑容可掬。

　　有保佑求子得子的送子观音，有金榜题名的持经观音，有从官顺利的德王观音，有身健无病的施药观音，有婚姻美满的鱼篮观音，有时时如意的六时观音，有吉祥平安的乘龙观音，等等，个个生动活泼，极富生活情趣。

　　除了三十三尊观音法相，在开阔的大殿内，还有《法苑珠林》中记载的观世音菩萨"三灾八难"全铜巨幅浮雕。

《大佛顶首楞严经》中记载的观世音菩萨誓发十二大宏愿的"十二大愿转经柱"，柱上篆刻有出自《大般若经》中的精华《般若波罗蜜多心经》共12篇，无不形神兼备、巧夺天工，将千年观音文化展现得淋漓尽致，是中国传统文化瑰宝中不可或缺的部分。

龙五爷财神殿是海南最大的财神殿，也是南山上唯一的财神文化道场。

据民间传说，观世音菩萨十二大宏愿中，第二愿便是"常居南海愿"。南海龙王的第五子圣衍闻知之后，主动叩请护送菩萨前往南海弘法利生，并发慈愿为观世音菩萨永远镇守南海，护佑九州风调雨顺，百姓富足康宁。

圣衍的慈愿善行，感动了佛祖，被封为"天下第一财神"，令其掌管人间的财富分配，统筹天下财源流通。

龙五爷财神殿由三大部分组成，一是招财大殿，二是地宫财库，三是五爷万佛阁。

招财大殿内有8根财柱，开示众人树立正确的财富观。这八大财智法门包括：第一正见，布施求财；第二正念，如法求财；第三正德，修善求财；第四正业，求财以道；第五正诚，信义积财；第六正

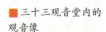
■ 三十三观音堂内的观音像

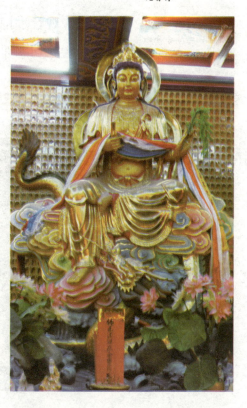

人间天宫的祭祀圣殿

■ 三十三观音堂财神殿

定，摄心守财；第七正慧，用财有度；第八正悟，功德法财。

尤其值得一提的是，地宫财库里的镇殿之宝，是重达数吨的"天下第一大龙砚"。

龙砚上盘桓着的56条飞龙，寓意56个民族，砚面上刻有中国的版图、万里长城以及凤凰、乌龟等中国古代的瑞兽，精美壮观，让人叹为观止，为普天下所罕见。

马头观音殿内供奉的是马头观音，是六观音之一，是畜牲道的护法明王，也是古代驿马和各种交通工具的本尊神。马头观音通体赤红，三面八臂，三目圆睁，獠牙外露，呈狮子无畏相，震慑一切阻碍众生出行的魔障。

马头观音手持佛珠示意亲近一切诸佛，手持斧钺示意免去一切恶咒邪法，手持法轮示意祛除众生出入

烦恼，手持莲花示意成就种种功德，手持金刚杵示意降伏一切魑魅鬼神，手持宝瓶示意甘露洒福众生，双手马头示意护佑众生出入平安。

祈福龙门是南海一带最早的祈愿方式，龙门上面有12个洞口，分别写着人生中12种不同的美好心愿，如求财顺利、美满姻缘、福寿满堂、功德圆满等。信众可以迎请开光龙币投入龙门上面的洞口，若投中代表此心愿将会实现。

三十三观音堂是一座展示观音文化、龙五爷财神文化和民俗文化为一体的佛教文化场所，是中国佛教文化中的重要组成部分。

阅读链接

相传，太仓民间流行一种怪疾，无医可治，人们苦不堪言。观音菩萨听说后，化身成为一位癞头和尚前去送药治病。

刚开始百姓们都不相信，后来一位奄奄一息的老婆婆喝了癞头和尚用赤柽柳煮的药汤之后，怪病奇迹般地好了。

老婆婆奔走相告，渐渐人们的怪疾都痊愈了，正当人们要感谢癞头和尚之时，观世音菩萨显现真身，驾云而去。

人们为感谢菩萨恩德，便塑了一尊手持赤柽柳的观音宝像供奉起来，称为"延命观音"，保佑人们百毒不侵，益寿延年。

香火不绝的南岸观音寺

　　南岸观音寺位于重庆市南岸区，坐东向西，背依南山，是一个集宗教文化艺术、宗教活动为一体的院落，寺庙始建于清朝道光年间，又在玉溪河畔玉溪桥边，所以也被称作玉溪桥观音寺。

　　南岸观音寺占地1700多平方米，建筑面积近6000平方米，全部采用的是钢筋混凝土结构。主建筑高30米，红墙黄瓦，飞檐翘角，雄伟壮观，有11座殿堂。一层为弥勒殿、七佛殿和财神殿。弥勒殿即为山

南岸观音寺正门

门殿，居中供奉的是泥塑穿金的弥勒佛，佛像高约3米，非常自在地坐在莲台上，彩绘背光。

■ 观音寺正门与香炉

在笑口常开的弥勒佛像两边，供奉的是泥塑穿花金的四大天王，他们各手持兵器，脚踩小鬼。

山门内左右两侧供奉泥塑彩绘的哼哈二将，这两位大将俨然两个大力士。他们上身裸露，手持金刚杵，目眦尽裂，怒视着人间，神态非常威严，似乎想要将一切恶势力都给镇压住。

七佛殿供奉有泥塑穿金七佛，脚踏莲座，彩绘背光。七佛殿南面供奉泥塑穿金的眼光菩萨，手持法眼。北面供奉泥塑穿金药王菩萨。西北面供奉泥塑穿金的文武两财神。

在一层和二层之间的夹层中设有地藏殿、阿弥陀佛殿和玉观音殿。地藏殿内供奉的是地藏菩萨、东岳

哼哈二将 原先是佛教中的金刚力士。哼哈二将手中拿着金刚杵，是保卫佛国的两个夜叉神，也就是两位把门将军。哼将叫郑伦，得度真人真传。只要鼻子一哼，就可以吸取他人的魂魄，一招制敌。哈将叫陈奇，肚子里面有一道黄气，只要哈出这口气，敌人就会呆若木鸡，魂魄被吸，置人于死地。

人间天宫的祭祀圣殿

■ 重庆南岸观音寺
阿弥陀佛殿

大帝、南岳大帝、十殿阎王及诸多小鬼，整个地藏点透露出一种庄严而神圣的气息。

地藏王菩萨右手九环锡杖可以震开地狱之门，左手明珠能够照亮地狱的黑暗。能够放大光明，让受苦的众生离苦得乐，他的坐骑名叫善听。

地藏殿北面为阿弥陀佛殿，供奉石刻穿金的阿弥陀佛。佛像高一米。阿弥陀佛殿的西北面为玉观音殿，供奉着琉金彩妆的玉石观音，佛像高1.8米，他脚踏莲座，神情庄严肃穆。相传这座玉石观音像是由常敏法师从缅甸请回的，非常珍贵。

第二层为大雄宝殿，建筑面积约有200平方米。释迦牟尼佛居中面北，结跏趺坐，泥塑穿金，佛像高3米，彩绘背光。左右陪侍为阿南迦叶两位尊者，泥塑穿金，佛像高1.8米。

地藏王菩萨 也称"地藏菩萨"，是佛教四大菩萨之一，与观音、文殊、普贤一起，深受世人敬仰。因其"安忍不动如大地，静虑神秘如秘藏"，故名地藏。又因"久远劫来屡发弘愿"，故被尊称为"大愿地藏王菩萨"。

释迦牟尼佛的背后供奉的是西方三圣，佛像高5米。南面供奉文殊菩萨，北面供奉普贤菩萨，均为泥塑穿金，佛像高3米。

大雄宝殿西面为韦驮殿，居中面东供奉的是泥塑穿金的韦驮菩萨，韦驮手持降魔杵。左右两边供奉泥塑穿金八大金刚，均高1.8米，手中持有各自的兵器，彩绘祥云背光。殿内北面为修庙功德墙，功德墙由31块汉白玉组成，青石底座，浮雕龙珠图饰，青石墙顶，人字斜水，椽瓦造型。

第三层为10面千手观音殿，居中供奉的是木刻穿金四面千手观音，佛像高4.7米。莲花须弥座，座高1米，观音手持各种法器，每个手掌心中有一只眼，千手的排列犹如孔雀开屏似的排在观音身后。千手观音殿的西北和西南分设有钟楼和鼓楼。

第四层为藏经阁，珍藏着佛教的各类经书。南岸观音寺的这种殿堂建筑结构在中国的寺庙建筑中是非常少见的。

观音殿居中面北供奉有石刻穿金观音菩萨、铜铸穿金观音菩萨、铜铸穿金药观音菩萨、琉金玉石卧佛和铜铸穿金弥勒佛，都是非常珍

观音寺内建筑

贵的菩萨雕塑。

每年的农历三月初二，南岸观音寺都要举行一次拜梁皇宝的忏法会。农历二月十九、六月十九、九月十九为观音的诞辰法会。此外，还有春节烧子时香的活动、门口土地财神、每月农历初一和十五的传统庙会等。

寺庙保存有木刻四面千手观音一尊、玉石观音一尊、玉石卧佛一尊、木刻药师佛一尊、石刻财神一尊、丝绣金刚一对，其余佛像均为泥塑生漆脱胎穿金，共有300余尊，还有木刻匾额7块、对联17对，做工非常精细。

南岸观音寺形成了集宗教文化艺术、正常宗教活动为一体、功能齐全、设施完备的佛教场所。

人间天宫的祭祀圣殿

阅读链接

土地公是商人崇拜的财神，在农历每个月的初二、十六都要祭拜土地公，称为"做迅"。土地公都是慈眉善目，白须白发的老人，有时会有土地婆陪伴，有时则只有土地公自己。

相传玉皇大帝委派土地公下凡的时候，问他有什么抱负，土地公说，希望世上的人个个都变得有钱，人人过得快乐。

土地婆听了却极力反对，她认为世间的人应该有富有贫，才能分工合作。

两人争执了好长时间都没有达成统一，于是，土地公打消这个原可"皆大欢喜"的念头，造成了世间贫富悬殊的差别。人们觉得土地婆自私自利，是一个"恶婆"，所以不肯供奉她，而对土地公却是推崇备至。

娘娘庙

　　娘娘庙是中国民间香火最旺盛的庙宇，里面供奉的主神，各庙有所不同，一般是碧霞元君。在中国北方地区，人们对碧霞元君的信仰极盛，信徒将她奉为神，祷之即应。

　　碧霞元君神通广大，不仅能保佑农耕、经商、旅行、婚姻，还能疗病救人，尤其是能使妇女生子，保儿童平安健康等。

　　在中国各地建有许多娘娘庙，这种信仰自古以来都非常广泛，人们常常不辞劳苦地许愿还愿，向其祈祷，香火久盛不衰。

最早最大的西王母祖庙

　　泾川王母娘娘庙位于甘肃省境内的回山之上，是王母娘娘的供奉之所，传说中的王母娘娘居住在昆仑仙岛，是玉皇大帝的妻子，掌管天下的灾疫和刑罚，拥有瑶池蟠桃园，园内是长生不老的蟠桃。

回山西王母像

王母娘娘是一位慈祥善良的女神。五帝时，王母娘娘曾派遣使者帮助黄帝战胜蚩尤部落，统一黄河，在百姓心中拥有很高的地位。

王母娘娘庙石窟位于回山前的回屋旁，该庙是在北魏年间开凿修建的。

石窟为方形中心柱窟，高12米，深11米。中心柱的四周和壁面上刻有大量的石像和装饰物，有驮宝塔的白象，也有形态各异的众位菩萨。

石窟的正面是一座高约4米的巨大坐佛，窟内壁有三层造像，共有约200尊佛像。

第一层造像是释迦牟尼像、药师三尊变像、释迦多宝并坐说法像和一佛二菩萨像。

第二层造像主要是多姿多样的菩萨塑像，以及北魏时期的精刻浮雕。

第三层的建筑北魏风格十分明显，尤其是面南的

五帝 是中国传统文化中上古时期的五位圣明君主，一般是指黄帝、颛顼、帝喾、尧和舜。到了后来，成为朝廷官方祭祀礼仪中的最高祭祀等级之一，仅次于"单独郊祭上帝"，主要祭祀五方上帝，每年举行一次。

■ 三皇殿

扁鹊（前407—前310），姬姓，秦氏，名越人，又号卢医。生于渤海郡郑，即今河北省任丘；一说为齐国卢邑，即今山东省长清。战国时期著名医家。有名的中医典籍《难经》为扁鹊所著。扁鹊被誉为中医学的开山鼻祖，他创造了望、闻、问、切四诊法，奠定了中医学的切脉诊断方法，开启了中医学的先河。

一尊佛像，形态优美，景致大方，是风化最为严重的一层。

回屋是呈"回"字结构的仿古建筑，位于回山之下，是传说中西王母与东王公相会的地方，也是举办蟠桃会的地方。

回屋内有《回中降西王母处》大型石崖壁画，壁画前刻有王母娘娘的巨型塑像。每年农历三月二十，是王母娘娘举行盛会的时候，前来拜谒的人群比肩接踵，香雾缭绕。

王母娘娘庙大殿是中国最早、最大的西王母祖庙，始建于汉武帝元封年间。王母宫大殿面东朝西，建筑面积达360平方米，殿内藻井、梁枋、天花等采用金龙和玺彩绘，古色古香，韵味十足。前后四门上分别绘制有春、夏、秋、冬四季图，中门上方为"一元化二气"图。

王母娘娘的主神塑像高4.6米，慈眉善目，威仪四方，刀法自然朴实流畅，武像白虎使者和文像青鸟使者陪祭左右两边，神龛后背图案为西华天池，巨大的"无极"二字彰显出道家的真旨。

殿内两侧墙体上保留有工笔重彩绘制的两幅画，表述和王母娘娘相关的6个故事，分别为射日奔月、降临汉宫、瑶池宴会、送疆域图、蚩尤之战和派使献玉。

三皇殿内供奉着传说中最早的三位远古帝王，分别是天皇伏羲、帝皇神农和人皇轩辕。

伏羲手持阴阳太极图，可以仰观天，俯察地，通阴阳八卦之术，被人们尊称为天皇。

神农手捻稻菽，传说中神农氏的肚子是水晶透明的，为了人类能够有足够的食物，他尝了百草，被尊为地皇。

手握护板的就是轩辕氏，因为他统一黄河各部，建立了中华民族，开始对人类进行管理，被后人尊为人皇。

供奉"三皇"体现了道家所弘扬的忠国尊师的教义，是道教尊重人类社会发展的具体体现。两侧分立有扁鹊、张仲景、华佗等10位名医彩塑。

东王公大殿主祭玉皇大帝，道家教义认为，东王

华佗（约145—208），东汉末年著名的医学家，字元化，一名旉，同董奉、张仲景一起被称为"建安三神医"。华佗少年时期曾在外游学，潜心研究医术而不求仕途。他医术全面，尤其是对外科非常擅长，精于手术，被后人称为"外科圣手""外科鼻祖"。

纳福赐祥

娘娘庙

■ 四大天王壁画

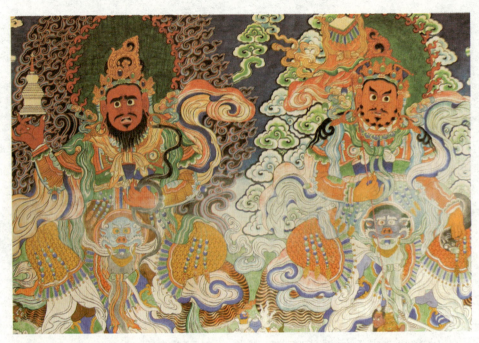

■ 四大天王壁画

公是东华至真至气所化生、主阳、主父；西王母是西华至妙至气所化生，主阴、主母，世间的万物都是他们所生养育化的。

唐宋以后，人们逐渐将天帝称为"玉帝""玉皇"，统管三界四生，上掌三十六天，下握七十二地，为众神之皇。在东王公身旁有两位侍者，为金童玉女。相传东王公最喜欢的食物就是大红枣，所以在金童的手中，捧着一盘鲜脆的大枣。

东王公大殿的两侧是四大天王彩塑，分别为职风的增天天王，职调的广目天王、职雨的多闻天王和职顺的持国天王，帮助东王管理宇宙万物的风调雨顺，是百姓心中所祈求的最高幸福。

东王公内墙上绘有6幅壁画，南墙为"木公初形"图、"石室相公"图和"金母诞生"图。北墙为"金童传书"图、"东王公演变成道教神灵"图和

铭文 铜器研究中的一种术语。原本是指古人为表明建造青铜器的缘由和所祭祀人物的生平，而特别刻在青铜器上的文字。后来，泛指在各种器物上留下的表明时间、地点、工匠和作坊的文字。

"玉女抱壶"图。形象生动地向我们展示了东王公的相关故事。

五帝庙中从南向北依次供奉的是传说中的上古帝王黄帝、颛顼、帝喾、唐尧和虞舜。他们端坐在木制机台上，正襟危坐，睥睨着天下的众生。

在王母娘娘庙的山顶，有一个四角的钟亭，是回山佛寺的遗物。在钟亭内有一个高约2米，下口直径约为1.5米的金代大安铁钟，有近5吨重。

钟身分为五层，铸饰铭文和图案。从上往下，第一层和第五层都是雕绘的莲花图饰，第二层铸有"皇帝万岁、臣佐千秋、国泰民安、法轮常转"16个楷书大字。

第三层和第四层密密麻麻记载着32方铭文，从中可以清楚地看到所供奉菩萨的法号，还有一方女真文字的铭文，是女真完颜后裔在泾川的见证。

宫山晓钟，已经成为王母娘娘庙的一大象征，也是古泾川八景之一。

阅
读
链
接

泾川娘娘庙庙会一直都是当地最为隆重的一种节日，是人们最为重视的一个节日。

在人们心目中，泾川王母娘娘不但有降雨、除灾、赐儿女、联婚姻、治病、保佑上学、发财、升职、找回丢失的人物等种种功能，而且非常灵验。

当看到王母娘娘的牌位，似乎看到了他们自己的精神家园，遇到事情的时候去求一求，就能让自己的心踏实很多，人们在感叹天下风云变幻的同时，王母娘娘就成了他们寻求精神寄托的最好地方。

三教合一的妙峰山娘娘庙

　　妙峰山娘娘庙位于北京门头沟区妙峰山的台地上，依山体而建，偏东南面对北京城，是京西著名的三教合一的民间神庙。

　　庙宇建筑在巍峨的妙峰山莲花金顶之上，海拔近千米，四周环绕着奇林怪石，始建于辽代，在康熙帝时，册封为"金顶妙峰山娘娘

北京妙峰山娘娘庙

庙"，地位高于五顶娘娘庙。

山门殿俗称庙门，共三间，正中间的一间采用了圆拱形的门洞，两侧洞门上镌刻有清嘉庆皇帝亲笔题写的"敕建惠济祠"。

"惠济祠"是娘娘庙的庙名，也是娘娘庙最高等级的尊称。殿内的东西分别是青龙、白虎神像，披甲持械，是娘娘庙最忠实的护卫神将。

惠济祠是灵感宫娘娘庙正殿，是妙峰山娘娘即"天仙圣母碧霞元君"的供奉大殿。采用硬山式五顶，青砖灰瓦，绿色的琉璃瓦包围着屋顶周边，殿门上为正搭斜交花棱窗，门檐悬挂有3个匾额，是慈禧太后特赐的，分别为"慈光普照""功侔富媪""泰云垂荫"。

殿内除了正襟危坐的碧霞元君娘娘之外，两侧还陪祭供奉着眼光、子孙、斑疹、送生这4位娘娘，并且还有大量的女官、卫士从旁护卫。

地藏殿位于正殿东侧，供奉着地藏王菩萨像。地

妙峰山　北京一座著名的山峰，以"古庙""奇松""怪石""异卉"而闻名于世上。由于山体险峻，五峰并举，妙高为其一，所以被称为"妙高峰"。其中，最著名的就是始创于明朝的"天仙圣母碧霞元君庙"，是明清时期华北地区信仰的中心。

赵公明 原名赵朗，字公明，相传为武财神。在《封神演义》中，姜子牙并没有将财神之位封给赵公明，只是将他封为了"玄坛真君"，是"招宝天尊萧升""纳珍天尊曹宝""招财使者陈九公""利市仙官姚少司"4位神仙的顶头上司，掌管迎祥纳福、商贾买卖方面的事情。后来，被人们称为"财神"。

藏菩萨位列佛教四大菩萨之一。据佛经说，地藏早年在释迦的嘱托下，承担起了教化众生的重任，掌管阴间的大小事务，担任了幽冥教主。

每逢农历七月十五和七月三十地藏菩萨生辰和成道日，信众都要前来拜祭上供。

正殿西侧是供奉扁鹊的药王殿和观音殿。观音殿的原址在正殿的北侧，在修复的过程中，迁到了此处，殿内供奉的塑像也从送子观音改成了渡海观音。

在灵感宫东殿，是供奉赵公明的财神殿。赵公明被信众称为赵公元帅，是道教中所崇奉的财神爷，在民间传说中赵公明没有眼睛，所以待人公正，被尊称为"正财神"。

在财神殿北是王三奶奶殿，相传，王三奶奶是清朝嘉庆年间的人，祖籍京东香河县，她经常在北京、天津一带为人们针灸治病，医术非常高明。

传说王三奶奶最后就是在妙峰山坐化成仙的。在很长的一段时间内香火都非常旺盛，尤其是天津一

■ 北京妙峰山娘娘庙正门

■ 妙峰山娘娘庙建筑群

带，将王三奶奶侍奉为菩萨神明。

庙内的王三奶奶塑像俨然就是一位北方农村老妪的样子，她手持烟袋，尖足，面目慈祥可亲，值得一提的是，在王三奶奶的旁边还有一位侍女，手中牵着一头憨态可掬的黑色小毛驴。

在灵感宫以北约100米处是回香阁，殿院飞檐脊兽，黄色的琉璃瓦满满地覆盖着屋顶，阳光下熠熠生辉。据记载，这里原先是齐天庙，建有回香亭。

香客在娘娘庙进香之后，必须回到回香阁再烧一次香，这次进香活动才算是功德圆满。回香亭在修葺的时候和天齐庙并为一庙，改为回香阁，供奉着"东岳天齐仁圣大帝"和岳飞。

以往人们上妙峰山进香拜祭时，必须攀越一条崎岖绵延的山路，近20千米，后来，山民将小道拓宽砌石，开辟成为一条可以供骑行、抬轿畅通的香道。

针灸 由"针"和"灸"构成，是中国中医学的重要组成部分之一，其内容包括针灸理论、腧穴、针灸技术以及相关器具，在形成、应用和发展的过程中，针灸具有鲜明的汉民族文化与地域特征，是基于汉民族文化和科学传统产生的宝贵遗产。

北京妙峰山娘娘庙屋顶装饰

中幡 幡是旗的一种，尺寸有大小之别。中幡是中国一种古老的民间艺术，是中国民间艺术的珍贵遗产。据史料记载，中幡源自于皇室仪仗队的旗杆，已有1000多年的历史。后来传到民间，经过演变成为中幡。中幡既是一种历史悠久的传统民间艺术，又是一种民间杂技和传统体育项目。

在惠济祠内还有三教堂，专门供奉老子、释迦牟尼和孔子。旁边是供奉着金霄、银霄、碧霄三位娘娘的三霄殿。

据说，在很早很早以前，妙峰山娘娘庙还曾经供奉过治理阴间的七十二司。就这样，金顶妙峰山将佛、道、儒及民间神的信仰融合在一起，成为多教合一的综合型庙宇，为不同信仰的香客提供了朝拜的场所，这是妙峰山娘娘庙所特有的，也是妙峰山娘娘庙能够兴旺数百年的一个重要原因。

一般来说，去往妙峰山进香的大多是个人独行、一家一户或者朋友结伴而行，但是其中也有一些结伴前来的香会组织。每到庙会开始前，活跃在北京的各个香会就已经开始行动了。

自清初开始，妙峰山娘娘庙的主体就成了普天下的香客，按大类区分有文会、武会之别。

文会又称"善会"，主要负责庙会当中的服务性工作，包括饮、食、住、行等方面的服务，以及为香会提供足够的必要物资。这些文会以"行善"为宗旨，为娘娘庙庙会的顺利举行提供后勤保障。

武会又称"花会"，以表演技艺"酬神"为宗旨。源自古代的"社火"，是民间技艺的一种表演形式，可以分为"井字里"和"井字外"两种。

井字里武会走会的先后顺序是:开路、五虎棍、秧歌、中幡、太狮、双石头、石锁、杠子、花坛、吵子、杠箱、天平、太平；井字外的会档种类更多，如太平鼓、龙灯、旱船、跑驴、霸王鞭、流星、假人摔跤、飞刀、舞索、竹马、猪八戒背媳妇等，为妙峰山娘娘庙的庙会注入了很多新奇的元素。

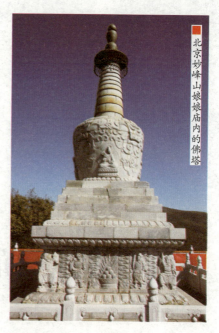

北京妙峰山娘娘庙内的佛塔

阅读链接

慈禧太后可以说是妙峰山娘娘庙的拥护者。清同治十二年，同治皇帝出疹子，慈禧太后为了祈福，就徒步登山拜祭娘娘。

慈禧进香之后不久，同治皇帝的疹子就完全好了，为了感谢娘娘显灵，慈禧亲自书写了3块匾额，派人送到妙峰山，挂在娘娘殿前，此后经常前去拜祭。

但是自从慈禧进香之后，这头一炷香就算归了老佛爷，即便是慈禧没有到，各位嫔妃们也会争先前来，百姓更是无缘染指了。

除了上香，慈禧太后还爱看娘娘庙香会的表演。但是庙会只有几天，于是慈禧老佛爷就将这些表演团体请进皇宫为她表演，由此可见，慈禧真是喜欢这种香会。

王母托梦重建的西王母庙

　　西王母庙也叫"王母娘娘庙"，位于美丽的天山天池东岸的博格达峰上，海拔在2000米以上，是新疆最古老的一座道观，也是海拔最高的一座王母庙。

■ 远眺王母娘娘庙

相传，王母娘娘就是在这个地方修炼，最终羽化升天成仙的，所以被称为"西王母祖庙"。

■ 半山腰的王母娘娘庙

天池四季景色各具特色，是自古以来文人墨客吟诗赋文最多的地方之一，深受人们的赞誉。传说在3000多年前，周穆王姬满就曾经和王母在天池湖畔把酒言欢，留下了一段千古流传的佳话，使得天池赢得了"瑶池"的美称。

西王母祖庙始建于元朝初期，在1221年初步建成。1218年，一代天骄成吉思汗举兵西征，邀请全真七子之一的长春子丘处机去往天池宣讲教义，当时，丘处机已经年近七旬，他亲率18名弟子从山东栖霞出发，不辞辛苦来到天池和成吉思汗会面。

这就是众所周知的"天池论道"。丘处机为了纪念这次论道，就在此修建了西王母祖庙，在西部开始传播教义，称为西部道教文化的传播中心。

周穆王 姓姬，名满，是周王朝的第五位帝王，也是中国古代中最富有传奇色彩的，世称"穆天子"。他在位55年，致力于向四方发展，因游牧民族戎狄不向他进贡，于是先后两次攻打犬戎，俘获犬戎五王，并制定了墨、劓、膑、宫、大辟5种刑罚，其中的细则竟达到了3000条之多。

■ 王母娘娘庙瑶池宫

达摩祖师 即菩提达摩，中国禅宗始祖。生于南天竺，婆罗门族，出家之后潜心研究大乘佛法，拜在般若多罗大师门下。南朝时期乘船从印度来到广州，开始他的北行之旅。据说，他在洛阳看见永宁寺宝塔建筑的时候，感叹自己活了150岁也没有见过如此精美的寺庙，于是"口唱南无，合掌连日"。

自西王母祖庙建成之后，距今已经有近800年的历史了，其间不免风吹日晒，几经战乱，但是随着人们对文物保护意识的提高和信众的多次修葺，西王母庙还是被比较完整地保护下来了。

有一年，致力在中国台湾地区传播道教的道长，千里迢迢来到新疆天山天池，说在台湾的时候，一天夜里梦见了王母娘娘，王母娘娘叮咛自己一定要重新修建她已经被损多年的居所，这位道长遵照王母娘娘的指示，费尽周折四处寻访，终于找到了天山天池。

第一次面对天池，道长就有一股似曾相识的感觉，原来，这里的一切和王母娘娘梦中告诉他的完全一致！从此，道长携众人多次来到天下脚下，对王母娘娘进行膜拜，还出资重新修葺了西王母娘娘祖庙。

经过修葺和重建后的西王母祖庙，不仅面积比原先扩大了好多，而且还在娘娘庙主殿的东西两侧各加了一个配殿。后来，又重新修建了钟楼和鼓楼，总体面积达到了2000多平方米。

从天池北岸开始，沿着大天池的东岸徒步而行，一路都是翁郁的大树，中间有一条非常危险的小道，叫作"达摩险径"，这条通道很少有人涉足，据说是达摩祖师开辟的。

西王母娘娘庙主祀西王母，在道教中，王母娘娘是玉皇大帝的妻子，所以也被叫作"王母娘娘"。据史料记载，娘娘庙自从建庙以来，一直都有着数量庞大的信众，香火非常旺盛。

西王母娘娘庙庙内共设有三个大殿，正殿中间供奉的是两尊西王母神像，一尊是由汉白玉精雕细刻而成，重6吨左右，另外的一尊是用名贵的千年紫檀木雕刻的，并且浑身还镶嵌有一层薄薄的金箔，是从台湾运送过来的。东配殿是观音菩萨的供奉之所，西配

紫檀木 一种十分珍贵的木材，别名"青龙木"，颜色深紫黑，特别硬重，一进入到水中就会立即沉下去，是红木中最高级的用材。通常用来制作家具和雕刻艺术品，制作出来器物不需要经过打蜡磨光就会呈现出一种缎子般的光泽，深受人们的喜爱。

■ 王母娘娘庙聚仙宫

天池 古称"瑶池"，天池一词源自于乾隆四十八年乌鲁木齐都统明亮的题《灵山天池统凿水渠碑记》。天池湖面海拔为1910米，旺水时面积可以达到近5000平方米，总蓄水量1.6亿立方米。是第四纪大冰川活动中形成的高山冰碛湖，距今已经有200多万年的历史了，是世界著名的高山湖泊。

■ 天山王母娘娘庙全景

殿供奉的是医药神吕洞宾。整体看来，庙宇建筑错落有致，庄严肃穆，让人心生崇拜。

在西王母庙右上方50米的地方，就是传说中群仙居住的仙居故洞，洞内壁画隐隐残存，模糊可辨。达摩禅洞紧邻仙居故洞，是达摩老祖面壁悟道的地方。

老子故洞里绘有大量图画，向世人述说着和老子相关的一些故事。据传说，老子来到了西王母山，并且和仙女、西王母等人在天池里面畅游，没想到，老子差一点就犯了戒念，发现自己的道行还不深，于是，就在附近的洞内面壁思过，进行修炼。

风水对于建庙选址来说是非常重要的。而西王母娘娘庙就凸显出了这一点。娘娘庙的地理位置非常玄妙，它坐北朝南，三面是葱郁的山林，一面是天池之

水，地处半山腰，几乎占尽了天山天池山水灵气最浓厚的地方，日日夜夜汲取日月的精华。

西王母娘娘庙左边是常年白雪皑皑的道教神山博格达峰，被称为"左青龙"。右边是小天池，被称为"右白虎"，下方是神秘的天山瑶池。综合形成了道家风水中非常推崇的"左青龙右白虎，前朱雀后玄武"，是一块天然的藏风聚气之所，是难得的风水宝地。

也许是上天为西王母娘娘专门留存的一块宝地，让缔造者在千山万水中寻求到了这么一块天人合一、自然幽静的建刹宝地，赢得了最佳的天时、地利、人和。

西王母娘娘庙重修之后，促使天山天池道教文化得以继续延续。后来，在王母娘娘庙中有常住道教人员，常年有来自普天下的信众前来寻根拜祖，烟雾缭绕，香火兴盛。

阅读链接

在西部各个民族人们的心目中，博格达是最富有神性的山峰，一直被人们视为神灵居住的地方，一直以紫气之源而进行膜拜。博格达一词就是出自蒙语，也就是"神灵"的意思。

在很早的时候，古西域的一些游牧民族就有崇拜山的习俗，由于博格达山高大险峻，被这些民族称之为"神山""祖峰"，但凡是骑马的人，见了这座山峰必须下马，行走的人就必须叩头，甚至是路过此地的官员也要停下来拜一拜。

在当地牧民心中，博格达山是"圣人"，而山上的石头都是圣人使用过的，用这些石头当武器去攻打敌人，无往而不胜。由此可见，在古西域民族心中博格山的地位之高。西王母庙建在博格达峰上，体现了人们对王母娘娘的尊崇。

北京城的五顶泰山神庙

  北京五座娘娘庙是北京著名的泰山神庙。据史书上记载，明清时期的皇帝大都信奉佛教，所以北京界内的寺庙非常多，可以说是"十步一寺，五步一庙"。

  这些庙宇可以分成两类，一类是城内的庙宇，用来祭祀先祖、供

北顶娘娘庙大殿

■ 北顶娘娘庙

奉佛身，一类是城外的庙宇，是人们游春、逛庙市的地方。

在北京城郊一共有五座娘娘庙，称作"五顶娘娘庙"，分别用东西南北中5个方位来命名，供奉着碧霞元君。《北平郊区的满族》一书中说：

在营房人的心目中，娘娘具有非比寻常的地位，仅在关老爷之下。

传说周文王时期，曾经任命姜子牙为灌坛令。有一年，天气闷热，就连能够吹动旗的风都没有刮过，周文王非常郁闷。

一天晚上，周文王在睡梦中看见一个容貌艳丽的女子在路边哭泣，周文王很好奇，就问她为什么哭，女子说："我原本是东海边的泰山神女，被封为碧霞元君，是西海龙王的妻子。现在我想回到东海，灌坛

周文王（前1152—前1056），由于商朝末年为西伯，所以被叫作"伯昌"。他知人善用，曾任用太颠、散宜生等人施行裕民的政策，国力日渐强盛起来，因此遭到了纣王的顾忌，被囚禁在羑里，其间，他写下了《周易》一书。传说后来通行的《后天八卦》也是文王所著的。

人间天宫的祭祀圣殿

令姜子牙挡了我的道。我本想挟暴风骤雨过去，但是考虑到姜子牙功德高尚，我就不忍心啊！"

文王醒来立即召见了姜子牙，果然，一阵狂风暴雨从西向东而去。

不明所以的百姓纷纷认为是泰山神女将他们从水火之中救出来，认为她能够庇佑众生，灵应九州，就广修庙宇进行拜祭。

到了明朝，这种风气盛行一时，在京城可以随处看见香火缭绕的碧霞元君庙，五顶娘娘庙就是其中的杰出代表。

中顶娘娘庙位于右安门外草桥，坐落在唐万福寺的旧址上，在清乾隆年间和20世纪初进行过两次修葺，中顶庙存留下了山门、大殿、石狮以及一些书篆和石碑。

东顶娘娘庙位于东直门外，始建于明朝，由于庙门口长有一棵数百年的老榆树，所以人们都把行宫庙叫作"孤榆树庙"。

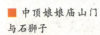
■ 中顶娘娘庙山门与石狮子

■ 西顶娘娘庙

南顶娘娘庙位于丰台区，奉敕于1713年和1763年进行重建，供奉着碧霞元君、东岳大帝和斗姆娘娘，悬挂有乾隆帝御题的"神烛碧虚"和"神功出震"两块匾额。

西顶娘娘庙位于海淀区，相传西顶娘娘庙初为土地庙，后因明世宗的母亲许愿灵验，由明神宗的生母孝定皇后和明神宗捐钱修建的，被称为"护国洪慈宫"。

娘娘庙建成之后，康熙帝曾赐匾"金阙宣慈"、珠冠和袍幡等物，并于1712年改名为"广仁宫碧霞元君庙"。西顶娘娘庙北邻颐和园，东临昆玉河，西面是巍峨的西山群峰，地理位置非常好，传说是慈禧太后从万寿寺乘船去颐和园消暑的必经之地。

在这五座娘娘庙中，只有北顶娘娘庙保存完整，重新修复后的北顶娘娘庙位于北京中轴线北延长线的北端，是北京北端的一个标志性建筑。

北顶娘娘庙始建于明宣德年间，庙内供奉有玉皇大帝、东岳大帝、碧霞元君、子孙娘娘、眼光娘娘、关帝、药王等神像。

东岳大帝 又称"泰山神"，其身世众说纷纭，大多说是黄飞虎的化身。掌管天下365路诸神，是阴曹地府十殿阎君和十八层地狱的主宰者。根据中国的阴阳五行说，泰山位于太阳升起的东方，是万物发祥的地方，所以同时也具备了主生、主死的重要职能。

北顶娘娘庙天王像

沿中轴线依次建有山门殿、天王殿、娘娘殿、东岳殿和玉皇殿。北顶娘娘庙占地近10000平方米，是明清时北京碧霞元君祭祀的中心。

清乾隆年间曾修缮北顶娘娘庙，原有四进五层殿，庙前有大戏台，早年每逢庙会必唱几日大戏。"每岁四月有庙市，市皆日用农具，游者多乡人。"是昌平、沙河一带农民的商品交易所。

北顶娘娘庙内，古树参天，有500年的古桧柏和300年的古槐向世人述说着娘娘庙的坎坷历史。大门上的"敕建北顶娘娘庙"牌匾，更显示出了它与皇家密不可分的关系。

人间天宫的祭祀圣殿

阅读链接

据说供奉在南顶、北顶和西顶娘娘庙中的娘娘都是肉胎，而且还是一母同胞的亲姐妹。

有一天，母亲带着自己的3个女儿去游玩，她们先来到了左安门外的南顶，大女儿吵闹着非要到大殿香案上面去坐坐不可，庙里的一个道士也说："她要上去，一定是有缘，就让她去坐坐吧。"

结果大女儿一坐到香案上面，就立刻坐化了，成了肉身的南顶娘娘。

母亲悲痛之下带着另外两个女儿逛，这次，她们来到了安定门外的北顶，结果二女儿也坐上香案化成了北顶娘娘。

母亲害怕了，赶紧带着小女儿回家，途中，小女儿闹着要去西顶庙玩，母亲心一软，就又答应了，结果小女儿在西顶庙也坐化了，成为肉身的西顶娘娘。

盛名远扬的元武屯娘娘庙

北京市房山区元武屯村，地处平原，十字主街，交通非常便利。根据史书的记载得知，明朝初期曾在这里驻扎了军队，开垦了军田，所以叫作"元武屯"，后来随着军队的撤离，元武屯逐渐发展成村落。

在这个村内有一座占地大约有200平方米的庙宇，一直有善男信女

■房山娘娘庙

元武屯娘娘庙古钟

对其祭拜，香火不断。这个庙宇分为前后两殿，前殿称为"元武屯三圣庵"，后殿被叫作"元武屯娘娘庙"。

元武屯娘娘庙无论是从它的建筑规模，还是年代的久远，都足以让人们津津乐道上好几天，在房山家喻户晓，享有盛名。元武屯娘娘庙正殿建筑不仅雄伟，而且结构复杂，具有明清时期寺庙建筑的显著特点。

元武屯娘娘庙内存有一口明代铁钟，这口铁钟高1.4米，直径0.8米。钟上铭文清晰可见，有捐资人的姓名以及铭文：

> 大明万历十八年十月吉日造，涿州东关金火匠人姜九成、姜马周、姜鸣用
> 良乡县元五（武）屯三圣庵

从铁钟上的铭文可以得知，元武屯娘娘庙始建于1590年，已经存在了500多年了。在《北京名胜古迹词典》中也记载，元武屯娘娘庙建于明代，清康熙年间重新整饬。由此可见，元武屯娘娘庙真有些年头了。

娘娘庙坐北朝南，为三进院落。从南门入庙，需要走过一个砖砌的高大门楼，门楼东西两侧用高耸的城墙将整个娘娘庙都包围了起来。山门大殿进深九间，采用单檐式建筑结构，檐角装饰着一个一斗三升的斗拱，红门灰瓦，透露出一种威严的气势。

前殿两侧立有两尊菩萨，它们就是佛教中享有盛名的哼哈二将。这两位大将俨然是两个大力士，守卫着娘娘庙。他们上身裸露，手持

人间天宫的祭祀圣殿

金刚杵，目眦尽裂，怒视着人间，神态非常威严，似乎想要将一切恶势力都给镇压住。

元武屯娘娘庙的哼哈二将早年为泥塑，身上绘有彩画，颜色艳丽夺目，后来被拆毁，民国时期重新修建娘娘庙的时候，改为在大殿墙壁上彩绘。

二进院正面是为明三暗九的娘娘大殿，配有东西两个厢房。西厢房以及厢内的所有建筑都在战乱中毁了，到民国时期，就只剩下东厢房了。

娘娘殿位于庙宇正中央，供奉斗姆娘娘。斗姆娘娘是传说中北斗七星的母亲。斗姆娘娘的额头上长有3只眼睛，4个脑袋，8只手臂，左右各伸出4只。正中间的两只手臂合掌，其余6臂分别执日、月、宝铃、金印、号、金戟。

传说中斗姆娘娘拥有通天的法力，上天下地无所不能。《北斗本命经》中提到，不管你的身份如何卑

237

纳福赐祥

娘娘庙

■ 送子观音塑像

贱，运气多么不好，只要你诚心叩拜斗姆娘娘，口中称念她的名号，就一定可以祛灾消祸，获得无量的福、寿、禄。在斗姆娘娘两侧，是子孙娘娘和送子娘娘，两侧还分列着30多尊姿态各异的娘娘化身。在整个大殿中，最显眼的就是西侧的一台大轿，黄金色的轿幔，显得雍容华贵。在大殿脊檩上镌刻有楷体大字：

大清康熙四十三年岁次乙亥知良乡县事加一级李阴龙……募化，住持道人杨合耀同重建。

供奉在元武屯娘娘庙里面的娘娘，个个都非常高贵，传说有求必应，有着众多的善男信女。每到农历四月十八这天，来自四面八方的信众就会为娘娘烧香。

元武屯的村民会在这天举行隆重的庙会，邀请戏班登台唱戏会演，宴请全元武屯的百姓。这天，人们会在娘娘殿东侧立一台花轿，轿中娘娘低首下轿，寓意着娘娘降临人间驱灾避邪。

传说清朝乾隆年间，乾隆皇帝去西陵考察墓地，就曾经慕名来元武屯娘娘庙参拜，后来还钦赐了娘娘半副銮驾，以示对娘娘的敬重。从此，就有了元武屯娘娘庙半副銮驾的说法。元武屯娘娘庙布局独特、建筑宏伟，后来经过一系列细致的修缮，那口500多岁的古钟依然悬挂在庙中，吸引着众多香客前来。

阅读链接

元武屯娘娘殿建筑规模宏大，除了正面有斗姆娘娘的圣象之外，在她的后面，还有一尊"倒坐观音"塑像，由于历来都是面朝南方，而她却面朝北方，所以才被称为"倒坐观音"。

观音慈眉善目，她手拿净瓶，骑坐麒麟，左右两位童子和观音共同形成一个和谐的整体。

真武庙主祀真武大帝。他曾降世为伏羲，后从师于如来佛，在玉帝退位后任第三任天帝，为龙身，称为"中华之龙祖"。

真武大帝是道教神仙中赫赫有名的玉京尊神，道经中称他为"镇天真武灵应佑圣帝君"，民间称他"荡魔天尊""报恩祖师""披发祖师"等。

真武具有水神、司命之神的特征，他阴阳交感演化万物的象征，被赋予了在风水与预测领域的帝尊地位。因此，自真武庙建立之日起，就在民间有着广泛的信众。

真武庙

陡峭岩壁上的河津真武庙

　　山西省运城市河津真武庙，也被称为"玄武庙"。坐落在河津市西北隅紫金山麓的九峰之中，由于寺庙的外形像龙，所以人们也形象地称之为"九龙庙""九龙头"。

　　提起真武庙的来历，历来都众说纷纭。据运城《河津县县志》记载，河津在秦朝时叫作皮氏县，北面正对龙门。风水先生看了之后说，

■ 河津真武庙门

龙是皇帝的象征，因此龙门也就是帝王之门，按照规矩，县门是不能正对皇门的，所以，皮氏县城不允许开北门，一开北门，要不就是有人举兵造反，要不就会出真龙天子。

之后，历代沿袭，像龙门县、河津县县城都没有北门。北魏太平真君七年，皮氏县遭遇洪灾，东迁了1500米，改名为龙门县，为了镇邪，就在金山麓内广建庙宇。

中华龙祖

真武庙

690年，武则天改国号为周，回故乡并州省亲，路过龙门县，一天夜晚，她发现龙门县城北面霞光万道，非常惊奇，就找来县令进行询问。

■ 河津真武庙石狮子

县令回答说："这是城北的几个小庙，夜间放霞光万道是为了迎接圣驾，是吉祥之兆啊！"

武则天听了十分高兴，她向来笃信佛教，于是就把最中间的一个庙宇改名为"龙阙寺"，并从国库拨银用来扩建，这就是后来的真武庙。

河津真武庙坐北朝南，具体的建造年代已经无从考证，只留下明嘉靖、万历，清康熙、乾隆、咸丰、道光时进行修葺的资料。

真武庙的正门与旁门之间各有一个平台，一雌一雄两只石狮分置于南北，之后不慎丢失，后来人们又仿照石狮子原先的样子进行了补铸。

县志 专门记载一个县的历史、地理、风俗、人物、文教、物产等的志书 。现存最早的全国地方志，是公元813年唐代李吉甫编的《元和郡县图志》，共40卷，后有部分散佚。

并州 古州名。相传大禹在治理洪水的时候，曾经划分域内为九州，并州为其中之一，泛指今河北保定和山西太原、大同一带，现特指太原。

■ 河津真武庙大殿

在正门和两旁门上分别建乐楼钟楼和鼓楼。乐楼面西与正殿相对，楼基为高出两米多的石砌建筑，采用悬山式结构，红墙绿瓦，有斗拱、昂嘴及龙凤等雕镂装饰其中。

通往真武庙的朝殿坡穿梭在陡峻的山体上，粗略计算有160多级台阶，拾级而上，经过"过风"戏台就可以到达玄帝道院，院内树木苍翠，古柏参天，到处都是古朴的碑碣，主要建筑有香亭、献殿、穿廊、正殿、真武殿等。

香亭是一种结彩小亭，可以在里面放置香烛，可以起到防风防雨的作用，远远看去，就像是一个迷你版的亭子。过去，人们在举办赛事、出殡的时候，也会把它抬出来用一用。

献殿是用来祭祀圣母，贡献礼品的地方，面阔三间，进深两间，檐牙飞啄，和凉亭有几分相似之处，

碑碣 古时将长方形的刻石叫作"碑"。把圆首形、上小下大的刻石，叫"碣"。秦始皇时期开始刻石纪功，东汉以后，碑碣越来越多，大都用来歌功颂德。在唐代，"碑"和"碣"是有区别的，五品以上用碑，五品以下用碣，到后世往往混用。

整体结构轻巧但不缺稳固。

穿过走廊就是庙院的主殿，殿内有14根圆柱进行支撑。殿中供奉的是金装九龙圣母，陪祭在两边的两个侍女立像，殿壁上还绘制有大量的降龙罗汉、伏虎罗汉等画像，显得庄严肃静。正殿两侧有偏殿，分祀子孙圣母和痘疹圣母。

庙院南北两厢分别有耳厅、廊房、土地祠、井神祠及南北两座小院，庙院中还有祭台及两棵古槐、两眼古井。在这两眼古井中有一个并不显眼的小井，是传说中十分灵验的"药井"，据说"人有疾，饮之即愈，洗之即明"。

真武殿内供奉的是真武大帝的泥塑神像，色彩艳丽，端庄威严，可以镇压水神，庇佑五谷丰登，是历代人们虔诚供奉的神，香火一直都兴旺不衰。

出西北便门是纯阳院，院内有仿蓬莱香亭、吕祖

伏虎罗汉 在佛教中，如来佛祖座下有十八罗汉，伏虎罗汉是第十八位，即弥勒尊者。是乾隆皇帝钦定的。传说伏虎罗汉居住的寺庙外经常有一只因饥饿而咆哮的老虎，刚开始，罗汉就将自己的饭食分给老虎，时间长了之后猛虎被他降服，经常和他一起玩耍，所以被称为"伏虎罗汉"。

243

中华龙祖

真武庙

■ 河津真武庙内的亭子

■ 河津真武庙的建筑

栈道 古代交通史上的一个重要发明。人们为了在深山峡谷中通行方便，就在河水隔绝的悬崖绝壁上用器物凿出一些棱形的孔穴，插上石桩或木桩，并且在上面横铺木板或石板，让人畜通行，叫作"栈道"。

洞、望河楼等建筑。院内回廊曲折，拾级登高，经过天门栈道就可以到达顶峰朝天宫，这是官僚子弟袭封和文武官员朝见天子的地方。

举目四望，全庙布局精巧，楼阁殿宇依山而建，随势蜿蜒，拾云沐风，心旷神怡。

真武庙地势高峻，三面环临陡崖，极像海上的一个孤立的小岛。又因为山头到处都是苍劲的青松翠柏，在当地一直有着"卧麟岗"的美称。后来崇文社在建造崇文阁、纯阳洞的时候就曾经有人提议，将这个地方叫作"麟岛"。

早在宋元之前，和紫金山麓相邻的九座山峰上就建有形态各异，大小各不相同的庙宇，有禹王庙、雷公庙、八仙庙、药王庙、真武庙、山神庙、帝君庙、三皇庙、天神庙等建筑，和真武庙相映成趣，形成一个规模巨大的庙宇建筑群。

随着时间的流逝，大多数庙宇只剩下了一些残垣断壁，只剩下了九峰中最大的真武庙保存完好。因此，人们陆陆续续将这些损毁的庙宇迁移到真武庙内，进行重建，这样，真武庙也被称作"九龙庙"。

通过不断的迁建、添建，真武庙逐渐庙宇相映，规模也一天天地宏大起来。逐渐地形成一座较大规模的道教建筑群。

后来经过不断的扩建，真武庙的面积已经达到了3400平方米，建筑面积约2500平方米。各种楼台亭阁，栈道、廊舍、牌坊等共计34处之多。

真武庙东望虎岗，西瞰龙门，南临汾水，北枕紫金。故有"汾水秋波""倚斗金銮""小桥飞凤""雁塔凌空""太华晴峰""孤云送月""原麟叠翠""西河画舫"的麟岛八景。

阅读链接

宋真宗避玄字之讳，始改玄武为真武。宋真宗尊为"镇天真武灵应圣帝君"，简称"真武帝君"，号称"真武大帝"。

因真武大帝的生日是农历三月初三，其飞升成仙之日是农历九月九日，所以，每年的三月三、九月九真武庙都举行盛大庙会，借此纪念真武。

后来，到1312年，河津县城又被汾水漫淹，再北迁高台，又相继捐资增修了崇文阁、纯阳洞，即纪念吕洞宾的吕祖洞，吕洞宾号纯阳子。三皇洞、玉皇阁、药王庙、朝天宫、仿蓬莱、南天门等建筑物，使真武庙成为一个雄伟壮观的古建筑群。

真武大帝被称为"无量祖师"，吕洞宾被称为"纯阳祖师"，故九龙庙也叫祖师庙。

有小武当之称的泉州真武庙

泉州真武庙位于福建省泉州东海镇石头街，俗称"上帝宫"。真武庙建造在一个石山上，枕山漱海，自从在宋代建成之后，就成为当时地方长官祭拜海神的地方。

■ 泉州真武庙真武大帝像

真武庙被称为玄天上帝八闽第一行宫，有"小武当"的说法，据《泉州府志》记载：

玄武庙在郡城东南石头山，庙枕山漱海，人烟辏集其下，宋时为郡守望祭海神之所……

可见，泉州真武庙已经有1000多年的历史了。

■ 真武殿匾额

在宋代，泉州因为地靠南边，很少受到北方战乱的影响，所以经济、文化都一直在向前发展。1087年设置了市舶司，使泉州的海外交通得到了进一步的发展，往来的商船很多。

当时，道教受到了朝廷的尊崇，全国上下广修道观，在这种风潮的影响下，泉州兴建了大批的道教宫观，仅记载的就近20所。

又因为毗邻古刺桐港的后渚港，为了方便祭祀，寻求真武大帝保佑，就在这个依山面海的地方建起了真武庙。每次航海之前，人们都会前来祭祀朝拜，千百年来，香火一直都没有断过。

真武庙主祭真武大帝，是北极玄武星君的化身，又称"玄天上帝"。相传玄天上帝的诞生，是善胜皇后在梦中梦见自己吞日才怀孕的，14个月后王子降生。小王子长大后离家出走，去武当山学道。

玄天上帝 也就是真武帝，是主持兵事的剑仙之主，每次出去斩妖除魔的时候都是驭剑出行，地位仅次于剑仙之祖广成剑仙。对他的崇拜从宋代开始，到了元代晋升为元圣仁威玄天上帝，明成祖时期具有更加显赫的地位，武当山为玄天上帝的圣地。

■ 唐太宗画像

他的父王思念他，就派了五百武士去武当寻求王子，把王子带回去，可是，众武士竟然也跟着王子留在武当学道了。

42年之后，王子终于功德圆满，飞天成仙，被玉帝封为"玄武真人"，五百武士也被封为了五百灵官。

唐初，因为玄天上帝显灵助战，被唐太宗封为"佑圣玄武灵应真君"。后来宋真宗避赵玄朗的玄字之讳，改封为"真武大帝"。

明代嘉靖年间，晋江知县韩岳在庙前的一块天然巨石上刻立"吞海"石碑，寓意真武势盛，可以气吞云海。真武庙取景天然，四周环绕森森古木，有一眼非常明显的明代古井，名叫"三蟹龙泉"，泉水清冽甘甜。山门有一副石刻对联：

仰之弥高大观在上；
过此以往联步而升。

是清代翰林庄俊元亲笔书写的，值得去细细品味。走过依山而建的24级石阶，就是真武庙的主殿真

功德 "修德有功，性德方显"，一切众生体内都有如来的智慧德相，这是与生俱来的，叫作"性德"。但是这种性德在妄想和执念的束缚下，无法显现出来，只有依靠自身修持的功德，才能将这种妄想和执念扫除。

武殿，真武殿面阔三间，全部采用砖木结构，白石基底，红墙红瓦，将闽南的地方建筑特色展露无遗。

真武殿门口的左右两侧门楣上刻有"吞长江""衔远山"的字样，加上正殿大门上的"真武圣殿"匾额，让人不由地肃然起敬，清道光进士翰林庄俊元还特为真武殿写了一副对联：

脱紫帽于殿前，不整冠而正南面；
抛罗裳于海角，亦跣足以莅北朝。

被称为绝对。殿大门两侧是绘制的大型彩绘"龙吟虎啸"图。

真武殿古朴典雅，"全瓜抱通"，三层涩叠，

庄俊元（1808—1879），字克明，号印潭，自号四休子，1836年考取进士，入翰林院当职，留京学满文，并且协助制造满洲文字。之后，出任甘肃西宁府尹，开始研习道法，后在泉常兼书院长，对地方文教事业做出了贡献。

■ 真武殿

■ 真武大帝像

朱雀 中国传统文化中的四象之一，是上古四大神兽之一。根据五行学说，它是代表南方的神兽，代表的颜色是红色，为古代神话中的南方之神。亦称"朱鸟"。代表的季节是夏季。

《太上感应篇》 道教的经典著作之一，旨在劝善，书中融合了较多的佛、儒思想，最大限度地扩充社会的行善群体，促进了人间善业的发展，对社会具有积极的影响。

"八角灯形"斗拱穿插扶梁，这在古建筑构造中是非常少见的，门旁的龙虎窗，樟木雕刻的镀金"八仙"守门，人物形象栩栩如生。

殿中正襟危坐的是真武大帝彩塑真身，他披发仗剑，脚踏着龟蛇。真武大帝为什么穿着帅服，却脚踩着龟蛇呢？

在中国，古人观天象的时候，习惯上把天空分为东西南北四宫，并且用四种动物来为其命名，于是，就有了东宫青龙、西宫白虎、南宫朱雀、北宫玄武的说法。

玄武也就是龟，玄为黑色，代表着龟背的颜色，后汉时将北宫的形象改为了龟蛇合体，所以，真武大帝穿着帅服踏着龟蛇，更加贴切了玄武的含义。

而且宋代所推行的道教理论，特别是《太上感应篇》的推行，虽然告诉了人们善恶终有报，应及时行善，但是同时助长了人们消极等待的思想。而真武大帝不仅劝善，而且惩恶，所以在某种意义上来说，真武大帝更加符合人们寻求统一的愿望，因而信众非常多。

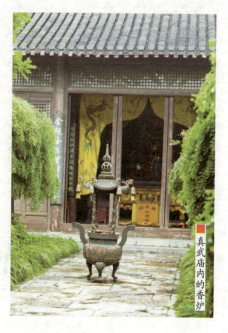

真武庙内的香炉

扩建之后的真武殿，两旁各有一个小副殿，烘托着主殿，显得非常壮观。大殿左侧是波浪围墙和山门，门口很宽很大，殿右是专门为了节日唱戏而搭建的戏台，平日放置一部分宗教书刊供前来拜祭的信众阅读。

殿前的白石栏杆，像一条腰带飞舞在山前，涛涛的海水扑打着，衬托着戏台边上的特大"善"字显得更加明亮，散发着一股真武殿才有的独特神韵。

阅读链接

明代是真武大帝声名最为显赫的一个阶段，民间信仰最为普遍。明朝初期，朱元璋的儿子燕王朱棣发动"靖难之变"，夺取了王位。

相传在燕王的整个行动中，真武大帝都曾显灵相助，因此朱棣登基后，立即下诏特封真武为"北极镇天真武玄天上帝"，并大规模地修建武当山的宫观庙堂，建成八宫二观、三十六庵堂、七十二岩庙、三十九桥、十二亭的庞大道教建筑群，使武当山成为举世闻名的道教圣地，并在天柱峰顶修建"金殿"，奉祀真武大帝神像。

正是由于帝王的大力提倡，所以真武大帝的信仰在明代一度鼎盛，真武庙在宫廷内外无处不在。

北京城原址上的深泽真武庙

　　深泽真武庙位于河北省深泽县，在当地被叫作"北极台"。深泽城原先只有东、南、西3个门，北面无门，传说中是建设北京的原址。

　　相传，元太祖成吉思汗完成统一霸业之后，就一直在寻思，都城应该建在哪个地方好呢？他分别派两位大臣去帮他办理这件事情，说也凑巧，这两位大臣最后都看中了深泽这块风水宝地。

深泽真武庙

两位大臣在奏折中说：如果都城选择在这里，深泽将会官员辈出，辅佐君王成就天下霸业，世代相传，成吉思汗听了非常高兴，当即就说："二位爱卿，劳苦功高，有赏，赏……"

成吉思汗的话还没有说完，就看见朝中走出一批大臣，他们进谏道："吾皇万岁，万万岁，二人胡言乱语，蒙骗皇上。说日后定会官员辈出，都是官员，哪里还有当差的？这样一来，难道不是要结党营私吗？到时候，江山危急……"

■ 深泽真武庙建筑

听到这，成吉思汗就被惊出了一身冷汗，当即大怒，废了奏折，将二人拖出斩首。

因而，都城向北挪了250千米，定在了北京。深泽虽然没有被成吉思汗选为都城，但是却让他整天都提心吊胆的，害怕深泽的风水顺势进入北京城，危害自己的社稷，于是，就派人在深泽建造了一座城池，独独不设北门。

明朝嘉靖年间，大同人李承式做了深泽令，并于1562年在北城墙中心建造了土台，土台建成之后，以台为基，构木成阁，建成了真武庙。因为真武庙位于城北，可以登高远望北方，所以也称为"北极台"。

风水 原本是相地之术，创始人是九天玄女，战国时期开始完善。风水的核心在于人和大自然的和谐，是一门历史悠久的玄术，也称青乌、青囊，可以助人们找到吉祥如意，家庭兴旺，发达安康的地方。

■ 深泽真武庙建筑

人间天宫的祭祀圣殿

真武庙的所在地，正处于深泽县的最高点，可以俯瞰整个深泽县城，前来登高望远的人络绎不绝。

真武庙红梁绿瓦，檐牙高啄，在阳光的照耀下，熠熠生辉。在台旁凿池引泉，环湖建造了大量杨柳，成为附近百姓纳阴乘凉的去处。

深泽真武庙建筑规模宏大，仅基座就占了2000多平方米，顶台面积1600多平方米，台高14米左右，殿前建有钟楼、鼓楼。

在深泽真武庙建成之前，这个地方还是一个四棱形的土台，远远望去，就像是一个大元宝半埋在土地中，真武庙就是在这个土台的基础上兴土木建成的，深泽真武庙共计45级台阶，顶台建有真武大殿，主祀北极紫微星大帝。

紫微星号称"斗数之主"，自古以来，紫微星都被人们称为"帝星"，认为命宫主星是紫微的人有着一副帝王之相，富贵吉祥。

紫微星又叫作北极星，是小熊星座中最主要的一颗星，北斗七星都在围绕着它进行着四季轮回的旋转。而紫微星则是北极紫微大帝，是玉皇大帝手下最得力的助手，协助玉皇大帝执掌天经地纬、日月星辰以及四时节气等自然现象，深受百姓的崇拜。

在《封神榜》中，周文王的长子伯邑考就被姜子牙封作了"紫微星"，传说故事《白蛇传》中的女主角白素贞就是紫微星下凡后的化身。

到了1801年，真武庙已经走过了240年的风雨，其间经过洪涝的侵蚀，风吹日晒，已经变得残破不堪，当时的深泽知县萧泗水看到真武庙被毁得如此不堪，就下令重新修葺北台，45级土阶全部换成石阶，看起来气势更加宏伟。

255

中华龙祖

真武庙

■ 深泽真武庙一角

1858年，知县许忠游览真武庙，见一些土木建筑已经开裂，胶漆掉落，于是就联合一批文人志士重修真武庙，所有的门、窗、椽、柱全部涂上红色油漆。

同时在庙前开辟一条通往城内的主要街道，并沿途建造了四座牌楼，分别为"太和仙境""治世玄岳""北岳具瞻"和"玄武重镇"，四坊南北相连，交相接应，和真武庙交相呼应，互衬威仪。

真武庙旁的泉池被扩建为水塘，两旁开辟成渠，两侧种植柳树，夜深人静，月光洒在柳树上，月影参差，影影绰绰，是赏月游览的最佳地方，久而久之，就成了深泽的第一美景——"北台柳月"。

1861年，清政府再次对真武庙进行修葺，拔掉枯死的柳树，换以新树，并且在中间的空地补种桃李，此外，人们还重新疏浚渠道，增架木桥。

月明星稀，树影幢幢，走在木桥之上，聆听小桥流水，景致异常唯美。也正是由于在真武庙中包含如此多的美景，所以大都被保存了下来，前来观赏的人群连年不衰。

人间天宫的祭祀圣殿

阅读链接

传说，真武庙建成之后，有一位会法术的高人经过这个地方，看到真武庙下埋有金牛、金马、金鸡三件宝贝，便起了歹心，于是念动咒语，没想到，真武庙还真的被悬吊了起来，坐等金牛、金马、金鸡出来喝水。

不一会儿，金牛和金马就被这个人成功牵走了，轮到了金鸡，他正想去捉，被真武庙内的老方丈发觉了，老方丈大喝一声："住手！"

真武庙应声落地，吓得那个人连忙牵起金牛和金马逃走了。后来，人们只要在庙前使劲一跺脚，还能听到隐隐的金鸡啼叫声呢！

龙王庙

在中国道教文化中，龙王行雨十分具有人情味和传奇色彩。龙不但能降雨除旱，还可以救火。

人们在祈雨的同时还可以捎带提一些其他方面的要求，譬如求福、长生、官职、疾病、住宅凶吉等，事无巨细，无有不及，几乎世上所有的事都可以包揽了。

因此，人们到处都修建龙王庙，专门供奉龙王的庙宇。每逢风雨失调，久旱不雨，或久雨不止时，人们就会到龙王庙烧香祈愿，以求龙王治水，风调雨顺，具有特别的民俗内涵。

龙山上的京北都龙王庙

京北都龙王庙，坐落在北京昌平城南的龙山顶。在地方志《光绪昌平州志》中记载：

都龙王庙在龙山山巅，1357年重修。清光绪四年祈雨有灵，奏请御赐匾额，重修殿宇。

从中可以推算，京北都龙王庙建于元代，并且还可能和修建"白浮堰"有关。

白浮堰为元代水利学家郭守敬所建，沟通了白浮桥和青龙桥之间的水系，全长约82千米，是北京的供水命脉。

古时候，龙在人们心中如神明般的存在。人们普遍认为龙是掌管兴云降雨职责的神灵。在旧时的黄历上，每一年都要清楚地标注着"几龙治水"，也就是说这一年是由哪几条龙来负责天下的降水。

■ 白浮泉的桥

老百姓们最期盼的就是"一龙治水"，因为"一龙治水"的这一年，一定是个风调雨顺、五谷丰收的年景。而"多龙治水"的年份通常都是多条龙共同管理，没有一个能够靠得住的，要不就是久旱无雨，要不就是同时降雨水涝成灾。

其实，不管是"几龙治水"，在北方，大多都是干旱少雨的，于是，人们为了祈求能够降雨，就在很多深水潭和比较大的泉眼边修建了大小不一的龙王庙。在北京，龙王庙的数量不少，但是只有在昌平有一座都龙王庙。

至于都龙王庙中的"都"字应该怎么去理解，当地流传着两种说法：一种解释是人们认为这里的龙王最大，统管所有的龙王。龙王的种类其实有很多，在

黄历 相传是由黄帝创制的，古时由钦天监进行计算之后颁订，所以也叫做皇历。主要是帮助农民把握好耕种时机。黄历是在中国农历的基础上衍生出来的，带有二十四节气的日期表，每天的吉凶宜忌、生肖运程等。

四海龙王　龙王是道教所崇奉的一个神祇，源于古时候人们对于龙神和海神的崇拜。大龙王有四位，为四海龙王，奉玉帝之命掌管四方之海，掌管人间风雨。小的龙王可以存在于一切水域中。在四大龙王中，东海龙王敖广最大，其次是南海龙王敖钦、北海龙王敖顺和西海龙王敖闰。

佛教教义中，有无量诸大龙王、如毗楼博义龙王、婆竭罗龙王等。在道教中也存在着诸天龙王、四海龙王、五方龙王等说法；第二种解释就是龙王庙大，是北京城北所有龙王庙的统领者。

都龙王庙坐北朝南，由正殿、东西配殿、钟楼、鼓楼、山门和照壁组成。

正殿内面南的是龙王的泥塑彩像，头戴通天之冠，身穿衮龙之袍，腰系碧玉之带，脚踏步云之履，威严却不失庄重，东侧供奉的是雷公电母，西侧是风伯云童，四周墙壁上到处都是彩绘的龙王行雨图。正殿殿内的明柱上刻有楷体大字：

九江八河天水总汇；
五湖四海饮水思源。

■ 都龙王庙

白浮泉遗址碑

院内还有明清时期的五通碑刻，记载了龙王庙修葺以及祈雨的事项。

后来，人们在对北都龙王庙进行修葺的时候，在东房山墙外庙田内发现了一通清朝时期镌刻的石碑，上刻有"都龙王庙田碑记"。碑文中记载：

吾州东南，去城五里许，有山蔚然深秀，山下有泉，水声潺潺，峰回路转，中有庙，翼然者三，一白衣庵，一龙泉寺，其峰顶则都龙王庙焉。

可见，都龙王庙当年的建筑规模之大。都龙王庙是昌平地区最著名的一处祈雨场所，自古以来香火都非常的旺盛。

每到干旱少雨，禾苗干枯的年景，人们总是要来都龙王庙进行祭祀，祈求龙王早日行云布雨，为他们

祈雨　又叫求雨，是围绕着农业生产、祈禳丰收的一种巫术活动。和其他的巫术一样，祈雨曾广泛存在于各个角落，即使到了现在，仍然有一些民族和部落保留着这个古老的风俗活动。

京戏 也称京剧、平剧，是中国影响最大的一个戏曲剧种，有"国剧"之称。分布地以北京为中心，遍及全国，已经有200多年的历史了。乾隆年间，原在南方演出的三庆、四喜、春台和春四大徽班陆续进入北京，与昆曲、秦腔的部分剧目、曲调和表演方法相互融合，又吸收了一些地方民间曲调，经过不断的发展和改进，最后形成了京剧。

■ 白浮泉都龙王庙

降下救命的甘霖。

祈雨的时候，人们化装成不同身份的角色，抬着供品，浩浩荡荡地去都龙王庙朝拜，然后在九龙口的面前静静等待下雨的征兆，也就是看龙王身边的净瓶中什么时候才会有水，水量是多少。

一旦看到净瓶中有了水，人们就立即相互祝贺，欢呼雀跃地庆祝这次祈雨的成功。据说都龙王庙非常灵验，只要是人们诚心诚意地祈雨，不管多少总是要下一些。也许是因为龙王受到都龙王庙附近人们的香火太多，有些近水楼台先得月的意味。

每年的农历六月十三，都龙王庙举行盛大的龙山庙会。龙山庙是上寺和下寺的合称，上寺指都龙王庙，下寺为龙泉寺。龙山庙会历史悠久，对昌平一带的人们来说是必须参加的一场盛会，龙山庙会从农历六月十一开始，举办三天。

庙会一开，四邻八乡的香客们就会穿上干净的裤褂齐聚在龙山庙。香客们虔诚地向龙王敬献香火，祈求风调雨顺。在龙泉寺西南的平地上有一座戏楼，每到龙山庙会的时候，一些颇负盛名的戏班就会前来演出京戏、评剧及河北梆子。

庙会不仅只有唱戏这个单元，还要"走会"。首先是昌平官府的上香参拜仪式，前呼后拥的仪仗队伍，烦琐讲究的参拜仪式都是人们热衷知道的内容。

之后，就是各档花会大显身手的时候了，有城关开路、五虎棍、踩高跷、跑旱船、花跋大鼓等。其中的单腿踩高跷可以登上一百零八级台阶，惹得人们驻足呆望，讶异表演者技术的高超。

庙会这几天，也是商贩云集的时刻，吆喝叫卖的声音此起彼伏，好不热闹。其中有专卖杈子、扫帚、簸箕之类的劳动用品；有买卖夏天应时布料、雨伞、草帽之类的生活用具的；有卖西瓜、酸莓汤等解暑饮料的；有卖炸面鱼等各种风味小吃的；有卖不倒翁、泥娃娃之类玩具的，一切应有尽有。

而寺内则是一副烟雾缭绕的样子，钟磬之声不绝于耳，庙内信众如织，人声鼎沸、锣鼓喧天，真的是热闹极了。

阅读链接

白浮堰原先是通惠河的一段，后来被废弃。通惠河位于北京的东部，是元代时期挖的一个漕运河道，由郭守敬主持修建。从元朝开始，被忽必烈命名为"通惠河"。

通惠河从昌平县的白浮村神山泉开始，中间经过昆明湖，一直到达积水潭、中南海，又从崇文门转而向东流去，在今天的朝阳区杨闸村向东南折弯，一直通到了高丽庄流入了潞河，全长82千米。

目前，通惠河作为北京市的排水河道，已不能通航。

两江交汇处的汉口龙王庙

人间天宫的祭祀圣殿

  湖北省汉口龙王庙始建于明洪武年间,地处长江与汉水的交汇处,是"长江三大庙"之一。

  传说在远古时期,江汉交汇处水流湍急,波涛汹涌,有一条恶龙常年盘踞在江底,经常坑害附近的百姓,往来的船家都将这个地方称

汉口龙王庙

■ 汉口龙王庙牌楼

为"鬼门关"，经过此地时都要焚香叩头，并向江中扔一些鸡鸭猪羊等祭品，以求可以平安渡船。

大禹得知这件事之后，就命人火速铸造四方金印，经过一百零八回合大战，用金印压在恶龙身上，恶龙无法翻身，自然就无法祸害百姓了。

后来，人们为了感激大禹的恩德，就在江边修建了一座庙，并在庙的神龛上供禹王，神龛下供龙王，后人即称此庙为"龙王庙"。

据《汉口竹枝词》记载，龙王庙建于1739年的清代。在明洪武年间，汉水改道，致使龙王庙附近的水域骤然缩小，岸陡水急，很多往来的船只都被瞬间倾覆了，是发生水患和事故最多的地段之一。

人们以为是龙王发怒，就纷纷对龙王进行祭拜，祈求平安。

有一年，人们为了修路，就将庙宇及其牌楼给

焚香 中国焚香习俗起源很早，古人为了驱逐蚊虫，去除生活环境中的浊气，便将一些带有特殊气味的植物放在火焰中烟熏火燎，这就是最初的焚香。在古代有原始崇拜与巫术等崇神信奉，认为一切都是神的恩赐，对神极度敬仰和崇拜。久而久之焚香就被神化了，随后焚香变得既庄严又神圣。

■ 汉口龙王庙建筑

266

人间天宫的祭祀圣殿

祭坛 是古代用来祭祀神灵、祈求庇佑的特有建筑。先人们把他们对神的感悟融入其中，升华到特有的理念，如方位、阴阳、布局等，无不完美地体现于这些建筑之中。祭祀活动是人与神的对话，这种对话通过仪礼、乐舞、祭品，达到神与人的呼应。

强拆了。结果，这一年突发大水，汉口被淹了两个多月，死伤人数达30 000多人。相传"大水冲了龙王庙"这个典故就源自于此。

在很长的一段时间内，汉口龙王庙是有址而无庙的，只有一通石碑屹立在江畔，见证着历史的变迁。

后来，龙王庙重建，重建后的龙王庙建筑群，整体分布在一个高出水面约80米的台面上，台下是波涛起伏的龙池之水，水清鱼跃，背后是葱郁的青山，直耸入云霄。在空阔的建筑面积内，巧妙地将庙门、祈雨台、正殿和配殿组合在一起，成为龙王庙建筑群。

龙王庙庙门分别设在台地的两侧，看起来就像是一个神圣的祭坛，让人忍不住顶礼膜拜。庙中心为祈雨台，通体由汉白玉雕砌而成，正中还嵌刻着巨大的太极阴阳鱼，向世人讲述着"万物负阴而抱阳""天一生水"的神秘东方文化。

拾级而上，第三层台阶上就是庄严古朴的正殿，金黄的琉璃瓦屋顶，在阳光中向世人展示着轻灵愉快的姿态。

殿内的五位龙神立像，色彩鲜明，栩栩如生，形象地将"五龙议治"的主题突显出来。位居中央的是黄龙，象征黄帝。两边配立青、赤、白、黑四尊龙神化身。

四龙在黄龙的带领下，从大海中腾飞而出，祥云环绕，飘然凝聚在庙堂之上，共同商议着如何对人间布云行雨，庇佑人间风调雨顺，五谷丰登。

五龙腾飞，将龙健美的身姿和睥睨天下的气势表现得淋漓尽致，预示着龙的传人正在腾飞，携手创造新的传奇。所体现的"五行原理"和殿外有着"八卦图案"的祈雨台遥相呼应，将建筑风格和雕塑艺术在文化内涵上达到完美的统一，营造出一种"天人合

五行 存在于中国古代的一种物质观，多用于哲学、中医学和占卜方面。五行指：金、木、水、火、土，认为大自然都是由五行构成的，随着五行的兴衰，大自然发生变化，从而使宇宙万物循环，影响人的命运。是由于中国古代对于世界的认识不足而造成的。如果说阴阳是一种古代的对立统一学说，则五行可以说是一种原始的普通系统论。

267

风雨济世

龙王庙

■汉口龙王庙雕刻

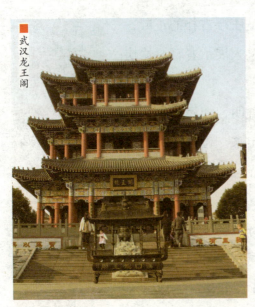
武汉龙王阁

一"的神圣境界。

龙王庙的建筑风格，将"人—建筑—环境"协调在一起，散发一种幽静深沉的美感，将传统文化中龙的世界和龙文化扩大化、迷人化，造就了一个极具独特民族风格的神奇龙宫，所有的这一切，都让人随时感受着大自然最原始的野趣和古老文化的迷人风采。

后来，武汉仿唐风对龙王庙进行了重建，更名为"龙王阁"，占地达16 500余平方米。将龙王阁建设成了一个以龙文化为主题的建筑群。在龙王庙内有一通石碑，明确指出了汉口的由来。石碑指出：

龙王庙是汉水入江之口，乃武汉之地标，汉口之源点，汉正街之大门。

汉口者，汉水入江之口也。明代成化之初，连年大水，汉水自郭茨口下改道，于龙王庙与南岸嘴间形成唯一入江之河口，即汉口。

阅读链接

据了解，汉口龙王庙还有一个镇庙之宝，就是"龙钮大钟"。这口龙钮大钟直径近2米，高约2米，重3吨左右，铸造于清朝早期，后来由于种种原因不慎遗失，珍藏在法国拿破仑三世皇宫。

为了弘扬中国的龙文化，武汉按照龙钮大钟的原样，对龙钮大钟进行了复制，并重新放置在了龙王阁的下面。

庙祠联楹的浦东龙王庙

上海浦东龙王庙位于浦东新区的钦公塘西侧。1733年农历七月的一天，捍海塘迎来了一场百年不遇的特大风潮，在这场风潮的侵袭下，捍海塘终于不堪重负被大水冲毁，洪流破塘而出，一路向下奔流，塘内外一片汪洋。

看到加急奏报的雍正皇帝，立马派遣南汇知县钦琏前往捍海塘修筑大堤。

钦琏一上任，就派人勘测地形，开始着手捍海塘的防御工事，朝廷拨款迟迟不到，钦琏就从自己的俸禄中拿。很快，一座长约51千米的全新海塘展现在人们的面前。

海塘耗费了大量的人力物

浦东龙王庙大门

浦东龙王庙鲁班殿

鲁班 （前507—前444），姓公输，名般。春秋战国时期的鲁国人，出生在一个世代都是工匠的家庭，在父兄的影响下，逐渐掌握了生产劳动的技能，积累了丰富的实践经验。鲁班是中国古代杰出的发明家，被中国的土木工匠们尊称为祖师。

力，据不完全统计，海塘共耗银67 000余两，钦琏几乎倾家荡产。此后，捍海塘成功抵御了浦东的多次风潮。人们为纪念钦琏，感谢他为浦东百姓所做的一切，就把捍海塘改为了"钦公塘"，并且为他修建了一座生祠。

1876年，人们将钦琏的生祠迁往海塘龙王庙的西侧，形成庙、祠联楹的独特格局，人称"钦公堂龙王庙"，里面供奉着龙王、龙王夫人、钦公和钦公夫人。

钦公塘筑成后的几十年里，经受住了数十次海潮的疯狂袭击。有一年农历八月初二，天地一片黑暗，狂风席卷着暴雨冲向了浦东，海塘内外海浪滔天，十分恐怖。

等到初四退潮之后，走出家门的人们发现，海塘内外俨然就是两个完全不同的世界，塘内安然无恙，塘外满目疮痍。自此，人们更加信仰钦公，庙内的香火空前旺盛起来。

百姓又自发集资对钦公堂龙王庙进行过两次修葺，使得钦公堂龙王庙的规模扩展到了15亩，庙房达23间。

此后，龙王庙多次进行了修葺。在修葺的过程中，龙王庙和钦公祠被合为一处，统称为"龙王庙"。不久，香港鲁班殿移厝龙王庙，庙内增添了鲁班殿，供奉着龙王、钦公和鲁班等像。

修缮过后的龙王庙新增了山门、前后大殿、东西厢房和凌霄宝殿，使得龙王庙的外观更具有了明清时代的园林特色和道观色彩。

整座大殿的屋脊上塑有九条龙，正中为"双龙戏珠"，两端殿分别为"吻龙"，二重屋脊中塑"盘龙"，两端为"吻龙"，下为"双龙吐水"，屋脊后塑有"双凤牡丹"，大殿正脊两端还塑有"大祥图"，二重屋脊下的吻龙分别塑有"狮子滚绣球"等

厢房　又称"护龙"，是指正房两旁的房屋，经常出现在三合院、四合院中，正房坐北朝南，厢房多为在东西两旁相对而立，中国传统文化中以左为尊，所以一般来说东厢房的等级要高于西厢房，而且在建筑上东西厢房高度也有所差别，东厢房略高于西厢房，但是差别很小，肉眼看不出来。

271

风雨济世

龙王庙

■ 浦东龙王庙凌霄宝殿

浦东龙王庙东岳圣帝像

图案，基本上集中了中华民族所有的传统崇拜。

殿内主供玉皇大帝，龙王和钦公分列在东西两侧。每到农历十月十五这一天，都会举行为期3天的钦公会，道旁店铺林立，殿内香烟缭绕，热闹非凡。

而每年的农历六月十三，不同行业的人们都会齐聚在龙王庙，对先师鲁班进行拜祭。

后来，中国台湾地区人们不断地迁往浦东，这些人大都信仰妈祖，于是，在龙王庙内新建造了一座妈祖殿，祭拜的香火常年不断。

就这样，浦东龙王庙经过一步步的发展，逐渐形成了集道教文化、龙文化、钦公文化、鲁班文化和妈祖文化为一体的特色庙宇建筑，使得浦东龙王庙在庙宇界独树一帜，地位非比寻常。

浦东龙王庙在历经百年的变化中，见证了浦东先民对浦东建设所付出的汗水和做出的贡献，是浦东深厚历史文化的根基所在，是浦东特有的一座历史古迹。

阅读链接

浦东原是一片大海，靠江海逐渐冲积成平原。先民自然筑建海塘，扩大陆地。但频繁的风、潮、旱、涝等自然灾害，也给浦东先民带来深重灾难。

从1135年以来，有死亡记载的大潮灾达50次之多。在科技不发达的当时，除筑建海塘外，人们自然信仰龙王，建龙王庙，祈求龙王治水，以保风调雨顺，求生求福。

财神是中国民间和中国道教普遍供奉的善神之一，财神是主管财富的神明。中国供奉的财神主要有7位，分别是端木赐、范蠡、管仲、白圭、关公、比干和赵公明。

每逢新年，家家户户都会悬挂财神像，希望财神保佑，以求大吉大利。人生在世既平安又有财，自然十分完美，这种真切的祈望成为人们的普遍心理。求财纳福的心理与追求，充分反映在春节敬祀财神的一系列民俗活动中。

财神庙

财神之最的杭州财神庙

浙江省杭州市财神庙位于北高峰山巅，历史悠久，文物众多。财神庙创建于326年的东晋年间，初名为"灵顺寺"，是杭州最早的名刹，也是印度高僧慧理和尚在杭州所建的五灵之一。

财神庙内的文财神殿

至北宋年间，因寺庙内供奉了"五显财神"，始称"财神庙"。后来在明代因设殿别名"华光"，故又称"华光庙"。

江南才子徐文长登山游寺时曾留下"天下第一财神庙"的墨宝，并刻匾悬挂在寺内。

整座寺庙规模宏伟，堪称华夏财神庙之最。财神庙正门为天王殿，上悬有清朝康熙皇帝钦题的"云林禅寺"御笔匾额。殿内的正面佛龛供奉弥勒佛，两侧为怒目圆睁的四大天王。弥勒佛像背面为手持金刚杵的韦驮菩萨佛像，都是南宋时期的遗物，已有700多年历史。

财神庙分前后二进，主要供人们参拜祈福，特别是春节前后来这里的人很多，大多烧香以祈自己可以来年生意兴隆，为此，财神庙的名称在民间更为普遍。庙内有御道踏石、连升三级等石刻文物。

由于寺存山顶，多数祈福之人都坚持放弃任何交通工具，徒步走韬光古道上山，以示虔诚。

庙的左边财神的府邸，供奉武财神关公。庙前中间是一个香坛，坛内香烛林立，烟雾袅绕，虔诚的人们双手合十，祈求财神的庇佑。

正殿为重檐式，檐牙高啄，雄伟庄严。中间是一尊高7米左右的佛像，为"财神真君"，财神真君黑面浓须，骑黑虎，一手执银鞭，一手持元宝，全副戎装，威武异常。

相传财神真君姓赵，名郎，字公明，是终南山人，发明了担、钧、斗、升、角和尺等度量衡。他在与别人交易的过程中，一直秉承"君子爱财，取之有

■ 财神庙内的武财神殿

金刚杵 又叫作宝杵、降魔杵等。原为古代印度之武器。由于质地坚固，能击破各种物质，故称"金刚杵"。在佛教密宗中，金刚杵象征着所向无敌、无坚不摧的智慧和真如佛性，它可以断除各种烦恼、摧毁形形色色障碍修道的恶魔，为密教诸尊之持物或瑜伽士修道之法器。

■ 杭州灵顺寺局部

道"的原则，主张义中求利、公平买卖，把道德、信誉放在首位，因此生意兴隆。

后来赵公明受到了朝廷的迫害，避世峨眉山修道，最终修成了驱雷役电、呼风唤雨、除瘟剪疾、保病禳灾的高超道法，得到玉帝的赏识。先后敕封为"神霄宝殿主领雷霆副帅""值殿大将军""上清正一玄坛飞虎金轮执法赵元帅"等职。

姜子牙奉元始天尊敕命封神，令其统领"招宝天尊萧升""纳珍天尊曹宝""招财使者陈九公"和"利市仙官姚少司"4位神仙，专司迎祥纳福、商贾买卖，合称"五路财神"。

这5位财神实行分工责任制，赵公明负责中央地带，兼顾东南西北四面八方，故又称"中路财神"。因为赵公明生于除夕子时，两年之际，所有商人们在除夕夜都要在家一夜坐到天亮，迎接可以为他们带来东方、南方、西方、北方与中央5个方位的财运。

在财神真君旁，供奉着五姓财神，两侧还有许多小神，有寿星、禄神、福神、平安神，也有医神、喜神等，还有鲤鱼跳龙门、麒麟送子、月下老人等。

五姓财神的身色分别是绿、白、红、黄、黑财神。绿财神受释迦牟尼嘱托，为一切贫苦大众转法轮，赐予世财、法财，居于五姓财神的中央，是由无上瑜伽部的不二续"时轮金刚本续"所传出的，为东方不动佛所现的感应化身。

白财神主司智慧、功德及财富，相传为观世音菩萨悲心所化现，以身为白色，表示能使一切众生具足洁白妙好之财宝，能祛除疾病，除去一切贫苦和罪恶障碍，增长一切善业。

红财神是萨迦派中一位功德无比的财神，能招聚人、财、食等诸受用自在富饶的功德，在藏密萨迦派中，非常重视红财神的密修方法及教言。修习红财神法，持诵念咒，可获得红财神护佑，财源茂盛，能免除贫穷及一切经济困境。而此修法也随着修行者的发心获得不同

财神庙前弥勒佛像

■ 杭州财神庙雕塑
石刻

灵鹫山 位处恒
河平原，周围都
是一马平川，唯
有此山和跟前的
几座小山挺拔而
立，十分奇特。
关于"灵鹫山"
名字的来历，一
说山顶有巨石矗
立，形似鹫首；
另一说山上时常
集聚众多鹫鸟，
因而得名。不管
其来历如何，此
山却是佛祖释迦
牟尼曾经居住近
五十年，修行、
讲法和集结弟子
的地方。

的果报，如果是发起无上菩提心
者，则可得证世间及出世间福德
圆满，若是求世间财富者，也可
满足，若是赤贫者，也可获得食
物充足的利益。

黄财神名为藏巴拉·些玻，
主司财富，能使一切众生脱离贫
困，财源广进。当初释迦牟尼佛
在灵鹫山宣说大般若经时，诸魔
鬼神等皆前来障碍，令高山崩
塌，此时黄财神就现身庇护，后
来为世尊嘱咐黄财神，当于未来
世助益一切贫困众生，为大护
法。诚心诵持黄财神心咒，可获得其庇护能财源广
进。如果能发生无上菩提心，发愿救度一切众生于贫
困，则福德更不可限量。

有许多人认为黑财神是五姓财神中施财立即见效
的财神，甚至称他为"财神王"。修持黑财神法门，
可获其庇佑，使诸受用财富增长。

大雄宝殿为三层重檐构造，雄伟庄严。殿内正面
为释迦牟尼莲花坐像，用香樟木仿唐代佛像雕刻而
成，佛像外敷金箔。两侧为十八罗汉造型，姿态各
异，栩栩如生。

释迦牟尼像的背面是大型彩塑群像"善财童子
五十三参"，正中是手执净瓶的南海观音，周围的彩
塑中刻画了150多位佛教和传说中的人物，其中也包

括托塔天王、韦驮菩萨、孙悟空、四大天王、济公等造型。

在财神庙的后方为高峰塔，建于唐天宝年间，塔身为7层，据传由当时山顶灵顺寺的僧人子捷所建，塔建于北高峰最高处的马坞。相传塔旁还有无着禅师塔一座，但后来已经不慎被毁了。

历史上的财神庙是一座佛教文化与民俗文化为一体的特色古刹。该寺除弘扬佛教文化以外，也将华夏民族的文化融入其中。

寺院中供奉了许多中国民间流行的吉祥之神，将人们所期盼的"福、禄、寿、喜、财"等良好意愿均包含其中，威名不胫而走，四方的香客信士不远万里前来拜祭，以求赢得一年的幸福安康，财源广进，成为风景如画的杭州美景中一道独特的人文景观。

南海观音 乘云中之龙，于南海波涛之上，又称"龙头观音"。相传南海一带瘟神作怪，疫疾虐行，民不聊生且民风愚劣，观音菩萨决心到南海弘扬佛法，发下"常居南海愿"。海龙王第五子狻猊主动化为鳌龙驮乘观音赴南海救苦救难，并随行护法，为一方百姓讲经说法、大化天下，使这里的百姓安居乐业，过上了太平、幸福的生活。

阅读链接

无着禅师塔是无着禅师瘗骨的藏所。无着禅师名文喜，唐肃宗时期人，7岁的时候在常乐寺出家。后来参谒大慈山性空禅师，开始周游天下。在五台山礼文殊菩萨，圆寂之后塔建于灵隐山的西坞。

有一年，大将韩侂胄在杭州放纵自己麾下的将士在城中抢掠百姓的财物。

一天，他们来到北高峰，打开无着禅师的塔门，将士们惊奇地发现无着禅师的肉身完好，头发、指甲都已长长，仿佛睡着了一般。目睹这个情景的人都感到十分震惊，祭拜之后悄悄离开了杭州。

赵公故里的周至财神庙

  周至财神庙位于财神赵公明的故里，也就是陕西省周至赵代村。赵公明财神庙建设有核心建筑院落三进财神殿。

  在财神殿东西南北都建有赵公明统率的四路财神偏殿，四周的偏

■ 周至财神庙前的赵公明塑像

财神文化区

财下天源

财德广施

周至财神庙牌坊

殿和小庙供奉有妈祖、黄大仙、文财神、武财神。华夏众多的财神构成了一个比较完整的众神体系，后来经过扩建逐渐形成文化区，是一个民俗吉祥福神的综合展示区。

赐福殿是赵公明财神庙三进财神殿格局中前殿建筑院落的主体建筑。为六柱五间歇山顶式建筑，殿内供奉了九天财神、赐福天官和增福财神3位财神，赐福殿因赐福财神而得名。

增福财神本为"李相公讳诡祖，在魏文帝朝治相府事"，兼管隋朝三品以上官人的衣饭禄料。直到后唐明宗天成年间，被赐为"神君增福相公"，俗称为"增福财神"。

赐福天官也称"紫微大帝"，隶属于玉清境，传说天官由青、黄、白三气结成，头戴如意翅丞相帽，五绺长髯，身穿绣龙红袍，扎玉带，怀抱如意。每逢农历正月十五天官就会下人间降福赐福，

招宝纳财 财神庙

关羽 本字长生，后改字云长，河东郡解县（今山西运城）人，东汉末年名将，早期跟随刘备辗转各地，于白马坡斩杀袁绍大将颜良，与张飞一同被称为"万人敌"。建安二十四年（219），关羽围襄樊，曹操派于禁前来增援，关羽擒获于禁，斩杀庞德，威震华夏。后东吴吕蒙偷袭荆州，关羽兵败被杀。关羽去世后，逐渐被神化，被民间尊为"关公"。历代朝廷多有褒封，清代奉为"忠义神武灵佑仁勇威显关圣大帝"，崇为"武圣"，与"文圣"孔子齐名。

称"天官赐福"。

九天财神，即九天如意增福财神，文官礼服，头戴乌纱，右手执如意，左手捧元宝，前置聚宝盆，主司人间的财运和幸福。

财神殿为重檐歇山顶式建筑，是整个财神文化区中形制最高的建筑，也是财神文化区的核心建筑。大殿高为34米，共有4层。

大殿第四层为供奉华夏正财神赵公明的主殿，赵公明，姓赵名朗，也称玄朗，又称赵玄坛，是周至县赵大村人士，在封神台上被封为"金龙如意正一龙虎玄坛真君"，简称"玄坛真君"。

统率"招宝天尊萧升""招财使者陈九公""纳珍天尊曹宝""利市仙官姚少司"4位神仙，专司金银财宝，迎祥纳福，掌管天下的财富，被称为"华

如意 最初原型结合如意的头部呈弯曲回头之状，被人赋予了"回头即如意"的吉祥寓意。"君子比德如玉"，玉如意的出现，将玉的美德与如意的吉祥寓意结合，成就了具有中国特色吉祥文化的如意器物。

■ 周至财神庙广场的转经桶

■ 陕西周至财神庙

夏正财神"。

　　大殿第三层为祈福朝拜区，是一个庄严、宁静的祈福朝拜的场所。

　　大殿第二层有正财神赵公明展示区、武财神关羽展示区、文财神比干展示区、文财神范蠡展示区等，通过雕塑、壁画、文字资料等向人们展示着中国的财神文化。

　　妈祖殿位于赐福殿的西南侧，是六柱五间歇山顶式建筑，殿内供奉的是广受东南沿海民众崇拜的妈祖娘娘。妈祖又称"天妃""天后""天上圣母""娘妈"，是历代海洋贸易者、船工、海员、旅客、商人和渔民共同信奉的神祇。

　　在中国的福建、广东、海南、台湾等地有广泛的妈祖信仰，许多沿海地区都建有妈祖庙。妈祖的真名为林默，小名默娘，因默娘生前与民为善，死后被沿

范蠡　春秋楚国宛地三户邑人。春秋末著名的政治家、谋士和实业家。后人尊称"商圣"。因不满当时楚国政治黑暗、非贵族人员不得入仕而投奔越国，辅佐越王勾践。功成名就之后急流勇退。其间3次经商成巨富，自号陶朱公，乃中国古代儒商之鼻祖。范蠡能发家致富，又能散财，被人们称为"活财神"。

周仓 字元福，三国时期的重要人物，他是一位身材魁梧的大汉，在关羽千里寻兄的时候结识并跟随关羽，是关羽忠心不贰的部下。后来听说关羽兵败被杀后，他随之自刎而死。从此，周仓开始以关羽护卫的形象在各个传说中出现。

海人民尊为海上女神，并立庙祭祀。

三霄殿是赵公明财神庙三进财神殿格局中后殿建筑院落的主体建筑，为四柱三间歇山顶式建筑，殿内供奉云霄青鸾、琼霄鸿鹄和碧霄花翎鸟。

她们都是《封神演义》中人物，后被封为"感应随世仙姑正神"，执掌混元金斗，并掌管人间的生育，被民间奉为财神。

相传她们是华夏正财神赵公明的三个妹妹，她们原在碣石山上的碧霞宫中修炼，炼成了金蛟剪和混元金斗两件法宝，并善于使用各种阵法。三霄殿正中供奉着三霄娘娘的神像，殿堂左右两侧墙壁则绘制有《大摆黄河阵》《三霄女伏虎》两幅壁画。

问道阁位于财神殿西边，是整个建筑群的地标性建筑。问道阁外6层内13层，为杂式屋顶建筑，总高为43米，登临问道阁，西望楼观台，取"问道楼观"

■ 周至财神庙送财童子塑像

的文化意蕴。

关帝庙位于财神庙的西侧，是八柱七间悬山顶式建筑，供奉的是武财神关羽及其儿子关平和侍从周仓。关羽，字云长，是三国时期蜀国的名将。

关羽去世后，其形象逐渐被后人神化，一直是历来民间祭祀的对象，被后来的统治者崇为"武圣"，也是家喻户晓的财神。

庙内供奉武财神关羽，因其千百年来集勇猛、讲义气、忠贞节义于一身，被称为"关圣帝君"，保护商贾之神，因而成为"武财神"。

古代的人们极其讲"信用"、讲"信义"，而关羽作为"侠肝义胆、义薄云天"的榜样极受商人重视，被作为榜样而祀奉，尊为"义财神"。清代被奉为"忠义神武灵佑仁勇威显关圣大帝"。

武财神关羽两侧供有其子关平和侍从周仓的雕像，殿堂左右两侧墙壁则装饰有《智勇神武》《义薄云天》的壁画，以显示关帝爷忠肝义胆、义薄云天的威武形象。

护国殿是一个八柱七间悬山顶式建筑，殿内供奉的是文财神比干和范蠡。比干原是商朝大臣、殷纣王的叔父，忠耿正直，因劝谏惨遭剖腹挖心。

民间传说比干后来被姜子牙用灵丹妙药救活以后，因为没有了心，不偏不向，办事公道，童叟无欺，因而被奉为"文财神"，主管人间禄马财源。

285

招宝纳财

财神庙

范蠡是春秋时期越国的大臣，足智多谋，曾帮助越王勾践打败吴王，成就霸业。事成后，范蠡却隐姓埋名，到齐国经商发了大财，发财之后，却又把所有钱财散分给朋友与亲戚。

如此反复3次，最后在陶邑定居下来，自称陶朱公。由于范蠡能发家致富，又能散财，便也被人们奉为财神。

比干和范蠡两尊财神左右两边均立有两位仙卿，殿堂左右两侧墙壁则绘制有两幅关于范蠡和比干故事的壁画，而神位后的屏风正反面则绘有沥粉贴金的《云鹤吉祥图》壁画。

赵氏宗祠位于整个园区的西北角，赵姓乃百家姓首位，华夏赵姓中以赵公明传为最早，赵公明虽贵为财神，但实为赵氏先祖，在财神文化区内兴建赵氏宗祠，意在为赵氏子孙提供寻根朝拜之地。

陕西周至财神庙历史悠久、气势恢宏，有着自己独特的价值和意义。它是中国古代财神文化发展的结晶，作为珍贵的文化遗存，将永远向后人揭示着中国财神文化的丰富内涵。

阅读链接

相传财神庙里财神身边总有一位美丽的财神娘娘陪伴。后来这位善良的女菩萨不知去向，原来她被财神爷给休掉了。财神爷为什么要休妻呢？

从前，有个叫花子无路可走，讨饭路过一座庙。进庙后，直接拜倒在财神爷像前，口里念念有词请财神爷赐财。

财神爷见是一个叫花子，心想连香烛都舍不得点，还来求财？岂有此理！财神娘娘动了恻隐之心，劝财神发发善心。可财神爷不理睬，娘娘无奈取下自己的耳环，扔给了叫花子。

乞丐眼前一亮见是一副金耳环，知道是财神所赐，急忙磕头，连呼"谢谢"。财神爷睁眼一看，娘娘竟将自己送她的定情物送给了叫花子，气得大发雷霆，将财神娘娘赶下了佛龛。自此以后，财神庙再也没有财神娘娘了。

雍正特修的黄瓦财神庙

　　黄瓦财神庙位于北京市南锣鼓巷，始建于明末，因为这座庙是用黄琉璃瓦做顶的，所以被当地人称之为"黄瓦财神庙"。

　　北京的庙多，尤其是供财神爷赵公明的庙更多，但一般的财神庙都是很小的没什么气派，房顶上多使用灰筒瓦，黄瓦除宫殿以外是不

■ 黄瓦财神庙

■ 黄瓦财神庙匾额

准使用的。可这座财神庙为什么是黄瓦呢？

相传，此庙原来也是灰筒瓦顶，是雍亲王胤禛每天上朝的必经之地。雍亲王胤禛并不是长子，又不是皇子当中最有作为的，每当走过这儿时，他总是心里祷告：赵公元帅呀，你要有灵，就保佑我当皇帝。

有一次，他居然下马进去朝拜，而且还许愿："将来如果我能当上皇帝一定重修此庙，再塑神像，财神爷您要什么，我就给您什么。"

这天夜里，胤禛做了一个梦，梦见财神爷向他面授机宜，说只要按着他的办法，将来保准能登上皇位。于是胤禛就按照财神爷的办法，从全国各地搜罗了一批鸡鸣狗盗之徒。他大把大把地给这些人送黄澄澄的金子、白花花的银子和五彩缤纷的珠宝翠玉，这些人收了胤禛的钱财，死心塌地为他效劳。

后来，胤禛的势力越来越大，在宫中的威信也

诏书　皇帝布告天下臣民的文书。在周代，君臣上下都可以用诏字。秦王政统一六国，建立君主制的国家后，自以为"德兼三皇，功高五帝"，号称"皇帝"，自曰"朕"。并改命为制，令为诏，从此诏书便成为皇帝布告臣民的专用文书。

越来越高，这当中特别难的一件事，是换传位诏书。传位诏书密封在紫禁城太和殿金銮宝座上面正当中的"正大光明"匾后面一个小匣子里，离地足足有10米多高。

太和殿又守备森严，这伙人硬是把康熙皇帝用3道金锁密封的传位诏书偷了出来，把原来"传位十四皇子"的这句话，改成"传位于四皇子"。

这可是掉脑袋的事，甚至于是灭九族的大事，都有人给他干。为什么呢？原来胤禛就是按照财神爷托梦时教给他的法子：给钱，多多地给钱。

圣祖康熙帝驾崩时，雍亲王胤禛又到庙内祷告。果然不久就登上了皇帝的宝座，遂了心愿。他高兴极了，但是并没有忘记登基前许下的愿，那就是重修财神庙。

于是，胤禛派人将原来的小庙拆除重修，并且使用了至高无上的黄琉璃瓦，用以报答保他登上皇位的财神爷。从此，在一片民居房中便出现了一座神秘的

九族 泛指亲属。一说九族是指上自高祖、下至玄孙，即玄孙、曾孙、仍孙、子、身、父、祖父、曾祖父和高祖父九族；一说是父族四、母族三、妻族二，父族四是指姑姑的子女、外甥、外孙、同族的父母、兄弟、姐妹和儿女；母族三是指外祖父、外祖母和娘舅；妻族二是指岳父和岳母。

招宝纳财

财神庙

■ 黄瓦财神庙大殿

财神爷画像

金光灿灿的财神庙，老百姓都叫它"黄瓦财神庙"。

财神庙正殿面阔三间7.2米，进深3.8米，虽占地不大，但却气势恢宏，庄严肃穆。屋顶起五脊，主脊有鸱吻，4条垂脊各有仙人、三兽。

檐下斗拱两挑，廊檐又长又宽，梁柱等结构构件硕大，并绘制有精美的纹饰。纹饰曲线型富有动感，混合型则变化多端，并各自有其吉祥的寓意。

四周镶以蝙蝠、荷叶、灵芝、牡丹等图案，寓意洪福齐天，富贵吉祥等。整体造型美观大方、有繁有简、错落有致。

庙内供财神、药王和鲁班，所以又称"增福财神庙"。财神赵公明居于中央，黑面浓须，骑着黑虎，一手执银鞭，一手持元宝，身着戎装，威严肃穆。

俗传财神有文武之分，文为比干，武为赵公明，即赵玄坛，赵玄坛秦时避乱隐居终南山中，精修得道，能驱雷役电，除瘟剪疾，祛病禳灾。

每年的农历三月十五是赵公明的神诞，在这天进行祭祀，就能使买卖兴隆，发财致富，因此香火极盛。两侧配饰的是药王和鲁班。

药王爷塑像慈眉善目，三缕长髯，一手捧着药书，神情专注，陪祭在周围的还有一些药童，他们有的手捧药书，有的手持药锄、药筐，有的手拿尘拂，造型各异，栩栩如生。

鲁班，姓公输，名般。春秋战国时期的鲁国人，他出生在一个世代都是工匠的家庭，在父兄的影响下，逐渐掌握了生产劳动的技能，积累了丰富的实践经验，是中国古代杰出的发明家，被中国的土木工匠们尊称为"祖师"。每年的农历六月十三，不同行业的人们都会齐聚在这里对先师鲁班进行拜祭。

在这些塑像的前面摆有一个大供案，上面放置着一个高大的铜铸香炉，直径大约0.8米，香火繁盛。

在殿内的四周墙壁上绘制有大量的壁画，内容多为和财神赵公明、药王、鲁班相关的壁画，人物线条流畅，造型丰满，是壁画艺术中不可多得的珍品。

在财神庙的西侧是北锣鼓巷，北锣鼓巷呈南北走向，在清代属于镶黄旗。相传北锣鼓巷的名称来源于平民命名的锣鼓巷，还有人认为此处因多锣鼓之商，又在鼓楼东大街的北面，所以才得名。

阅读链接

在中国民间，有关雍正皇帝的传说有很多，最多的就是篡改康熙皇帝传位遗语。传说中雍正皇帝将诏书中"传位十四子"的"十"字，改为"于"字，使诏书中"传位十四子"成了"传位于四子"。

其实这种说法只需要细细一想，就是漏洞百出的。汉文字没有简化以前，"于"字的写法为"於"，所以将"十"字改为"于"字的说法是站不住脚的。

还有按照大清国惯例，圣旨必须用满汉两种文字书写，汉字可改，满文如何改呢？并且大清国书写习惯，凡涉及皇子的写法必须写为"皇四子""皇十四子"，这种惯例，在皇室其他档案中都存在，所以"雍正篡改圣旨"的说法是无法成立的。

风情浓郁的织金财神庙

织金财神庙位于城关镇城北，始建于"改土归流"后的清康熙初年，并在1783年的乾隆年间进行过大规模的重建。

据文献记载及口碑资料称，财神庙虽然在选址定位上依据汉文化的易经学说，但是庙的设计建造则属于水西地区的彝族文化。

财神爷雕像

因为当时是请一位彝族建筑师设计和施工，工程还没有完成建筑师便积劳成疾与世长辞了。幸好他有一个技艺也很高超的女儿。

女儿继承父亲遗志，锲而不舍，尽心竭力，终得大功告成。从而使财神庙成为水西地区彝族建筑物中水平最高的典型。

普天下在家中供奉财神爷的人很

多，但是却没有任何一个地方为财神爷修建一个公众的庙宇。

只有在织金才修建了这样一座规划宏伟、气势非凡的财神庙。而且其选址定位、设计结构、装饰色彩，都具有很显著的地方民族特色，并具有上乘的文化品位，不愧为黔西北水西地区绝无仅有的一个古建奇观。

财神庙打破传统的建筑格局，庙基呈"品"字形，正面平齐，长七间，宽21米。北面中部凸出，长五间，宽15米，进深六间，深16米。

■织金财神庙门

财神庙有四重脊檐，底层屋面为庑殿顶，第二、第三、第四层屋面均为逐层内收的歇山顶，从侧面看去，3个"人"字形挡山逐层垒迭，非常美观。每个翼下有各式各样的兽形木雕撑拱，所有门窗均为精心镂空或浮雕的各类图案或花纹。

特别与众不同的是，财神庙打破常规将背面第二层楼的瓦面中部刻意拉长，与第一层瓦面连接成片，使背面为3层，而前面则是4层。整个建筑就像一头坐地的老虎，坐北朝南，虎虎有生气。

庑殿顶 即庑殿式屋顶，通常被称为"四阿顶"，是一种屋顶有四面斜坡，又略微向内凹陷形成弧度的一种建筑。是中国各屋顶样式中等级最高的，高于歇山式，在明清时期，只有皇家和孔子的殿堂才能够使用。唐朝时被用于佛寺屋顶建筑，之后开始普及，用于各种建筑中。

土司 官名。元朝始置，用于封授给西北、西南地区的少数民族部族首领，土司的职位可以世袭，但是袭官需要获得朝廷的批准。明朝与清朝沿置土司，土司对朝廷承担一定的赋役，并按照朝廷的征发令提供军队，对内维持其作为部族首领的统治权力。

财神庙虽然称之为庙，但它并不是佛教的寺庙，也不属于道教或者其他教派，在本质上完全属于民间文化。

庙内供奉的财神爷，名叫赵公明，被玉皇大帝封为"玄坛元帅"，其职权为策权三界、巡察五方，提点九州；又能驱雷役电，呼风唤雨，除病祛邪，保天下平字；又善断公道，主持正义，更能保虔心向善的人们发财致富。

这样一个喜气旺盛之神，人们自然是喜欢进行供奉的，所以香火一直都异常繁盛。

在色彩装饰方面，财神庙的装饰是以黑色为主。黑色是水西彝族最珍视的颜色。而隔扇门，雕花窗、木板墙又都涂上了土红色。

这样红黑相间，正是彝族民俗中常用的色彩，用在这老虎形状的财神庙上，又象征老虎皮，可以辟

■ 织金财神庙

■ 赵公明财神像

邪。而层脊、屋檐、翼角等醒目的地方又用石灰粉糊成白色，线条明快，清新悦目，又象征老虎的耳朵和眼睛。

还有，整个建筑的许多木雕、灰塑图案，又都突出表现出彝族民间美术中的虎头纹饰。

那么，为什么要将财神庙建成一个黑虎形状呢？因为在彝族人们的心目中，黑虎是镇山之宝，是保卫地方的大将军，是水西江山永固的象征。联系到财神赵公明以黑虎为坐骑，就进一步说明财神庙象形于虎是彝汉文化的合璧之作。

整个财神庙共有36条屋脊，18个翼角，18个铜铃，都是9的倍数。这是由于古代彝族以9为最吉利的数字。

著名的水西女土司奢香夫人坐镇的是9层衙门，

翼角 中国古代建筑屋檐的转角部分，因其向上翘起，舒展，如鸟翼一般而得名，主要用在屋顶相邻两坡屋檐之间。清代官式建筑翼角起翘一般为自正身檩上至最末一根角檩上皮升高四檩径，出翘为角梁外端的正投影长出正身檩三檩径，工匠术语称之为"冲三翘四"。

彝族地方政权实行的"九扯九纵"官制。这些属于彝族传统文化的内容，完美地体现在了这座财神庙的结构上。

财神庙不仅仅是水西地区彝族传统建筑的典型，而且它的建筑造型，特别是它的层面结构，具有极为高超的学问，是中国古建筑中独树一帜的。

财神庙优美的造型，风格独特的装饰，使一座庞然大物显得和谐凝重，飘洒轻盈，具有赏心悦目的艺术效果。更可贵的是，财神庙在中国国内是绝无仅有的，相似的建筑也只有日本名古屋的天寿阁，而原有的天寿阁已经被毁掉了。

在财神庙的周围还有一个"织金洞"，是中国的一座规模宏伟、造型奇特的洞穴资源宝库。洞深近万米，两壁最宽处173米，最高达50米。洞腔最宽跨度175米，相对高差150米，一般高宽均在100米之间，洞内总面积70万平方米。

织金洞划分为11个大厅47个厅堂，呈现出万千气象和无限的风光。"地下塔林""铁山云雾""寂静群山""百尺垂帘""广寒宫""灵霄殿""银雨树""卷曲石""普贤骑象""婆媳情深"等一幅幅大画卷，一处处小情景，令人心魄震惊，叹为观止。

阅读链接

关于织金县财神庙的来历，还有一段记载。

1666年，清朝康熙皇帝始置平远府城。首任知府刘勇聘请了民间地理先生黄阴阳设计城池的布局。黄阴阳依据易经原理，所有的建筑都按易经八卦方位选址。将知府衙门选在西北方向乾位，面对东方的震位，可实现上令下行之速。

而财神庙选址则出现于这么一种考虑：织金城内外有泉水85处，又有两河交汇，显然是水旺克火，不利于城中的安全和发展。于是，黄阴阳便令人铸了18口大锅，将黑龙潭全部掩盖锁住，才在上面修建财神庙。

火神是中国神话中的神祇之一，在中国的多个民族中都存在祭祀火神的风俗。

但是，汉族史上记载和各民族传说中的火神形象和来历行事差异甚大，相关的信仰民俗也有不少区别，在中国最早供奉的火神为祝融、炎帝和回禄。

火神以火施化，为民造福，人们祭祀火神，用以祈辟邪、保四季平安、益寿延年、事业兴隆、财源茂盛。著名的火神庙有北京什刹海火神庙、河北邢台火神庙、祝融峰祝融殿以及长沙火宫殿等。

为民造福

火神庙

灵验的什刹海火神庙

什刹海火神庙位于京城的龙脉之上，矗立在风景如画的什刹海之畔。这座金碧辉煌的建筑群，格外引人注目。其始建于632年的唐贞观时期，称为"火德真君庙"，是道教全真派祖庭白云观的下院。

此后历代进行修葺，1757年的乾隆年间进行修葺时，为了表示对

什刹海火神庙牌楼

■ *什刹海火神庙大门*

火德真君的崇敬，就将原先灰瓦的庙顶改为黄色的琉璃瓦。庙内有殿宇楼阁三重，早年供奉火神、关帝和玉皇。

1621年，明嘉宗朱由校下令将每年的农历六月二十二定为祀火神之日。从此之后，每到这一天，皇宫里总要派官员来这里祭祀火神。每逢皇宫失了火，也要委派大臣来这里告灾，并求火神保佑平安。

什刹海的这座火神庙是京城最早、也是唯一的皇家火神庙宇。庙内祭祀的是火德真君，也称为"火神"。火神以火施化为民造福，火神还可以护佑官禄连升，红运高照，无官得官，小官得大官，无财得财，小财得大财，大病小病尽皆无恙。

据清代的《清嘉录》卷六记载：

二十三日，为火神诞。以神司火。祷谢者众。至是或者不御荤酒者。谓之火神素。

龙脉 风水学把绵延的山脉称为龙脉。古代"风水术"首推"地理五诀"，就是龙、穴、砂、水、向。相应的活动是"觅龙、察砂、观水、点穴、立向"。龙就是山的脉络，土是龙的肉、石是龙的骨、草木是龙的毛发。寻龙首先应该先寻祖宗父母山脉，审气脉别生气，分阴阳。

从中可知火神的生日是农历六月二十三，届时，庙内都会举行规模盛大的祭祀法会，历代帝王都要亲自或派遣大臣前往致祭。

1860年7月29日，紫禁城内的武英殿突然发生火灾，30多间殿宇和大量的古籍及活字铜版等皆在大火中毁于一旦。同治皇帝下谕曰："武英殿忽被火灾，上天示警，正宜警惕倍深。"

他在下令对失职人员交刑部严加议处，并对救火出力者进行嘉奖的同时，还在"癸亥，遣官祭火神庙"。"癸亥"就是发生火灾以后的第三天，派遣大臣前往什刹海火德真君庙进行祭拜。

火神庙山门坐西朝东，但主要殿宇还是坐北朝南。前殿可以分为3间，初名为隆恩殿，之后改名为"灵宫殿"。殿内供奉王灵官神像，王灵官左手掐着灵官诀，右手持鞭，镇守山门。

东西两壁供奉的是华光天王马天君、武财神赵公明、东岳大帝温琼和关帝圣君关羽四大元帅。

第一进为荧惑宝殿，即火祖殿，为乾隆皇帝御笔题匾。宝殿单檐歇山顶，前接面阔三间，进深一间的卷棚悬山抱厦，黑琉璃瓦绿剪边，供奉南方火德荧惑星君，即火神爷，火神爷手持火葫芦，面目慈祥。

火祖殿内悬有乾隆皇帝御笔之匾及对联，匾是"司南利用"，对

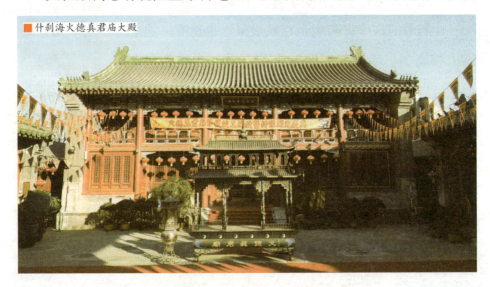
■ 什刹海火德真君庙大殿

■ 什刹海火德真君庙灵官殿

联是："菽粟并资仁，功成既济；槐榆分布令，序美惟修。"

另外，殿顶还有一漆金八角蟠龙藻井，精巧无比，举国罕见，保存得十分完整，这在京城其他古建内是非常少见的。庙内还完整地保留着唐、明、清等不同时期的彩绘，各朝风格明显。

第二进为"万寿景命宝阁"，即玉皇阁，明代称"皇极殿"，是座5间二层硬山顶的阁楼。明万历御题"万岁景灵阁"，清乾隆改题为"万寿景命宝阁"，原来二层阁上供奉玉皇大帝。

一层殿内供奉真武大帝，披发跣足踏龟蛇，真武大帝是北方的大神，镇守在庙北，同时真武大帝也是水神，含有水火既济的意思。

万寿景命宝阁前有一尊大铁香炉，看似普通，却来历非凡，是乾隆年间内务府慎刑司员外郎敬献给火神庙的，百年前不慎流散在外，被荷兰驻华大使馆收藏，后来荷兰政府归还给中国，被重新安置在火神庙中。

第三进是斗姆阁，为火神庙后罩楼，上面悬有"妙统辰枢"匾额。殿堂左右为辅圣、弼灵等6座殿。殿后有亭，可望什刹海。

火神庙共有殿宇82间，全部为琉璃瓦顶。火神殿、关帝殿均为蓝

什刹海火神庙大钟

琉璃瓦绿剪边硬山调大脊。万寿景命宝阁为灰筒瓦绿琉璃瓦剪边硬山调大脊。

传说中的什刹海火神庙十分灵验。在皇帝看来，什刹海火神庙里的火神是最资深的、最灵验的。每逢皇宫发生火灾，皇帝就要派官员到火神庙祭祀火神。

据《穆宗实录》记载，清光绪帝大婚前夕，皇宫里突发大火，太和门及东西配殿被焚毁。慈禧太后非常害怕，就在大臣和太监李莲英的陪同下，亲赴什刹海火神庙敬香，祈祷火神，保佑平安。

千年古刹，适逢盛世开明，为了传承道统法脉，弘扬法道，火神庙经过开光法典后，香客如云，仙乐绕梁。

阅读链接

相传慈禧太后从什刹海火神庙祭拜完回朝之后，为了避免以后类似的事情发生，就在紫禁城的御花园内的钦安殿内供玄武神。相传玄武神是北方的太极之神，也是宫廷内的火神。

但是由于这位玄武神的资历不及什刹海火神的资历老，所以，明清时期的帝王之家多认为什刹海的唐建火神庙是最为灵验的。

最有意思的是，什刹海就像中南海和北海的雅号称"玉液池"一样，也有一个雅号，称为"玄武池"。玄武神与火神都肩负着防火之责，所以，火神庙旁的什刹海又被称为"玄武池"。

小空间的邢台火神庙

邢台火神庙，又叫"火神真君庙"，位于河北省邢台市桥东区。始建于1460年的明代天顺年间。

相传，在当时，邢台火神有弟兄三人，因家庭生活困难，他们从

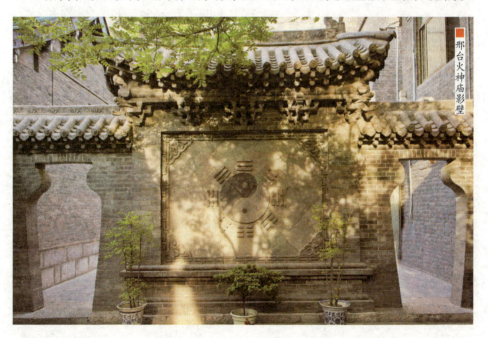

邢台火神庙影壁

邢台火神庙内的古槐

姜子牙（前1156—前1017），姓姜，名尚，字子牙。姜子牙活了139岁，先后辅佐过6位周王，深受周王的信任。曾被周文王封为"太师"，被尊称为"师尚父"，辅佐文王，后来又辅佐周武王灭掉商朝。后来，由于功封于齐，成为齐国的始祖，被称为"太公望"，俗称姜太公，是中国历史上杰出的政治家、军事家和谋略家。

内丘县神头山太子岩出发，步行向东南来寻找生机。

当行走到邢台县西沙窝时，长兄因劳累实在走不动了，便留在西沙窝村了。

老二老三安置好哥哥后又强打精神继续前行，当走到邢台城北白塔村时，老二也筋疲力尽支持不住了，只好住在白塔村。只有老三身体强壮，坚持前行，来到邢台城里谋生。

后来，这弟兄三人各为当地乡民办了许多好事，特受人尊敬，他们死后都分别被当地乡民修庙供为火神。多年来，这3个火神都很灵验。

此后，在清朝时期又有不同程度的维修扩建，形成了占地面积为1771平方米的建筑群，共有建筑6座，保留了明代的建筑风格。

火神庙不像中国其他的古代建筑群中有主轴线的那一类。它的建筑布局具有结构紧凑，巧用地形的特点，这与它处于瓮城内的地理位置有很大关系。瓮城内地势狭小，极其有限的空间面积内是不允许展开中轴线，并在中轴线两侧布置多座建筑的。

在火神庙庙门口，有一棵明代的古槐，根部突暴，七扭八杈。过明代古槐进入火神庙正门，北侧为二道门，里面坐北朝南就是火神庙的主体建筑真君宝殿。面阔三间，进深四间，建筑面积105平方米。内塑火神真君像，开路神方弼及显路神方相分站左右。

传说火神真君名为罗宣，居住在神话中的火龙岛，后被姜子牙封为"火德真君"。

有一年，民间年间过会要搭棚，由于庙里没有苇席，火神真君便派人到一个贩卖苇席的大财主家借苇席。但这个财主非常吝啬，爱财如命，没有钱他哪里肯借。于是，财主家家丁将前来借芦苇的人撵走，这个人前脚刚走，家中便起了大火，怎么扑都扑不灭。

财主这才知道得罪了火神，便立即派人将苇席送到了火神庙，家中的火势才慢慢小了下来。火神真君帮助人们教育了这个为富不仁的财主，人们对于火神真君的崇拜更深了。

真君殿两侧有东西两座配殿，东配殿为药王殿，供奉"药王"孙思邈，西配殿为瘟神殿，供奉"瘟

孙思邈（581—682），生于唐代华原，即今陕西耀县。他是著名的医师与道士。作品有《千金方》《千金要方》等。是中国乃至世界史上伟大的医学家和药物学家，千余年来一直受到人们的高度评价和崇拜。被后人誉为"药王"，许多华人奉之为"医神"。

305

为民造福

火神庙

■ 邢台火神庙角楼

羊 最通俗或民间化的象征意义便是"吉祥"，至少从汉代开始，羊就与吉祥联系在一起，汉代瓦当、铜镜等铭刻中多见。吉祥有时直接写成"吉羊"。羊是带角的动物。角是许多民族尤其是原始民族崇拜之物，人类创造的神里许多带角，如中国古代战神蚩尤就是著名的带角的神。

■ 邢台火神庙神牛雕塑

神"吕岳。

在城墙北侧还建有财神殿，周武王灭商以后，姜子牙奉元始天尊之命广为封神，财帛星君被封为"北斗星君"，后又被太上老君封为"文财神"，专门帮助勤劳善良的人们发财致富，武财神又有赵公明、关羽等人的传说。

在火神庙东侧的院落中，主殿为奶奶殿，供奉火神真君的后宫娘娘，也就是火神真君的夫人，她也是一位神医，擅长治疗外科，以治疗各种疙瘩为特长，所以民间又俗称"疙瘩奶奶"。

在奶奶殿东侧，为坐东朝西的送子殿，供奉送子母、送子奶奶。从财神殿后侧可以登到古城墙上，上有古炮两门。古炮角楼一座，角楼前有神牛一头。

每年农历十月十六是火神出驾的日子，附近的村民和乡邻都会赶来请火神，人们一早便聚集在南门外，由南关有钱有势有威望的人为"会首"，组织火

神的出驾盛典。

■ 邢台火神庙角楼牌匾

到了吉时，会首一声令下，人们便把火神塑像请到搭好庙楼的架子上，前有鼓乐队鸣锣开道，庞大的仪仗队紧跟，随后是猪、牛、羊三牲祭品，再后便是火神的牌位及尊身。

成千上万的老百姓手执香烛，虔诚地紧随其后。最后是各路社火，边走边舞，一直把火神请至"小河子"，也就是早已搭好的火神棚中。

农历十月十八是正会，前来烧香磕头、求签卜卦的人络绎不绝，昼夜不断。火神棚前两台大戏对着唱，一天3场。

外地赶庙会的人也很多，玩大马戏的、走江湖卖药的、拉洋片的、变戏法的、捏面人的、吹糖人的应有尽有。人们除赶会祭神外，还可以买卖东西，互通有无。

至农历十月二十一，人们又要往回送火神。这

吉时 古人对于天地都很崇拜，相信天地运行的时候有一定的规律，在有的时候是很吉利的就叫吉时，比如在夏代崇拜太阳神，就有许多用天上的天支为名字的一样，都是对神仙的崇拜和尊重，于是就有了吉时。

■邢台火神庙正门

比请火神的规模要更大，请神的整套人马还要游完南关的主要街道，才会把火神送回火神庙中，供奉起来。

在庙会期间，还有一项活动，名叫"打扇鼓"。扇鼓也叫"单鼓""太平鼓"。鼓做成蒲扇状，铁框蒙革，鼓柄上套大铁环，表演者左手持鼓，右手捏鼓鞭，边打边舞边唱，跳法虽然不同，但节奏一致。

腔调虽然各异，但都是一些祈祷神灵保佑、吉祥如意以及劝人行善的词语。虽然其中有迷信色彩，但总是表现了劳动人民对真善美的追求和对美好幸福生活的向往。

阅读链接

在很早以前，邢台火神是用黄金铸的一尺多高的神像。

有一年天旱无雨，庄稼枯萎，众多乡民百姓眼看秋收无望，便跪求火神大发慈悲下一场大雨，结果第二天就天降甘霖。为报答火神降雨有功，众乡民抬出火神、鼓乐齐鸣、彩旗招展，在邢台大街上举行了隆重的游行活动。

此时，正好遇上国民党的一支部队往南撤退路过邢台。有个军官看到火神的形象很小，就不屑地说："这么小的火神能顶啥用？"

然而，当他们的部队刚走出邢台城，他们所带的炮弹、子弹便轰隆轰隆自动爆炸了。人们说，这是火神显灵，给那个军官的一个警告。

建在顶隙里的祝融殿

祝融殿又名"老圣殿"，位于湖南省衡山祝融峰上，是道教著名的庙宇。祝融峰海拔1.3千米，高耸云霄，雄峙南天，是南岳衡山"七十二峰"的最高峰和主峰，相传上古祝融氏葬于此峰。

祝融是中国上古神话传说中的一位帝王，以火施化，号赤帝，后人尊为火神。祝融是古时三皇五帝三皇之一，居住在昆仑山的光明宫，正是他传下火种，教会人们如何使用火和保护火种。祝融原叫重黎，在担任火正官时，黄帝赐他姓为"祝融氏"。

祝融君这位职掌南离的火正官，经过历代帝王的神化和加官晋爵，由隋、唐两代的"司天王"至

"祝融峰"题刻

人间天宫的祭祀圣殿

■ 祝融殿前山门

宋朝的"司天昭圣帝"，制拟帝王，祀以国典。

祝融殿始建于明朝万历年间，由巡按湖广按察使李式修建。

据说他登山的时候，天色已晚，后又遇夜雨。

第二天早起欲观日出，忽然雾云开，自认为这是天意天心，即以韩愈开云自况，因出资并饬所属衡山县在峰巅建祠作为纪念，祠曰"开云"，后又废。

后来，清朝的乾隆皇帝在1751年在祠址上重建，祀古祝融君，改祠为殿，并提额曰"祝融殿"。

祝融殿高踞祝融峰顶，构筑在一个奇石重叠、风急云涌的百多平方米的顶隙里，可以想见当年建筑的艰辛。

祝融殿因山高风大，所以建筑是用坚固的花岗岩砌墙，以铁瓦盖的顶，殿宇凌风傲雪，巍然屹立在绝顶巨石之上。殿后岩石上装有石栏杆，凭栏远望，北山风光尽收眼底。

在祝融殿前，有花岗石路层层梯接到寺庙底下，石路两旁，矮松成竹，山花烂漫，颇为洁致。祝融殿山门前有石砌平台，为30多级陡峻的花岗石台阶。山门是四柱三楼式石牌坊座牌坊式建筑，牌坊上有"祝融峰"3字石额。

门两侧有对联："寅宾出日；峻极于天。"

前者指清晨五六点时太阳升起，后者说祝融峰顶比天还高峻。这副对联的句子集自《诗经》，对仗工稳，浑然天成，又切合祝融峰顶景物，极具匠心。山门与正殿间为天井，左右有廊与殿宇连相。

祝融殿面阔三间，进深二间，抬梁式木构架，硬山顶，顶上覆盖有0.6米长、0.3米宽的特制铁瓦。绝大部分为清代修葺时期铸造的，还有数十块是宋朝保留下来的。覆盖铁瓦，为的是宫殿"罡分不能动摇，冰雪不可冻裂"。

《诗经》 是中国文学史上最早的诗歌总集，收入自西周初年至春秋中叶大约五百多年的诗歌。《诗经》中的诗的作者，绝大部分已经无法考证。其所涉及的地域，主要是黄河流域，西起陕西和甘肃东部，北到河北西南，东至山东，南及江汉流域。

为民造福

火神庙

■ 衡山祝融峰

人间天宫的祭祀圣殿

社稷 社，古代指土地之神，东方青土，南方红土，西方白土，北方黑土，中央黄土，象征国土。古代又把祭土地的地方、日子和礼都叫社。稷，指五谷之神中特指原隰之祇，即能生长五谷的土地神祇，这是农业之神。旧时用来作为国家的代称。

据《衡山县志》记载：

祝融峰老圣帝殿建自清乾隆十六年，长期失修，墙倾栋朽，经荒台荒；和尚只得另筑茅棚居侧化缘。何公捐资修后，石墙铁瓦，庙貌一新，荒芜小径也改成1.5米宽的石磴大道，并补栽了风景林。

祝融殿内正中供奉的就是人称"有求必应"的祝融火神了。

因为祝融火神在宋朝时被封为南岳司天昭圣帝，所以祝融在民间也被称为"南岳圣帝"。历朝历代的帝王都曾经到过这里朝拜祭祀圣帝，祈求"以为社稷，而福生灵"。

在圣帝后面供奉的是南岳开山祖师慧思和大慈大悲的观音菩萨和雷神等神仙塑像。慧思传为南岳佛教开山祖师。人物造型生动，栩栩如生。

祝融殿右侧走廊有另一条小门通向望月台。望月台比祝融殿正殿基高3米左右，是花岗岩风化后裸露而成。整块岩面不到4.5平方米，靠

■ 祝融殿内的传统对开门

边处围上石栏，既可临风小坐，也可凭石栏杆眺望。

因为望月台是祝融峰最高点，所以空景无际，山风袭人，潇湘帆影，远近山峦，尽奔眼底。望月台石上有不少石刻，因为刻在台面石上，风雪侵蚀，许多已渐磨灭。

保留下来的有1577年明朝嘉靖年间的宝庆知府书刻的"望月坛"3个约0.5米见方的字，这3个字镌刻在岩的内壁上，为楷体，横向排列。

祝融殿内的钟

其余在台石上与台内外峭壁上的石刻还清晰可辨的有"竣极""仰止处""果是高""青云在望""青云满袖""山不厌高""觉梦处""千维绿""天外幽赏""寿比南山""唯我是高，尊峙寰中"等，大都不知是何年何代刻品，但都向我们彰显着祝融殿深厚的历史积淀和年代的久远。

313

阅读链接

祝融峰是根据火神祝融氏的名字而命名的。

相传祝融氏是上古轩辕黄帝时期的火神，人们发明钻木取火之后，不知道如何妥善保留火种，也不会正确使用火。

由于祝融氏跟火亲近，就成了管火用火的能手。黄帝就任命他为管火的火正官。因为他熟悉南方的情况，黄帝又封他为司徒，主管南方事物。他住在衡山，死后又葬在衡山。

为了纪念他对人们所做出的重大贡献，就将衡山的最高峰命名为祝融峰。在古语中，"祝"是持久，"融"是光明，意思是让他永远光明。

因小吃而闻名的长沙火宫殿

湖南长沙火宫殿

火宫殿位于湖南省长沙，本身主体是一座祭祀火神的庙宇，又名"乾元宫"，始建于1577年，已经有近500年的历史了。

在火宫殿前有一个石牌坊，石牌坊上刻着"乾元宫"3个镏金大字，是书法家黄自元为火宫殿书写的。乾元宫3字取自《周易》，乾为天，元为始，故曰大哉乾元，万物之始，乃统天。

牌坊字体沉稳苍劲，将火宫殿悠久的历史表现得淋漓尽致。

火宫殿的古牌坊上由《太公把钓》《三阳开泰》等历史典

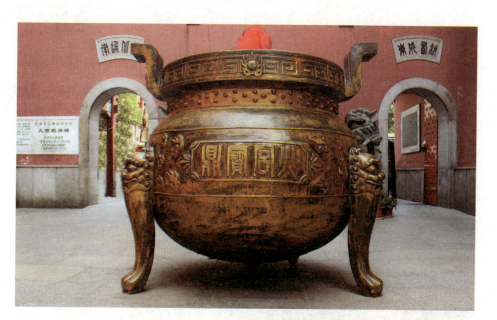

故，及龙凤、鱼虫浮雕组成，其工艺精湛，神态栩栩如生，在晚霞的映衬下，古香古色、金碧辉煌，故有"古坊西照"之称。在火宫殿古牌坊前摆放着一个古香古色的"火宫薪火宝鼎"，鼎高1.3米，宽1.4米，能腾升1.5米高的"火焰"，每天夜晚光芒四射，蔚为壮观。

■ 长沙火宫殿前的火宫宝鼎

古牌坊过后是古戏台，在古戏台两侧的楹柱上刻有楹联："象以虚成，具几多世态人情，好向虚中求实；味于苦出，看千古忠臣孝子，都从苦里回甘。"

横匾为"一曲熏风"，是由清末大书法家何绍基为火宫殿撰写的。戏台每天都会上演湖南的地方戏，具有浓厚的地方特色。

火神庙始建于1747年，殿内供奉的是火神祝融。根据罗泌《路史·前记》记载，祝融又名祝和、祝诵，在他所处的时代被任命为管理火的官员，由于他功绩显著，受人爱戴，所以后人们将其奉为神灵，供

《周易》 是一部中国古哲学书籍，也称《易经》，是建立在阴阳二元论基础上对事物运行规律加以论证和描述的书籍。也是中国传统思想文化中自然哲学与伦理实践的根源，对中国文化产生了巨大的影响。是华夏五千年智慧与文化的结晶，被誉为"群经之首，大道之源"。在古代是帝王之学，政治家、军事家、商家的必修之术。

■ 火宫殿大戏台

人拜祭。

火神庙内的这尊祝融像是特别从南岳请回来的，并由普陀寺和麓山寺的住持开光之后才供奉在这里的，信众们经常在火神面前上炷香，拜一拜，以祈求事业红红火火，家庭幸福安康。

火神庙之后是财神庙，为重檐式。财神像前有一大鼎，香雾缭绕，是整个火宫殿香火最为旺盛的一个殿宇。整个火宫殿建筑可以用四景来概括，"古坊西照"指的是古牌坊；"一曲熏风"指的是古戏台；"庙廊升烟"指的是火神庙；"廊亭幽静"指的是亭子和回廊。

而这些建筑主要是以红色为其主要色调，这种红色叫作"中国红"，"中国红"代表着红红火火，吉祥如意，它也是火宫殿火文化的主要色调。

由于每天前往火宫殿祭拜的信众络绎不绝，促使在火神庙四周出现了经营各种地方小吃的商贩。在火神庙的右侧是一个4层的水池凉亭，石山、小亭、回廊组成，一二楼主要经营特色小吃，其中有300多个品种。凉亭的三四楼主要经营特色的湘菜。

在长沙，一直都有"进门火宫殿，出门钱圆工"的童谣，钱圆工3字是乾元宫的谐音，意思是进了火

鼎 是中国青铜文化的代表。鼎在古代被视为立国重器，是国家和权力的象征。鼎本来是古代的烹饪之器，相当于现在的锅，用以炖煮和盛放鱼肉。自从有了"禹铸九鼎"的传说，鼎就从一般的炊器而发展为传国重器。

宫殿，为了饱口福，情愿倾囊。这就充分反映了火宫殿的小吃地道，湘菜正宗。

每年农历六月二十三，长沙的人们都会举行大规模的祭祀活动。每到这天，火宫殿香烟缭绕，人群熙攘，说书的、唱戏的、杂耍的热闹非凡。

南来北往的客人，社会名流，巨富商贾到了长沙，火宫殿是非去不可的，火宫殿的小吃更加是不可不尝。

事实上，湖南人看到祝融火神、乾元宫、火宫殿时第一个想到的就是盛大热闹的庙会和丰富多彩的小吃。自古以来，火神庙就是祭祀火神的地方，而长沙

说书 曲艺名词，大众喜爱的一种汉族民间艺术。一般指只说不唱的曲艺，如宋的讲史、元的平话，以及现代的苏州评话、北方评书等。有时也作广义使用，兼指某些有说有唱的曲艺，如弹词、蒙语说书等。说书用的乐器最初用琵琶，后改用三弦。

■ 长沙火宫殿火神庙

独特的"有火灾就要请戏班"的规定则更让火宫殿成为集戏曲、饮食等文化于一体的场所。

庙会体现了湖南人的"火"，每到这时人山人海，热闹非凡。在饮食上则更加突显出了湖南人的"辣"，各种美味的湘菜都透着那股辣劲。"想看热闹去庙会，想尝湘菜来火宫。"这种思想已经深入长沙人的心中。

可以说，如果没有人们对火、火神等一系列湖湘"火文化"的崇拜，就不会有火神庙，也不会有庙会，更不会有依附火庙而出现的特色小吃。而湖南的"辣文化"则是火宫殿发展到后来而形成的最大特色。

人间天宫的祭祀圣殿

阅读链接

20世纪20年代，长沙有一个江姓铜匠，制铜器手艺不错，还擅长烹调，他做的糯米团子就很受邻里称赞。

江铜匠有两个女儿，长大后在火宫殿开了一家糯米团子店。姐妹俩不仅美丽聪慧，且心灵手巧，做起团子来宛如杂耍，让人看得眼花缭乱，引得很多人驻足观看和品尝，生意一直都很兴隆。

有一天，一位颇有文化气质的老者吃完团子后对两姊妹说："糯米团子，味道一甜一咸，口感极好，可惜这个名字有些俗气，何不改叫'姊妹团子'呢？"

两姊妹连忙找来笔墨，请老先生书写"姊妹团子"4字作为新店名。从此，姊妹团子店门庭若市，生意越做越大，成为火宫殿的一大特色。

绵延祠庙

传奇神人的祭祀圣殿

老君庙

老君庙以供奉太上老君为主，还有其他星君作为协侍和副供。大多数来老君庙的人是求长寿、健康和功名的。由于太上老君号"太清太上老君"，所以主祀他的庙殿也称太清宫、太清殿或老君殿。

太上老君是道教三清之一，原型是道家的创始人——老子。老子在汉唐之后，逐渐获得了在道教中的崇高地位，各地都建立宫观进行奉祀。

中国有四川新津老君庙、新疆西山老君庙、山西乡宁老君庙、河南鹿邑太清宫等，庙内香雾缭绕，常年不断。

老子故里的鹿邑太清宫

　　河南省鹿邑太清宫位于鹿邑县城向东，被誉为"老子故里"，它和老君台一起构成了鹿邑老子文化的主要内容。

　　据史志记载，165年，汉桓帝刘志派遣中常侍管霸来鹿邑建造了寺庙，名为"老子庙"。

■ 鹿邑太清宫前的石牌坊

■ 太清宫门石狮

　　620年，李渊为了方便自己对天下的统治，抬高自己家族的地位，就按照积善行的建议，把老子认为自己的祖宗，在老子庙的基础上进行了扩建，据记载，当时的老子庙规模就如同王宫一样，是李家的皇室家庙。

　　666年，唐高宗李治追封老子为"太上玄元皇帝"，并且重新建造了"紫极宫"和"太清楼"，将庙名改为"玄元庙"。

　　到唐玄宗李隆基时期，太清宫的规模达到了鼎盛，占地近60万平方米。庙内的建筑排列井然有序，太清宫被称为"前宫"，祭祀老子，洞霄宫称为"后宫"，供奉着老子的母亲。

　　自从建庙以后，历朝历代都在太清宫立有碑刻，保留下来有20通。其中最突出的就是"唐开元神武皇帝道德经注碑"和"元太清宫执照碑"。

汉桓帝 刘志，东汉的第十位皇帝，在位21年。率初元年质帝崩，梁太后与兄大将军梁冀定策，迎立为帝，时年十五。太后临政。初由外戚梁冀掌握朝政。延熹二年与宦官单超等合谋诛灭梁氏，政权于是落入宦官之手。刘志一生信奉佛教和道教，当时的人们说他"举秀才，不知书；举孝廉，父别居"。东汉王朝自此江河日下，游走于灭亡边缘。

■ 太清宫遗址内的
碑亭

"唐开元神武皇帝道德经注碑"所刻的碑文是唐玄宗对道德经的释文，位于主殿太极殿的东侧，碑高约4米，宽1米，厚0.5米，此碑刻距今已近1300年的历史了。碑身四面刻有1122个隶书字体，是唐玄宗对于《道德经》的注释文。石碑左右两侧为文人的题咏。

元朝著名道士丘处机被元朝皇帝尊称为"国师"，因为受丘处机的影响，元朝皇帝对汉文化特别是老子的道家思想十分尊崇，元朝皇帝统一中原不久，就下了两道圣旨对道家思想的发祥地鹿邑太清宫进行保护。

镶嵌在太极殿正墙西侧的这块石碑是元朝于1260年颁布的太清宫执照碑。该碑高0.6米，宽0.9米，碑文为楷书，满行13字。

碑文内容包括4个方面：一是中央政府颁给的；

诏令　中国古代以皇帝的名义而发布的一些公文，在民间被称为"圣旨"。大体上可分两大类：一是发布重大制度、典礼、封赏的文书；二是日常政务活动的文书。概括起来有制、诏、诰、敕、旨、册、谕、令、檄等。

二是规定了太清宫所属界地的大小，即"每一面宽10里，四面计40里"，也就是说太极殿周围25平方千米的土地都属太清宫宫观所有；三是规定了这25平方千米内的所有田地、园果树木尽归太清宫宫观所有，诸人不得争执；四是说明南北宫，也就是太清宫和洞霄宫以会仙桥为界。

在老子生地的鹿邑太清宫，有许多的碑刻，虽然这块碑不大，但价值很高，它以皇帝诏令的形式规定了太清宫的大小及上面土地园木果树的不可侵犯性。

太清宫太极殿前的两株古柏，就是闻名遐迩的丹桂古柏。传说是老子亲手种下的，已经有2500多年历史了。由于是老子亲手种，再加上是李氏唐王朝的祖先，所以很多文人墨客在游览过太清宫后，都会对这古树进行记述。唐玄宗为此专门下诏：

瑞木表灵，奇文自现。
用彰大庆，以福洪图。配五德于易经，迎万叶于休运。宣城告谢，仍付史官。其桧片藏于内库，兼赐诸王宰辅及道众。

这两棵古柏，虽然一样高，但是西面一株枝繁叶茂，

五德　战国时期阴阳家邹衍所主张的一种历史观念，主要是指五行，金、木、水、火、土所代表的五种德行。五德周而复始就形成了终始，经常被用来解释历史的变迁和皇室的兴衰。后来，皇帝经常将自己称为"奉天承运皇帝"，其中的"承运"就是五德中的德运。

325

太清道祖

老君庙

■ 太清宫遗址内的先天太后之赞碑

阴阳 源自古代的自然观，古人在对自然界的观察中，逐渐认识到了很多对立却又相连的大自然现象，经过总结归纳，形成了最初的"中国阴阳"概念。春秋时期的易传以及老子的道德经中都有阴阳的论述。阴阳理论已经体现在中国文化中的方方面面。

若虬龙盘旋，虽然看起来干瘦，但是却仍然有新的枝芽萌发。为什么会这么干瘦呢？

据说在唐朝统一天下之后，李世民曾经派遣麾下的大将尉迟敬德前往拜祭，尉迟敬德下马后就直接去殿内进香了，他的卫兵把马拴到了这棵柏树上，马饿了，就把树皮给啃掉了，但是这棵古柏却没有死，依然生机盎然，而没有被啃的那一棵，很明显的要粗壮很多，两棵树东西交相辉映，引来众人一阵阵围观，是太清宫最重要的一处景观。

老子所创办的道教讲求"阴阳"，而这个院子中的气场很重，就连这两株古柏也受到了一定的影响。很多年前，曾有人用铁锯锯掉了一根树枝做小板凳，可他发现，这棵树的年轮极像八卦图中的阴阳鱼。

这个人非常讶异，觉得触动了神物，于是赶紧跑到老君像前拜祭。这两棵一大一小的古柏正体现了老

■ 太清宫三清殿

■ 鹿邑太清宫老子
出游雕塑

子的对立统一思想。

铁柱俗称"赶山鞭"，一根在太清宫，还有一根在纪念老子遗迹的老君台上，是纪念老子之物。

据记载，老子是主要负责周朝的守藏室之史，按照规矩，大臣们上殿议事的时候，必须站着，但是老子记录天子言行的时候，既要站立，还要写字，真的是太累了。

于是周天子下令在朝堂内建造了一个铁柱子，让老子倚在上面写字，不仅减轻老子的劳苦，还彰显了对史官的尊重。

当然，也包含了苍天厚土，定于一柱的意思，到了后来，凡是国内外供奉老子的宫观都有这样一根铁柱，逐渐成为纪念老子的标志。

望月井也是太清宫内的一个标志性建筑，每到农历八月十五这天，天空中圆圆的月亮总是能够投影到

八卦图 表示八卦方位的图形符号。八卦是中国古代的基本哲学概念，来源有二：一是中国古代的阴阳学说，也叫先天八卦；一是周文王的乾坤学说，又称后天八卦。

守藏室之史 也就是掌管国家文物典籍的史官，守藏室是周朝典籍收藏的地方，集天下之文，收天下之书，可以用汗牛充栋、无所不有来形容。

老子诞生地

望月井的正中央，正应了"天上月是水中月"的古诗意境。

　　而周围的许多水井，哪怕是相邻的水井，也从来没有出现过这样的奇观，不明所以的百姓们都认为这是老君爷显灵了，所以就更加虔诚地拜祭。

阅读链接

　　传说在远古时期，老子住的村子前有一座大山，山峰陡峭，仰面不见太阳，叫"隐阳山"。隐阳山怪石嶙峋，杂草丛生，交通极为不便，人们生活得十分贫困。

　　为把大山变为桑田，老子烧炼矿石七天七夜制成了铁，又将铁烧炼七七四十九天，炼出了一根闪闪发光的铁鞭。

　　老子举起铁鞭向大山连抽三下，道道金光夺目耀眼，大山拔地而起随风飞向远方，隐阳山变成了平川，人们开始过上了幸福的生活。

　　人们说，由于当时老子赶山的时候用力过猛，将铁鞭都震断了，前段迸落在了老君台上，后段老子随手一扔就扔在了太清宫。

三祖圣地的新津老君庙

四川省新津老君庙坐落在城南的老君山上，是张陵所建"二十四治"中保存最为完好的一治，被尊称为"三祖"圣地。

老君山海拔600米，矗立在岷江水系之间，四周的卧牛山、轩黄

老君山山门牌坊

王灵官 道教中的护法镇山神将，和佛教中的韦驮很类似，传言是武当山五百灵官的统领，叫华光元帅，又叫五显灵官。宋代以后，民间出现了一位"火车王灵官"，镇守道观山门的灵官一般都是说的这位王灵官。王灵官为人刚正不阿，疾恶如仇，纠察天上人间，除邪祛恶，不遗余力，于是老百姓赞曰："三眼能观天下事，一鞭惊醒世间人。"

台、送子山和插旗山把老君山围在中心，大有众星拱月的意味。

相传轩辕黄帝在轩黄台修炼成仙，在鼎湖乘着龙飞升天际。于是，后人就在轩皇台修庙设坛祭祀黄帝，所以轩皇台也叫作"天社山"。

又传老子在四川的青羊寺成功度化尹喜之后就是归隐在天社山中，他所骑的牛化作青山，也就是老君山前面的卧牛山。

《道藏辑要》中的《老子历世演化图》所描绘的就是这件事情。老君洞内有楹联曰：

牛驭出函关，百二河山无隐处；

蚕丛来蜀道，五千文字有传人。

■ 老君山庙名碑

在道教文化中，黄帝、老子和张陵被称为"始祖""道祖"和"教祖"。《新津游记》中说，汉唐以来，天社山有一座极有历史的老君庙。指的就是三祖圣地，即新津老君庙。

新津老君庙在唐、宋、元、明时期殿宇众多，明末时期在战乱中损毁严重。清朝年间，邑侯杨公仪和学者刘止唐等曾经进行过重修，

■ 老君庙一角

但毕竟人单力薄，修复有限。新津老君庙坐东向西，依山而建，结构布局十分严谨，主要有灵祖楼、混元殿、三清殿等殿。

灵祖楼为歇山式建筑，供奉道教护法王灵官，王灵官三目怒视，身披黄金铠甲，左手拿着灵官诀，右手拿着金鞭，脚下踩着风火轮和祥云，主管天上人间所有的纠纷，老百姓称赞他说：三眼能观天下事，一鞭惊醒世间人。

在王灵官真身的旁边，是四大天王和财神赵公明的塑像。灵祖楼后有六十四级石梯，象征着六十四卦，可以直通到混元殿。

混元殿是单檐硬山式建筑，殿中供奉着混元祖师、太阳帝君和太阴皇君。混元祖师也就是我们经常提到的太上老君，宋真宗时尊称太上老君为"混元上德皇帝"，所以太上老君也被称作"混元祖师"。

宋真宗 赵恒，宋朝的第三位皇帝，在位25年。1004年，辽国契丹人入侵，真宗惧怕辽国，宰相寇准力排众议，劝帝亲征，双方会战于澶渊，局势有利于宋，但因真宗惧于辽的声势，与辽达成澶渊之盟。宋真宗治国有方，北宋的统治日益坚固，国家管理日益完善，社会经济繁荣，北宋比较强盛，史称"咸平之治"。

老君庙混元殿

人间天宫的祭祀圣殿

混元乾坤圈与日月星君象征着世界原本就是一个混沌未开的，是混元祖师开天辟地之后才有了世间的万物。

混元殿东西分别为老君洞和慈航殿。传说老君洞是太上老君炼制丹药的地方，门上楹联是：

似洞非洞，石室为洞；
有门无门，道德之门。

似乎在向世人揭示了老子骑青牛隐居在老君山的原因。

慈航殿是慈航真人的供奉地，慈航真人类似佛教中心观音菩萨，是人们心目中救人于苦难中的女神。

混元殿后有陡峭的三十六级天梯，象征着三十六天，只要登上三十六级天梯，就寓意着达到了道教中飞升成仙的最高境界。

三十六级天梯的最末端，就是主殿三清殿。庭前有一八卦亭，建于1926年，供奉"老君骑青牛"的塑像。

三清殿建于 1931 年，采用的是单檐硬山式建筑，端坐在殿内中央的是玉清元始天尊，双手虚捧，象征着天地混沌未开时候的"无极"状态，居住在清微天玉清境中。

在玉清元始天尊的南边是上清灵宝天尊。他手持太极图，象征着天地初开、阴阳初分的"太极"状态，居住在禹余天上清境。北侧是太清道德天尊，即太上老君。太上老君手摇太极神扇，正襟危坐，俯瞰着人世间的万万物物，居住在大赤天太清境。

斗姥楼，采用歇山式建筑，供奉着先天大梵斗姥。斗姥，也称"斗姆"，是北斗七星的母亲，被道教尊称为"圆明道母天尊"。

三元殿供奉上元一品天官赐福紫微帝君、中元二品地官赦罪青灵帝君、下元三品水官解厄谷帝君。每

无极　无极即道，是比太极更加原始，也更终极的一种状态，原本是老子用以称道的终极性概念。经常用来和太极对举，指在天地混沌之前更古老、更终极的阶段，这个阶段，就是道。因此，无极也可以说是太极的根源。

太清道祖

老君庙

■ 老君庙三清殿

年的农历正月十五和七月十五，他们就会降临人间，赏惩世人罪福，为人消灾。

张陵创立天师道时，就已经祭祀天、地、水三官，三官手中所捧的书，就是道教徒祈祷治病的方法。道教以农历正月十五、七月十五和十月十五为天、地、水三官神诞之日。老君庙继承了天师道传统，在此期间都建金、黄道场，以祈福消灾。

新津老君庙被200多棵明、清古柏包围着，枝叶参天，苍劲翠绿。颇有"分明指出神仙窟，颇觉心如太古时"的真实意境。

斋醮是新津老君庙中最重要的仪式，这一天，人们供斋醮神，设立祭坛祷告神灵，能够和神灵进行沟通，祈求神灵庇护，赐福消灾。

斋醮分"醮事"与"斋事"两大部分。"醮事"，称"阳法事"，俗称"祈福法事"，是善男信女们的祈求赐福大会。"斋事"，称"阴法事"，是道教中人为了超度那些冤亲债主和孤魂野鬼而设置的一个法会，同时为信人祈福，祈求永沐平安。

人间天宫的祭祀圣殿

阅读链接

新津老君庙的庙会有很多，有农历正月十五的上元会、二月十五的老君会、三月的清明祭祖会、四月廿八的药王会、七月十五的中元会、九月的报恩九皇会以及十月十五的下元会。其中最为百姓所津津乐道的就是农历二月十五的老君会。

相传农历的二月十五是太上老君的生日，每逢这个时候，老君庙都会举行盛大的法事和庙会。这天，来自四方的信众们都会前往老君山进行祭拜，在去往老君山的路上，到处都是怀抱清香，拿着红蜡烛的人流。

黄河边上的乡宁老君庙

山西省乡宁县，曾经有一座天顺成煤矿，在煤矿的旁边，有一个绿化面积达20 000余平方米，山水氤氲，香雾缭绕的庙宇，这就是乡宁老君庙。

乡宁老君庙的建造年代无证可考，但是自从清朝道光之后，每年

■ 乡宁老君庙全景

■ 乡宁老君庙内景

人间天宫的祭祀圣殿

的农历二月十五都会举行盛大的庙会，并且一直都有道士在庙内住持大小事务，前来拜祭的人群络绎不绝。

乡宁老君庙建在一个海拔近500米的山头上，周围是人们为了防风固沙而种植的林木，绿荫环绕，远远望去，甚至还可以看到黄河奔腾远去。老君庙坐落在这样一个地方，更加显得神秘而又庄严。

乡宁老君庙北面，是巨大宽阔的老君庙广场，占地近3000平方米，通过广场北的二十四级石阶，直接走到乡宁老君庙。

老君庙石阶，全部用青石雕琢而成，可以分为两大阶梯，第一阶梯是十三级台阶，寓意包括闰月在内的13个月份，第二阶梯九级台阶，代表着九五之尊，飞龙在天。

以石阶为轴线，老君庙的所有建筑都井然有序地排列在两边，突出显示了道教建筑所讲究的"中轴对称、两翼均衡"。扶着石阶边的栏杆登上月台，遥望四周，所有景致一览无余，视野顿然开阔。

山门外，两对石狮雄踞在石阶的东西两侧，东面是一只雄狮，右脚下踏着绣球，俗称"狮子滚绣球"，象征混元一体和无上的神权；

西边为雄狮，左蹄下踏一只小狮，俗称"太狮少狮"，象征道门昌盛，隐喻事事如意。

在道教文化中，凡是庙宇的大门都叫作"山门"，因为绝大多数的道家庙宇都建在蓊郁的深山老林中，所以"山门"显得更为贴切一些。在一些建筑规模比较大的宫观中，都有3个门，代表着天、地、人三界，道家认为，只有进了"山门"，跳出"三界"，才能称得上是开始了真正的修道，所以，山门也可以叫作"三门"。

乡宁老君庙的山门采用的是悬山式的建筑，东西各有三根粗壮的楹柱，精巧大气，在山门两侧的墙壁上还建有大型的砖雕影壁。

东侧绘制的是《老子骑青牛过函谷关》和《紫气东来图》，还刻有对联：

紫气东来辉鄂邑；
祥光北拱富煤田。

■ 乡宁老君庙门楼

人间天宫的祭祀圣殿

■ 山门西侧影壁

栏杆 古称"阑干",也称"勾阑",是桥梁和建筑上的安全设施。栏杆在使用中起分隔、导向的作用,使被分割区域边界明确清晰,设计好的栏杆,有装饰意义。

砖雕 中国古代建筑雕刻中非常重要的一种建筑形式,是在青砖上雕刻出人物、山水、花卉等图案,主要用于装饰寺塔、墓室、房屋等建筑物的构件和墙面。也有一些砖雕工艺品是用青砖雕刻而成的。

西侧影壁是《孔圣问道图》,描述孔子像老子请教礼制的故事,影壁的对联是:

圣仙切琢安邦德;

儒道圆融济世经。

宁乡老君庙的砖雕画刻独具匠心,古朴自然,线条流畅,具有很高的欣赏价值和研究价值。

道教宫观基本上都建有钟楼和鼓楼,每天早上开静和晚上止静的时候敲响。老君庙钟楼在山门东面,是1850年清朝时期天顺成煤矿所铸的"老君神前鸣钟",钟面上刻着"天顺成窑众窑户叩献到老君窑神火神山神土地神前鸣钟",重100多千克。

鼓楼位于山门的西侧,鼓面绘制着一个巨大的太极阴阳八卦图。道家认为,晨钟暮鼓,可以将宫观的威仪气势撞出来,因此每天必须敲钟撞鼓,每次都是八十一下，以应太上老君八十一化和应《道德经》的八十一个章节。在每天敲钟的时候，敲钟者要念钟文：

闻钟声，拜老君，离地狱，出火坑，愿成道，度众生。

当然，后来人们在拜见太上老君的时候，只是争相地敲钟击鼓，为的只是祈求神灵保佑，或者是谢恩还愿罢了。除此之外，在老君庙的东西两侧还高耸着两根高达33米的铁旗杆，让庙宇多出了一股威仪与壮观。33米寓意三十三天，象征道门神圣至高无上。同时，高耸的铁旗杆还担任了避雷的职责，多次保护了老君庙的安全。

老君殿可以分为两殿，东殿帝君殿和西殿娘娘殿，南边有灵官殿，四大殿辉煌典雅，各具特色。正殿采用了歇山式建筑，和周围的殿宇明显突出了道家尊卑有别的规范和封建等级观念。

老君殿主祀太上老君，窑神、火神、山神和土地神陪祭在太上老君的两侧。帝君殿主祀东华帝君、关圣帝君和文昌帝君。娘娘殿祭祀的是王母娘娘、观音娘娘和碧霞娘娘三位娘娘。灵官殿位于山门东，是

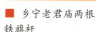
■ 乡宁老君庙两根铁旗杆

山门护法神王灵官的祭祀场所。

老君庙内的各个建筑古朴中透着威严，琉璃铜瓦，色彩绚丽，殿内装饰精美，各尊神像的雕塑仪态端庄，道教文化底蕴非常厚重，象征和谐平安康福。

老君殿前有两通巨碑，一通是"重修老君庙碑志"，一通是"贺方广功德铭"，和帝君殿、娘娘殿、灵官殿前的43通功德碑，交错矗立，形成一道庄严肃穆的人文景观。

太清苑东依老君庙，西濒黄河，曲径装饰芬芳花草，加上雕梁画栋与绿树红花竞灿，太清圣境与老君神庙共辉，更让老君庙成了人们心目中的阆苑仙境，人们可以在此饱览吕梁壮观，品味道教文化，感悟人生哲理，在休闲、娱乐、观光、祭祀中，陶冶情操，启智益寿，因此，老君庙香火旺盛，且常年不断。

阅读链接

445年，南朝宋国与南方的林邑国之间爆发了一场战争。宋军统帅刘义恭有勇有谋，一开战就连获两城。但是后来林邑国派出了以大象为坐骑的军队，在战场上横冲直撞，宋军无法抵挡，接连受挫。

刘义恭思前想后，召集将士道："我听说狮子之威，足以镇服百兽。"

于是命将士们昼夜雕刻木块，制成狮子头套和面具戴上，身披黄衣。果然，对阵的时候，象群看着"狮子"冲来，四散溃逃，宋军大获全胜。

此后，狮子开始有了压邪镇凶的作用，最终化为看宅守门的石刻。此外，因"狮"与"事""嗣"谐音，所以经常可见象征着"事事如意"的双狮并行、表示"好事不断"的狮佩绶带以及祝愿"子嗣昌盛"的雌雄狮子伴幼狮等。

周公旦，姓姬，名旦，也称叔旦。周代第一位政治家、军事家、思想家和教育家，被尊为"元圣"，儒学的先驱。

因采邑在周，世称"周公"。周公摄政当国，平定"三监"叛乱，大行封邦建国，营建东都，制礼作乐，还政成王，对巩固和发展周王朝的统治起了至关重要的作用，也对中国历史的发展产生了深远的影响。

"文武周公"是孔子最为推崇的人物，孔子的思想延续的就是周公的思想体系。

儒学先驱

周公庙

因定鼎而建的洛阳周公庙

　　洛阳周公庙是纪念西周时期著名的政治家、军事家、思想家、古洛阳缔造者、中国儒家思想奠基人周公姬旦的祠庙，也称"元圣庙"。

　　周公曾协助武王伐纣灭商，辅佐成王摄政，东征平定管叔、蔡

周公庙远景

叔、霍叔"三监"与纣王之子武庚叛乱，营建洛邑并制礼乐，使中国最终成为文明古国、礼仪之邦。

■ 周公庙定鼎堂

由于周公开创了千秋伟业，被后世奉为天下第一圣人"元圣"。全国各地多设祠纪念，洛阳周公庙即为其中的一座。

洛阳周公庙是中国祭祀周公的重要场所，始建于618年的隋末唐初，由当时的隋朝将领王世充始创。1525年，明朝嘉靖皇帝下令又在旧址重建。到了清朝，又有几次大规模的修葺，使庙貌更加隆重，逐渐形成现有的规模。

周公庙坐北面南，依中轴线从前到后依次为宝鼎堂、礼乐堂、三殿及东西廊房共664平方米，宝鼎堂取"成王宝鼎郏鄏"之意而名，面阔五间进深三间，单檐歇山式。二殿三殿均为五开间，单檐硬山式建筑。洛阳周公庙是保存较为完整的明清古建筑之一。

摄政 一种代行最高掌权者职权的官职。一般来说，有两种情况需要摄政。其一为前任君主逝世，而新任君主幼弱不能治国；其二为现任君主突然因某些原因而不能履行职务，而又未能及时选立继承人。在古代，摄政人多是朝廷重臣、太后或太上皇。

定鼎堂是周公庙所有建筑中年代最为久远的，也是周公庙的主体建筑，为明代所建，后来经过多次重修，大体保存了明代的建筑风格。

殿堂面阔五间，进深三间，单檐歇山式，青筒瓦覆面，还配以彩绘，威仪堂皇。殿内供奉有周公与他的北弟召公、毕公及世子伯禽、君陈五尊塑像。

定鼎堂为龙凤屋脊，两端饰以吻兽。大殿四角飞檐起翘，拓展伸张，比例匀称，节奏和谐，既庄严稳重又隽秀灵巧，是一座保留有辽金建筑风格的艺术杰作，具有较高的历史价值和文物价值。

殿内的周公塑像以白色为主要基调，周公的头发是白的，胡子是白的，眉毛也是白的，还穿着白色的长罩衣。据说，这是周公的真实写照，因为他为周王朝操心的事情太多了，日夜操劳，呕心沥血，所以头发胡子都白了。

周公塑像庄严、肃穆，体现了周公辅佐成王一丝不苟、兢兢业业的样子。伯禽像乃明代塑造，泥胎彩绘，弥足珍贵。

殿内周围依次陈列有"周公事迹""周公家谱""元圣宗谱""海内三大周公庙介绍"等内容，殿外墙壁上镶嵌有石刻"周公解梦"碑计19通。

殿前东侧有台湾崇祀者所立的"台湾省台中市赖

■ 周公庙碑文石刻

吻兽 "龙生九子"之一，平生好吞，也就是殿脊的兽头之形。这个装饰一直沿用下来。在古建中，"五脊六兽"只有官家才能拥有。这种泥土烧制而成的小兽，被请到皇宫、庙宇和达官贵族的屋顶上，俯视人间，真有点"平步青云"和"一人得道，鸡犬升天"的意味。

罗傅宗亲访祖团暨中原赖氏宗亲联谊会周公庙祭祖纪念碑"一通，上书"追本溯源，根在河洛"字样。

礼乐堂为二殿，原名为"会忠祠"，是后来的清代所增建。礼乐堂面阔三间，进深两间，硬山式，青筒瓦覆面。殿内陈列一组周公制礼作乐群像，场面恢宏，形象逼真。

周公庙的后殿即为三殿，是清代建筑。1790年，是清朝的乾隆皇帝执掌朝政，时任洛阳知县龚松林主持修葺。面阔三间，进深两间，外设走廊，硬山式，青筒瓦覆面，庄重气派。殿内陈列有隋唐东都城大型复原沙盘模型和夏都斟鄩复原模型。

三殿前的东、西两侧为各面阔五间的硬山式厢房，里面陈列着商都西亳复原模型、东周王城复原模型和汉魏故城复原模型。

应天门建造初期被称为则天门，有东、西两阙，平面为"凹"字形。门有两重观，上写"紫微观"，左右连阙中间以廊庑相连，其建筑形式直接影响到北宋汴梁的丹凤门和明清北京故宫的午门。在中国

周公庙内石雕

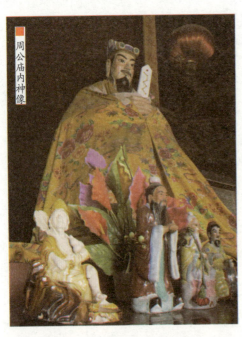
周公庙内神像

古代的都城建筑史上占有非常重要的地位。

后来李世民攻占东都洛阳后，因其大过奢华而火焚之。唐初重建，武则天执掌朝政之后，因避讳武则天的尊号，便将名称改为"应天门"。

应天门是当时朝廷举行重大国事庆典与外交活动的重要场所之一，与长安承天门一样备受人们的尊崇。

根据史书记载，隋炀帝曾登临应天门听政，武则天"御则天楼，赦天下，以唐为周，改元"，唐玄宗接见日本国第八次"遣唐使"等都是在应天门城楼上举行。

阅读链接

在洛阳民间一直都对周公"定鼎洛阳"说好，因为当时的鼎象征政权，鼎在哪里，哪里就是政治中心。那么，周公为什么要把鼎放在洛阳呢？

原来，大禹治理洪水后，铸了九尊大鼎象征九州。商周时期，九鼎成为传国之宝，国都所在之地，必须安放九鼎。

武王灭商后，与周公一起商量将九鼎搬到周朝国都镐京。谁知那九鼎非常沉重，很难搬运。大鼎到了洛阳后，像生了根似的定在这里不动了，没办法再往西搬运。于是就决定将鼎定在洛阳。很快，武王就病故了，成王继位，周公辅佐成王，并举行了隆重的定鼎大典，把九鼎正式安放在洛阳。

到了隋唐，洛阳人为纪念周公"定鼎洛阳"，兴建了周公庙，庙里的大殿被命名为"定鼎堂"。

发祥地上的岐山周公庙

　　陕西岐山是炎帝生息、周室肇基之地，是周文化的发祥地，同时也是民族医学巨著《黄帝内经》、古代哲学宏著《周易》的诞生之地，历史悠久，文化灿烂。

岐山周公庙正门

召公 又作邵公、召康公、太保召公。姓姬，名奭，是周文王的儿子，武王的弟弟。曾辅助周武王灭商，被封于燕，是后来燕国的始祖。因最初采邑在召，故称"召公"。他支持周公旦摄政当国，支持周公平定叛乱。他的后代中有人继承了召公的称号，还辅佐了周厉王。

618年，唐高祖李渊为了纪念西周政治家曾助武王灭商立国、辅成王平叛安邦的周公姬旦，下诏在相传其制礼作乐的"卷阿"岐山创建周公祠，祭祀岐山周公庙。

后经宋、元、明、清历代修葺、扩建，逐渐形成了以周三公殿为主体，姜嫄殿和后稷殿为辅，亭、台、楼阁点缀辉映的古建筑群。

周公庙保留有古建筑30余座，占地约70 000平方米，整体建筑对称布局，殿宇雄伟，亭阁玲珑，各具特色。在诸殿中，周公殿居前，姜嫄祠居中，后稷祠居后，当地群众把这种布局总结为"姜嫄背子抱孙"。

山门照壁位于周公庙的入口处，山门五间，为歇山式屋顶，檐下悬有"有卷者阿"匾额。外立照壁，

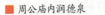

■ 周公庙内润德泉

硫璃飞檐，中嵌石匾，隐视乐楼风貌。

乐楼又称"戏楼"，创建于元代，明清曾重修，仍保持了元代的建筑风格。乐楼正面悬一匾，题道："飘风自南"。与照壁"有卷者阿"组成完美的诗句。

乐楼正视为九脊歇山式顶，背视南看却为悬山顶。檐下筑楼，楼上以雕花棂隔断分成前后两部分，前为台，供奏乐演戏，后为室，有左右两门，供演员上退场之分。

楼下为穿堂过庭，两边各立廊柱，形成廊殿，是岐山最古老的一处戏台，非常难得，是研究元代戏曲的典型实物材料。

在乐楼之后为八卦亭，平面正方形，重檐阁亭，中顶悬挂八根，连为八角形，彩绘藻顶，装饰精美，是为纪念周公作爻辞而建。

周三公正、献殿是周公庙的主题建筑，是一组共为六座的单体建筑，分别创建于唐、宋、清年间，是为纪念"三公"，即周公、召公、太公而建造的。

史书记载，周成王姬诵时，周公为太傅，召公为太保，太公为太师，故称"三公"，为了表彰他们的业绩，专门建立了周三公殿，后来人们又在正殿的基础上增建了献殿。

周三公殿的六座殿屋顶为螭吻繁缛，屋脊立兽众多，有飞凤、奔马、狂犬、人俑、大象、怪兽，造型生动各异。屋檐斗拱重叠，结构精巧，具有较高的观赏价值。

润德位于正殿东，因泉水的喷吐和干涸有间歇性，人们赋予了它许多神奇而瑰丽的传说。明代车骑将军赵忠咏润德泉道：

一泉长与世安危，今日无波涨碧池。

每朝每代都把泉中有水看成风调雨顺、国泰民安的吉兆。

848年，因泉涸而复喷，于是，唐宣宗便把这自然现象和他的个人功德联系起来，赐名为"润德泉"。因为是皇帝敕赐的，所以被一直完好地保留了下来。

■ 周公庙内甘棠亭

泉周围为八角井泉石栏杆，栏杆上有浮雕藻饰，并有龙吻、鳌头、人物、异兽等立体造型。

■ 周公庙润德泉

在润德泉西边为碑亭，为歇山式长方形亭，丹楹彩绘，十分惹目。亭下有唐、宋、金、元、明、清时期的石碑和石碣多座，大都记述着修建周公庙的悠久历史。

苏轼《周公庙诗》有言：

吾今那复梦周公，尚喜秋来过故宫。
翠凤旧依山突兀，清泉长与世穷通。

周公庙自然风光绚丽，文化遗迹灿烂，令人向往，而周公的巍巍业绩和那博大的胸襟更使人敬仰。

姜嫄正、献殿是为祭祀周部族始母姜嫄而建立，

浮雕 雕塑与绘画相互结合的产物，采用压缩的方法来对对象进行处理，展现三维空间，并且可以一面或者是两面进行观看。浮雕一般是附着在另一个平面上，所占空间小，所以经常用来装饰环境。浮雕的主要材料有石头、木头、象牙和金属等。

为硬山式，面阔五间，具有明显的清代建筑风格，殿内有姜嫄塑像。殿内还存有很多清代壁画，工笔细描，色彩鲜艳，形象生动。

后稷正、献殿是纪念周部族先祖后稷而建。后稷，名弃，为其母姜嫄"履帝武敏歆"而生，生后几次被弃。得鸟兽保护，才得以收养，自小聪明，尧时被拜为农官，教民稼穑，后人尊他为稷神。

后稷殿为硬山式，面阔3间，内塑有后稷坐像，右配祀太伯、仲雍、左配祀王季塑像。

郊媒殿位于后稷殿东侧，为硬山式，面阔3间，东西各有两小耳室。古书记载，姜嫄出野向高媒求子，回来路上履大人迹而生后稷。祠前悬一匾，上书有"祥开有周"的字样。

出了庙殿，顺坡拾阶而上，是一处用红砖垒砌的小院。院内沿壁有一排窑洞，洞中有药王、老君、元始天尊等神仙泥塑像，或坐或立，形象各异。

玄武洞为一石洞，洞虽不大，却有石山隆起的脊梁，山上沟壑分明，并不是凭人工的雕琢就可以形成的。山顶接连洞顶，如蓝天将一座鬼斧神工造就的山峦小心地裹起来。

洞内的玄武真君像端坐在半山腰，为白色玉石雕成，雕像十分威武，披发、赤足、戎装，脚踩龟蛇，手持宝剑，充分表现了玄武真君惩治邪恶的英雄气概。

玄武真君像，全身光滑似陶瓷，当地人叫它"玉石爷"。

相传，玄武佛僧法力无穷，能治百病，后成仙出走，能指石为玉，并修书说：某位疾，摸某位即愈。于是，后人有病者摸同位处以求病愈。

时间长了，玄武真君凸起的脑门和鼻梁便先凹了下去，玉石玄武的身体也被摸得光滑了。每逢农历三月中旬古庙会，人山人海，仅摸佛像的人就可以站成长长的一行。

后来，人们在周公庙附近进行了大规模的考古调查，发现大型墓葬19座，其中有四条墓道者9座，三墓道者4座，两墓道者4座，单墓道者2座，另有陪葬坑13座。

周公庙内的姜嫄庙

岐山周公庙牌楼

人间天宫的祭祀圣殿

　　在墓地外围多处地点共发现卜甲与卜骨700余件，经初步辨识有甲骨文字420余字，其中有"周公"字样者4片，并有几片记载周王活动的刻辞。

　　此外还发现了1.5千余米的夯土城墙，6处大型夯土建筑基址，在其周围发现的许多空心砖，即使在周人的都城丰镐遗址与周原遗址都非常罕见，为周公庙增添了几分神秘的气息和魅力。

阅读链接

　　周公还政于成王之后，天下已趋于太平，为了使西周的江山更加稳固，周公便考虑从政治、思想、文化、道德、礼仪等方面制定一整套完整的典章制度，来维护周的统治。

　　周公所制的礼仪，具体说来就是法制、法度，包括从中央到地方的一整套官制、宗法、等级方面的君臣、上下、父子、兄弟、宗疏、尊卑、贵贱等方面的礼仪和制度，"乐"就是音乐歌舞。

　　正是这一整套周礼，不但巩固了周的江山，而且影响了中国儒家思想长达3000多年之久。

吕祖庙

　　吕洞宾，原名吕岩，字洞宾，道号纯阳子，唐代著名的道教仙人，为"八洞神仙"之一，是三教合流思想的代表人物。

　　在民间，吕仙的形象已妇孺皆知。宋代封吕洞宾为"妙通真人"，元代封"纯阳演政警化孚佑帝君"，后世又称"吕纯阳"。王重阳创立全真道后，吕洞宾又被奉为"北五祖"之一，故道教又称他"吕祖"。

　　中国多地建有吕祖祠庙，岁时祭祀，香火不断。相传吕祖诞辰为农历四月十四日，道教多在这天设斋以示纪念。

壁画知名的芮城永乐宫

　　永乐宫又名大纯阳万寿宫，位于山西芮城，是为了供奉中国道教"八洞神仙"之一的吕洞宾而建，永乐宫始建于元代，施工期前后共110多年，才建成了这个规模宏大的道教宫殿式建筑群。

　　吕洞宾，原名吕岩，山西芮城人，本名绍先，自幼好读，淹博百

永乐宫

■ 永乐宫宫门

家，但三举进士不第。619年，正值武则天执掌朝政，年已46岁的吕绍先再一次去往长安应考，在酒肆中遇见上天仙使钟离权。

钟离权让他做了一个建功树名、出将入相、封妻荫子的美梦，醒后方知功名利禄均为梦幻，遂大彻大悟，拜钟离权为师，赴终南山中修道，改名岩，字洞宾。其后遍游山水，传道度人，53岁归宗庐山，64岁上朝元始、玉皇赐号为"纯阳子"。

唐宋以来，吕洞宾与铁拐李、汉钟离、蓝采和、张果老、何仙姑、韩湘子、曹国舅并称为"八洞神仙"。在山西民间信仰中，他是八仙中最著名、民间传说最多的一位。

吕洞宾一生乐善好施，扶危济困，深得百姓敬仰。他飞升后，家乡百姓为他修建了"吕公祠"，以示纪念。到了金代，因吕洞宾信奉道教，于是将"祠"改成了"观"。

元朝初年，忽必烈知道吕洞宾信奉的道教在群众

祠　为了纪念故去的要人名士而修建的供舍，这点与庙有些相似，因此也常常把同族子孙祭祀祖先的处所叫"祠堂"。东汉末年，社会上兴起建祠抬高家族门第之风，甚至活人也为自己修建"生祠"。由此，祠堂日渐增多，形成了独特的民风。

减柱法 又叫
"减柱造",是
中国的一种建筑
方法,到宋辽之
际,逐渐形成减少
部分内柱以增加建
筑室内空间,这种
方法称为"减柱
法",最有代表性
的是故宫的保和
殿。

仪仗 古代用于
仪卫的兵仗。指
帝王、官员出行
时护卫所持的
旗、伞、扇、兵
器等。现指国家
举行大典或迎接
外国首脑时护卫
所持的武器,也
指游行队伍前列
所举的旗帜、标
志等。仪仗在神
农始为仪仗,秦
汉始为导护,五
代始为宫中导从。

中颇为流传,就想利用宗教和吕洞宾的声望巩固自己的统治,于是,派国师丘处机管领道教,拆毁"吕公观",大兴土木,修建了"永乐宫"。

从修建大殿到绘完几座殿堂的壁画,历时110年,几乎与整个元朝共始终。民间流传的吕洞宾传说有三个显著特点,一是儒、道、佛三教交融,吕洞宾修习方术,得道成仙,这是道教出世思想。他成仙之后则要"度尽天下众生",这又体现了儒家"兼济天下"的入世思想。而那长生于人世、乐于施舍的所作所为,又是佛教思想的反映。从吕洞宾传说中可看到山西民间信仰中三教文化融合的痕迹。二是不断增加世俗化内容,如吕洞宾时常出现于酒楼、茶馆、饭铺等吃吃喝喝,走后留下仙迹。他放荡形骸,不拘小节,好酒能诗爱女色,所谓"酒色财气吕洞宾",所谓"吕洞宾三戏白牡丹"(白牡丹为当时名妓),都为人们所熟知,这些世俗生活内容,使吕洞宾这位仙人更富有人情味,赢得了百姓喜爱。三是与文人传说相结合。

■ 永乐宫龙虎殿

永乐宫是典型的元代建筑风格，粗大的斗拱层层叠叠地交错着，四周的雕饰不多，比起明、清两代的建筑，显得较为简洁、明朗。几个殿以南、北为中轴线，依次排列。特别是宫殿内部的墙壁上，布满了精心绘制的壁画，其艺术价值之高，数量之多，实属世上罕见。

永乐宫宫宇规模宏伟，布局疏朗。除山门外，中轴线上还排列着三清殿、纯阳殿、重阳殿等高大的元代殿宇。这些建筑吸收了宋代

永乐宫无极殿

"营造法式"和辽金时期的"减柱法"，形成了自己特有的风格。

殿内绘制有精美的壁画，总面积达960平方米，题材丰富，画技高超，它继承了唐宋以来优秀的绘画技法，又融汇了元代的绘画特点，形成了永乐宫壁画的可贵风格，成为元代寺观壁画中最为引人的一章。

三清殿又称"无极殿"，是供"太清、玉属、上清元始天尊"的神堂，是永乐宫的主体建筑。殿内四壁满布壁画，面积达403平方米，画面上共有人物286个。这些人物，按对称仪仗形式排列，以南墙的青龙、白虎星君为前导，分别画出天帝、王母等28位主神。围绕主神，二十八宿、十二宫辰等"天兵天将"在画面上徐徐展开。

其中，有一幅为《朝元图》的大型壁画，高4.3米，全长95米，描

绘的是群仙朝谒元始天尊的情景。青龙、白虎两神为前导，南极长寿仙翁和西王母等八个主神的四周，簇拥了雷公、电母、各方星宿神及龙、蛇、猴等多位神君，还有武将、力士、玉女在旁侍奉，全图近300个神仙朝着同一个方向行进，形成了一道朝圣的洪流，气氛神圣而庄严。

壁画中的神像虽然高度、朝向大致一样，但画面利用了不同的面部颜色、衣着和神态去表达不同神仙的身份、性格：帝君的神情多半比较肃穆，武将则全身披甲，鬓发飞扬，玉女则含情地微笑，有的在对话，有的在沉思，也有些在凝神、在顾盼，形象各具特色。每个神像大都只是寥寥几笔，以浓淡粗细的长线变化，就充分表现出质感的动势来。

人物袍服、衣带上的细长线条，更多的是刚劲而畅顺地一笔画上去，好像一条条钢线镶在壁画上一样，造就了迎风飞动的飘忽感，加强了画中仙人的生动性。这种画法不但承继了唐宋以后盛行的"吴带当风"的传统，而且准确地表现了衣纹转折及肢体运动的关系，难度极高。

在用色上，则采用了传统的重彩勾填方法，以墨线为骨干，再填以金、朱红、青绿等色，配搭得很和谐，有些部分还用了"沥粉贴金法"增强了质感的对比，增强了画像的立体感。

永乐宫纯阳殿

纯阳殿又名"混成殿""吕祖殿"，是为奉祀吕洞宾而建，殿宽五间，进深三间，八架椽，上覆单梁九脊琉璃屋顶。殿北部一间四柱神坛，前檐明次间与后檐明间皆为隔扇门，其余为墙面。神坛上为吕洞宾塑像，扇面墙后为《钟离权度吕洞宾图》，高3.7米，面积16平方米。相对的北门门额上为《八仙过海图》。

南壁东西两侧为《道观斋供图》和《道观醮乐图》。东、北、西三壁以52幅画组成一部《纯阳帝君神游显化之图》，以连环组画的形式来表现传说的吕洞宾一生事迹。壁画幅高3.5

南极长生大帝全图

米，面积为203平方米。分作上下两栏，幅与幅间用山石云树连接，每一事件既单独成章，而又能通过景色相互衔接。

从总体看，全画是一个完整的青绿山水通景。从局部看，则是各自独立表现一定具体情节的画面。画中有宫廷、殿宇、庐舍、茶肆、酒楼、私塾、医馆、舟车、田野、山川以及形形色色的人物。而且不少的画幅富有浓厚的生活气息，是当时社会生活的忠实写照，从而使宗教画在一定程度上起到了曲折地反映现实的作用，这在道教壁画上是具有创造性的构想。

重阳殿是为供奉道教全真派首领王重阳及其弟子"七真人"的殿宇。殿内的壁画基本上继承了纯阳殿的表现方法。也是用49幅画面来

永乐宫钟吕传道图

描述王重阳一生经历。虽然壁画绘制于明洪武以后，破损也较为严重，但是从其反映道教有关事迹及社会生活的某些侧面来说，仍具有一定的历史价值和艺术价值。

　　永乐宫内保留下的道教壁画还有很多，体系完整，是探索中国道教艺术发展的重要宝藏，也是中国古代美术史中具有里程碑意义的宗教艺术品。

阅读链接

　　吕洞宾为唐代的一名道士，后被道教奉为神仙，是"八仙"中传闻最广的一位仙人。一说他本为唐朝宗室，姓李，武则天时屠杀唐室子孙，于是携妻子隐居碧水丹山之间，改为吕姓。因常居岩石之下，故名岩。又常洞栖，故号洞宾。

　　也有传说他是唐朝礼部侍郎吕渭之孙，因感仕途多蹇，转而学道。《宋史·陈抟传》中记载吕岩为"关西逸人，有剑术，年百余岁。步履轻捷，顷刻数百里，数来抟斋中"，是位修道有术的高士。《全唐诗》中也收有他的诗作二百多首，后世道教和民间称其为"剑仙""酒仙""诗仙"。

忠孝儒林的新津纯阳观

新津纯阳观，又称"古今天下第一忠孝儒林"，距成都38千米，占地80 000平方米，始建于光绪年间。

相传在清朝道光年间，纯阳观旁边有座土地庙，附近有一个农民叫罗老二，家中仅有母子二人，全靠罗老二卖油糕供养他母亲，人称

■ 纯阳观正门

人间天宫的祭祀圣殿

■ 纯阳观内景

"罗孝子"。罗孝子每天卖油糕都要经过土地庙，每次路过他都要虔诚地朝拜土地爷。

因此，感动了八仙中的吕洞宾，于是，在他的帮助下，罗孝子卖麻花很快就发了财，罗孝子不忘土地和吕仙，便将所赚的钱于咸丰初年在土地庙旁修了一座吕仙祠。后来，由于吕仙又帮助陕西商人、成都巨商庄辅臣杀走了抢他银两的匪徒，所以庄辅臣来新津吕仙祠祭拜吕仙。他见吕仙祠年久失修，因而于清光绪年间捐资建成了纯阳观。

纯阳观的主体殿堂都在一条中轴线上，从南往北依次是灵祖魁星殿、三丰吕祖殿、文昌武圣殿、关岳孔子殿，每殿其实都是二殿合一，只要看殿名就能知道殿堂之上供奉的是哪位仙尊。

纯阳观内有一座仙露池，池北是灵祖魁星殿，南面塑魁星像，北面正中塑道教护法神王灵官，左右则塑佛教护法神四大金刚。魁星面目狰狞，金身青面，

孝子 孔子认为，孝是一切道德的基础，是一种至善的美德。一个能事奉双亲的孝子平时要以最诚敬的心情去周到地照顾父母，任劳任怨地服侍父母，精心照料，父母过世时，要以最哀痛的心情来追思父母，是中国传统文化的重要组成部分。

赤发环眼，头上还有两只角，右手握一管大毛笔，称朱笔，意为用笔点定中试人的姓名。魁星左手持一只墨斗，右脚金鸡独立，脚下踩着海中的一条大鳌鱼的头部，意为"独占鳌头"，左脚摆出扬起后踢的样子以求在造型上呼应"魁"字右下的一笔大弯钩，脚上是北斗七星。因为魁星主宰文运，因此在儒士学子心目中，具有至高无上的地位。

灵祖魁星殿后，是三丰吕祖殿，南面供奉吕祖，北面供奉张三丰。

吕祖一副帝王相，而张三丰则是布衣像。吕祖原名吕岩，字洞宾，号纯阳子，是"八仙"中传闻最广的一位仙人，元代时被封为"纯阳演政警化孚佑帝君"，后世又称"吕纯阳"。王重阳创立全真道后，吕洞宾又被奉为"北五祖"之一，故道教又尊称他为"吕祖"。

布衣 布衣，麻布衣服，借指平民。古代平民不能穿锦绣衣服，多穿布衣。在中国古代，布指麻葛之类的织物，帛指丝织品。富贵人家穿绫罗绸缎与丝绵织物，平民穿麻、葛织物。南宋时棉花传入中原，棉花代替麻葛成为布。后也以"布衣"指称没有做官的读书人。

365

■ 纯阳观内香炉

■ 纯阳观内吕祖殿

张三丰，本名通，字君宝，元季儒者、道士，是武当派的开山祖师。明英宗时赐号为"通微显化真人"，明宪宗特封号为"韬光尚志真仙"，明世宗赠封他为"清虚元妙真君"。

文昌武圣殿内，南面供奉武圣关羽，北面供奉文昌帝君。三丰吕祖殿与文昌武圣殿之间，两侧均有廊房相连，廊房里塑有六位道教神像，东廊是统辖三曹大元帅、修圆通使、人天法主，西廊是威灵主尊、玄玄上人、昊天元佛真。

忠孝堂，居中，是座关岳孔子殿。孔子殿居中供奉孔子，他一生从事传道、授业、解惑，被历代尊称为"至圣先师，万世师表"。左侧是亚圣孟子、宗圣曾子，右侧是复圣颜子和述圣子思。

关岳殿主塑关羽、岳飞二圣骑马像，高3.8米。关羽跨赤兔马，左挽缰绳，右提青龙偃月刀，斜首回盼，做"勒马望荆州"状。岳飞骑白马，面容悲壮而恭谨，拱手做迎接十二道金牌状。关岳孔子殿东西两面，各有一座高亭，东为大忠亭、西为至孝亭。

大忠、至孝二亭，是纯阳观内的主要建筑，两亭高均为33.8米，砖木结构，建筑面积各为800多平方

镂空 一种雕刻技术。外面看起来是完整的图案，里面却是空的或者里面又镶嵌小的镂空物件。镂空这种雕刻技术还被广泛应用于石雕、玉雕、木雕、象牙雕等艺术雕刻领域。

米。建筑格调为三重檐八角攒尖盔顶式，三层顶面系筒瓦铺成，最上一层宝顶为青花碎瓷嵌成。

亭内正中，有4根楠木柱，长20米、直径50厘米，支撑穿斗和抬梁相结合的架梁，架梁无钉无铆，是整个亭宇的主体骨架和支撑点。亭子的四周分别是12根直径50厘米的石柱，支撑屋面。亭檐下雕有镏金木刻吊瓜20个，刻工精湛。亭外四周各有44间厢房，厢房的门窗上，配有几何形和卷草花卉的纹饰，有镂空雕花、穿斗式仿清建筑的特色。

大忠、至孝二亭，造型别致，巍峨壮观，各式设计都有特别寓意，高33米，代表三十三重天。中间四根楠木大柱，喻义一年四季。廊道十二根石柱，是一年的十二个月。檐牙鳌角层层起伏二十四个，为二十四节气。四周辅以四十四间廊房，谐事事如意。两亭一阴一阳，左右相对，阳亭终年干燥，阴亭则常年潮湿。

据说如果从空中俯瞰，刚好是太极图上那两个圆点的位置，暗含太极八卦。这种建筑风格，其体量、规模、形制、内涵普天下绝无仅有，被认为是建筑典范，被中国的古建筑学家赞为"楼、台、亭、阁

新津纯阳观关常殿

人间天宫的祭祀圣殿

韩愈　字退之，唐朝邓州南阳人，自谓郡望昌黎，世称"韩昌黎"。唐朝文学家、思想家、政治家。唐代古文运动的倡导者，宋代苏轼评价他"文起八代之衰"，明人推他为唐宋八大家之首，与柳宗元并称"韩柳"，有"文章巨公"和"百代文宗"之名，著有《昌黎先生集》《外集》十卷等。

相结合的典型古建筑"。亭顶图案，有些像太极图，但又不完全一样，它就是太极图的前身双鱼图。

　　大忠、至孝二亭及四周八十八间廊房内，原有历代忠孝人物塑像2000多尊，大忠亭内，正中四方各塑有忠臣一人，分别是东汉伏波将军马援、蜀汉丞相诸葛亮、唐代的郭子仪和李泌。

　　四周还塑有夏代至清代的忠臣精英20名，分别是夏商时代的关龙逄、比干，春秋时期的伯夷，汉代苏武，唐代的魏徵、张巡、颜杲卿、韩愈，宋代的包拯、范仲淹、宗泽、陆游、文天祥、陆秀夫，明代的于谦、戚继光、史可法，清代的郑成功、林则徐、关天培等。每尊塑像都有生平事迹介绍，造像或慷慨激昂，或刚直不阿，神韵毕肖，令人敬仰。

　　至孝亭内则塑有历代著名孝子塑像，布局与大

■ 纯阳观"佛"墙

■ 纯阳观内的题词

忠亭相同，这些孝子或是皇帝，或为官宦，也有平民百姓，他们的至孝故事感天动地。正中四方的四个人物和故事分别是"文帝尝药""孝行感君""打柴供亲""李密陈情"。

文帝尝药说的是，汉文帝刘恒从小就对母后薄氏非常孝顺，即帝位后，薄太后身患重病，卧病三年不起。汉文帝虽日理朝廷大事，但对母后十分关心，不仅经常侍奉母后，而且亲自尝药喂母，从未间断。他每天一面侍奉母亲，一面批览奏章，治理国家大事，因此，汉文帝的孝名流传至今。

孝行感君讲述的是春秋时期郑国大臣颖考叔以他对母亲的孝行感动国君郑庄公的故事，郑庄公曾对其母亲发誓说"不及黄泉，无相见也"。后来，颖考叔出主意挖了一个隧道，取名"黄泉"，郑庄公与武姜在"黄泉"见面，这就是后世闻名的"黄泉相会"。

"打柴供亲"则说的是宗圣曾子的孝行。曾参家

曾子 姓曾，名参，字子舆，春秋末年鲁国南武城人。16岁拜孔子为师，他勤奋好学，颇得孔子真传。积极推行儒家主张，传播儒家思想。他的修齐治平的政治观，省身、慎独的修养观，以孝为本的孝道观影响中国2000多年。著述《大学》《孝经》等，后世儒家尊他为"宗圣"。

境贫寒，小时候常一边读书，一边上山打柴买米供养双亲。拜孔子为师后，他专心学习，颇得孔子真传，并著有《孝经》。

至孝亭四周，塑有"董永卖身""庞氏孝姑""江革负母""缇萦救父""代父从军""晋人王祥卧冰求鲤""三国东吴孟宗哭竹""陆绩座间怀橘""南朝齐人庾黔娄尝粪忧心""北宋朱寿昌弃官寻母""黄庭坚为母亲洗涤溺器"等，大都是二十四孝中的人物和故事，这些人物故事具有浓郁的生活气息和丰富的故事情节，引人入胜，启人深思。

除了忠孝亭独树一帜外，纯阳观内还有诗碑40多通，行、楷、隶、草、篆几种字体俱备，且都出自四川书法名家之手。

内容以宣扬儒家的忠、孝、礼、义思想为主体，兼容佛教和道教劝人行善的内容，其中不乏人生哲理。在这些诗碑之中，位于文昌武圣殿东西两廊出山墙上的6块诗碑最为令人称奇。

龙麟碑是一块石刻有"龙"字和"麟"字的碑，是近代蜀中著名书法家醉道人所书，结构严谨，苍劲有力，飘洒自若，一气呵成。且

370
人间天宫的祭祀圣殿

纯阳观内碑刻

"龙"字碑之中含"龙虎当秋日月明"七字、"麟"字碑内也含"麒麟得鹿星光舞"七字。游人观之，莫不称绝。

纯阳观内的大钟

此外，还有四块碑刻有卷帘体七言诗8首，分别由宜宾、高县、庆符、隆昌县的善堂所题，内容清新、格调高雅，极富生活情趣。

卷帘体诗每首只有10个字，但通过顺读、倒读的变换可变为4句，组成一首美妙的七言诗篇。具体读法是：顺读一至七字为首句，四至末字为第二句，倒读一至七字为第三句，倒读四至首字为第四句。

第一块碑是卷帘体七言诗两首，每首十字，第一首是"春园满雾近空亭报好音"，第二首是"春江半钓乐鱼人欲渡津"。按照上述读法，第一首占读即成七言诗：

春园满雾近空亭，雾近空亭报好音。
音好报亭空近雾，亭空近雾满园春。

第二块碑也是两首卷帘体七言诗，其一是：炎炎夏日映人眠卧几檐，其二是：凉风秋月戏花香楼外墙。第三块碑上的两首诗分别是：枫江半钓乐鱼蓬庆岁丰，升堂卧客醉高吟一曲熏。第四块碑则是：春江半艇夜灯煜映蝶城，残春送舫映梅坛壮大观。

吕祖殿右前方，有一口万缘救苦钟。这口重达3500千克的大钟，钟面分别用隶书、篆书镌有"玉清道院万缘救苦钟"字样，钟身遍铸云纹、雷纹、水波纹，钟钮为蒲牢，鼓眼暴睛，栩栩如生。

钟高2.2米，直径1.2米，钟壁厚12厘米。由于该钟是金银铜铁锡五金合铸，所以又称"五金钟"。又由于轻敲重击或敲击的部位不同，金声玉震发音迥然不同，或为宫商之调，庄严肃穆，或发大吕之声，沉雄浑厚，忽而嘹亮清越，余音袅袅，偶亦低哑郁沉，似存怨艾，于是人们又把它称为"五音钟"。

每年春节期间，从正月初一到初三，新津纯阳观都会举行文化庙会。每逢庙会期间，纯阳观内外观者如潮，有川剧坝坝戏、老年演出队表演文艺节目、民间灯队的传统技艺比赛、灯谜竞猜、书法美术展览，有卖民间杂耍小玩具的、现场做糖画的，卖民间风味小吃的，等等，民风十足。

阅读链接

孟宗，三国时期江夏人，年少的时候父亲就早早去世，只有年老体衰的母亲和他相依为命。

一天母亲深感不适，经过求医问药，得知用新鲜的竹笋做汤就可以医好自己。因为正值凛凛寒冬，根本就没有鲜笋，孟宗无计可施，担心忧愁中孟宗独自一人跑到竹林，扶竹而哭。他的哭声打动了身边的竹子，于是奇迹发生了，只听呼的一声，地上就瞬间长出了许多的嫩笋。孟宗看到时心里特别的高兴，他小心地摘取了竹笋，欢欢喜喜地回到了家里，马上用竹笋为母亲熬好了笋汤。母亲喝了笋汤之后身体果然大有好转。孟宗后来大有作为，官至司空。这个故事也被列入《二十四孝》，为《哭竹生笋》。

关帝庙

　　关帝庙是为供奉三国时期蜀国大将关羽而修建的。

　　关羽初为汉民族所崇尚的忠义英雄，后其忠义精神为历代统治阶层所推崇，诚信精神被商界奉为经商信条，礼、仁、智为儒家尊为人伦典范，勇武为平民所敬仰。历经顶礼膜拜，由侯而王、而帝、而君、而圣，终演变为威震华夏的武圣。

　　关公与"文圣人"孔夫子齐名，被人们称之为"武圣关公"，对后世影响很大。

武庙之祖解州关帝庙

　　位于山西省运城西南的解州，古称解梁，是三国蜀汉名将关羽的故乡。解州西有中国最大的关帝庙，俗称"解州关帝庙"。据有关碑刻记载，远在陈隋之际，解州关帝庙就已经修建了。

　　589年，隋文帝降旨要为关圣帝君在其家乡河东解梁建造一所宏伟

解州关帝庙牌坊

■ 解州关帝庙牌楼

的祖庙，便命州官张榜招贤选址。有人说，庙应建在池南常平村，因为那里是关帝的故乡，也有人说，庙应建在盐池北潞村，因为关羽曾在那里擒杀蚩尤鬼魂，为百姓除恶造福。一时间众说纷纭，州官也没了主意。

有一天，一位白须老者来见州官，他正色道："关帝庙只能建在解梁西关。"

州官问缘故，老者说："你若心诚，便须斋戒三日，然后在中条山上朝王窑头观望，便可知分晓。"说完老者飘然而去，不见了踪影。

州官只觉此人来历不凡，便依言斋戒了三天。第四天刚黎明，州官就率领众人快步登山，待东方日出时候便跪拜禀告，申明一行人的来意。

然后，他抬头朝王窑头望去，只见一团紫气平地

蚩尤　中国上古时期九黎族部落的一位首领，在4600多年以前，黄帝与炎帝结盟后，在涿鹿和蚩尤大战了一场，称为"涿鹿之战"。蚩尤战死，东夷、九黎等部族开始同炎黄部落融合在一起，形成了华夏族。

香炉　用来焚烧香的器具，多用陶瓷或金属制成。香炉不仅是寺庙中的器物，也是古代寻常百姓家中必备的一种供具。古时人们用香炉盛放香，用以拜祭天地神和祖先，是重要的祭祀器具。佛教传入中国之后，香炉开始进入佛教殿堂。

腾起，一会儿又变为青色，宛如龙头在左右摇摆，青色的龙身向西北蜿蜒伸展，在解梁西关盘桓回旋，然后穿越西湖向金井延伸而去，尾部直达金井。

到了正午时分，这条紫气青龙伏地片刻之后就开始徐徐消散，此时州官大悟，他连称：这条青龙头一身傍二水，此处真乃神龙气脉也！于是，他当即决定在解梁西关建庙，并将此事奏禀了朝廷。

后来，州官就将关帝庙的崇宁殿建在了这龙升起的地方，因此，附近的老百姓经常说，时不时就有一团紫气环绕在崇宁殿前的香炉腰部，每日清晨，还可以看到关帝庙上空祥云缭绕和雾气蒸腾，庙内的花草树木也比别处旺盛许多。

解州关帝庙，总占地面积有70 000平方米，为普天下众多关帝庙占地面积之最。关帝庙坐北向南，以东西向街道为界，分南北两大部分，内外古柏苍翠，

■ 关帝庙正门

■ 关帝庙内的牌匾

百花争艳。街南称结义园，由结义坊、君子亭、三义阁、莲花池、假山等建筑组成。园内桃林繁茂，千枝万朵，颇有"三结义"的桃园风趣。

传说关帝庙在解州西关动土后，各地人们踊跃资助，有钱的出钱，有力的出力，一时轰动天下。

木匠祖师鲁班在天上得知这一消息后，十分兴奋。他想："建造关帝庙乃是天下的一件盛事，我如不去就有负于武圣人了。"

于是，鲁班赶忙收拾好木工工具和仅有的一些铁钉，启程前往人间帮助修建关帝庙，唯恐误了大事。他来到解州，果然看见西关人山人海，万头攒动。

鲁班化为一老翁，急忙找到营造督工说明来意。不料，督工见一介老翁，且篮中都是些旧工具，便微笑着谢绝了。

鲁班气急了，说道："你莫看我老朽无力，我可

君子 特指有学问有修养的人。"君子"一词出自《周易》，被全面引用最后上升到士大夫及读书人的道德品质始自孔子，并被以后的儒家学派不断完善，成为中国人的道德典范。"君子"是孔子的人格理想。君子以行仁、行义为己任。《论语》一书，所论最多的，均是关于君子的论述。

甲胄 冷兵器时代一种重要的防护性兵器，类似于现代战争中的防弹服。穿在将士身上，可以在一定程度保护将士的身体，免遭敌方进攻性兵器的重创，进而增强战斗力，并给敌方更猛烈的打击。甲胄可以使部队增强"防守反击"的战斗效能。甲胄的出现是和原始社会末期私有制出现、战争日益频繁、进攻性武器逐渐锐利等因素紧密相关的。

以不费吹灰之力，立时将铁钉钉入石阶。"

说着，只见老翁轻举铁锤，"叭！叭！叭！"三下，火星四溅之后，三颗铁钉就牢牢嵌入石阶了。督工见了大惊失色，来不及问清老翁姓名和来历，便将建庙事宜全部委托给了老翁。

从此，在鲁班带领下，建筑进展相当顺利，一座座宫殿很快就拔地而起，金碧辉煌，雄伟壮丽，人们见了都赞不绝口。

当以悬梁吊柱而闻名的春秋楼竣工后，督工便准备设宴向老翁祝贺，不料老翁已不辞而别了。过了几天，又有几个能工巧匠赶来西关帮助修建，并说原来那老翁就是木匠祖师爷——鲁班，大家都感到十分神奇。

此后，不管过了多少年，鲁班钉的铁钉仍牢牢地嵌钉在崇宁殿前的右边石阶上，人们看后无不惊奇。

解州关帝庙的布局十分精巧，街北是正庙，坐北

■ "武庙之祖"匾

朝南，仿宫殿式布局，横线上分中东西三院，中院是主体，主轴线上又分前院和后宫两部分。

前院经端门之后是巍巍耸立着的三座高大庙门，采用单檐歇山顶的建筑风格。中门是专供帝王进出的门，叫"雉门"，门楼上镶嵌着"关帝庙"竖额。

雉门后部是戏台，是一座双昂卷棚歇山顶建筑。东面的文经门是文职官员行走的，西侧是"武纬门"，是甲胄之士通行的。

午门是一个面阔五间、单檐庑殿顶、石雕回廊的厅式建筑。周围有石栏杆，栏板正反两面浮雕有各类图案和人物共144幅，洋洋大观，颇有童趣。

厅内南有三国时期周仓、廖化的画像，轩昂威武。北面左右两侧，彩绘着关羽戎马一生的主要经历，起于"桃园三结义"，止于"水淹七军"。

崇宁殿是关帝庙的主体建筑，由于宋徽宗赵佶曾封关羽为"崇宁真君"而得名。崇宁殿殿前苍松翠柏，郁郁葱葱，配以石华表一对，焚表塔两座，铁旗杆一双，月台宽敞，勾栏曲折。

崇宁殿面阔七间，进深六间，重檐歇山式琉璃殿

■ 关帝庙内的香炉

华表 中国古代立在宫殿、宗庙、亭榭、坟墓等建筑前面的柱形标志物，原为木制的高柱，其顶端用横木交叉成十字，似花朵状，起某种表识作用，故称之为"华表"。它一般由底座、蟠龙柱、承露盘和其上的蹲兽等组成。柱身多雕刻龙凤等图案，上部横插着雕花的石板。华表是中国古代建筑的鲜明象征。

■ 关帝庙午门

顶，檐下是双昂五踩斗拱，雕刻富丽。殿周围回廊置雕龙石柱26根，盘龙姿态各异，个个须眉毕张，活灵活现。

大殿明间上悬挂横匾中的"神勇"二字，是清朝乾隆皇帝亲笔题写的。檐下有"万世人极"匾，是清代咸丰皇帝所写。下列三把青龙偃月刀，与门口的铜香案、铁鹤相映成趣，自成一种威严气势。

殿内木雕神龛玲珑精巧，内塑帝王装关羽坐像，勇猛刚毅，神态端庄肃穆。龛外雕梁画栋，雕有云龙金柱，自下盘绕至顶，狰狞怒目，两首相交，展示了关羽的英雄气概。龛上有康熙亲笔书写的"义炳乾坤"横匾一方，更增加了崇宁殿的庄严肃穆。

后宫以"气肃千秋"坊、春秋楼为中心，左右有刀楼、印楼对称而立，是进行祭祀活动的主要场所。

"气肃千秋"坊是中轴线上最高大的木牌坊。东侧有印楼，里边放着"汉寿亭侯"玉印模型，西侧是刀楼，里面列着青龙偃月刀的模型。

春秋楼是关帝庙的扛鼎之作，掩映在参天古树和名花异卉之间，显得巍然屹立、大气磅礴。楼内有关羽手捧《春秋》像，而《春秋》又名《麟经》，所以春秋楼也叫麟经阁。

春秋楼建于明万历年间，宽七间，进深六间，檐

隔扇 也称格扇、长窗，是用木做成的柱与柱之间的隔断窗，周围有框架，中间划分为花心、绦环板、裙板等五道，可透光通气。根据建筑物开间的尺寸不同，每间可安装四扇、六扇或八扇隔扇。

下用木雕有龙凤、流云、花卉、人物和走兽等图案，雕工精湛，剔透有致。楼内的东西两侧各有三十六级楼梯，可供上下。第一层上有108面木制隔扇，象征着山西历史上的108个郡县。

相传春秋楼有三绝：一绝是上层回廊的廊柱矗立在下层的垂莲柱上，垂柱悬空，有悬空之感；二绝是在第二层上，有关羽的侧身夜观《春秋》像，身旁的阁子板壁上刻满了用正楷刻写的《春秋》内容；三绝是春秋楼的楼顶，正好对着北斗七星的位置，十分奇绝。

全庙共有殿宇100多间，布局严谨，主次分明。殿阁嵯峨，气势雄伟。屋宇高低参差，前后井然有序。牌楼高高耸立，斗拱密密排列，建筑间既自成格局，又和谐统一，布局十分得体。

垂莲柱 是古代汉族建筑垂花门或垂花牌楼门角上的两根悬空倒垂的短柱。在垂花门麻叶梁头之下有一对倒悬的短柱，柱头朝下，头部雕饰出莲瓣、串珠、花萼云或石榴头等形状，酷似一对含苞待放的花蕾，这种短柱称为"垂莲柱"。垂莲柱历史悠久，在宋代就已很通行。

■ "气肃千秋"坊

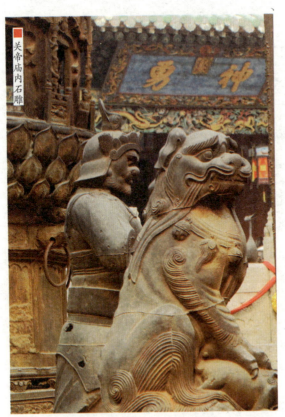
关帝庙内石雕

解州关帝庙内的木构建筑，具有独特的风格，是许多古人别具匠心的劳动成果，是古代劳动人民智慧的结晶，春秋楼的吊挂回廊就是中国建筑艺术中的经典。

关帝庙除古建筑外，还有琉璃影壁、石头牌坊、万斤铜钟、铁铸香炉、石雕饰品、木刻器具以及各代石刻等艺术精品。

关帝庙内，石刻、木雕、壁画、照壁、书法牌匾比比皆是，游人信士络绎不绝，香火非常旺盛。后经过多次修葺和彩绘，关帝庙显得更加壮丽辉煌。

解州作为关公的故乡，不但很早就兴建了关帝庙，而且在其悠久的历史发展中，流传下来了许多美丽的故事，虽然这些传说故事，带有很浓的神话色彩，但都反映了人们善良的愿望和对关公的崇敬之情。在中原黄土高原上有一道奇怪的风景，凡是有关帝庙的村寨，关帝庙一律都建在村西首，这是何故呢？在民间流传这样一种说法：

汉末名将关羽一生追随兄长刘备南征北战，为蜀汉政权的建立立下了汗马功劳，且他为人忠、待人义、处世仁、作战勇，受到了历代皇帝、百姓的推崇和爱戴。历代帝王封其为帝，百姓们尊其为神。

传说关羽升天后，天上的玉皇大帝想关羽戎马一生，辗转辛苦，此时也该好好歇歇了。因此，在关羽向玉帝报到后，玉帝就没有给他

人间天宫的祭祀圣殿

安排什么职位，只是让他随意走走，享享清福。

哪知关羽是个闲不住的人，他天天到人间去了解百姓疾苦，回来后就向玉帝禀奏，玉帝看到关羽这样勤于政事，实属少见，因而经常在召集天界文武百官的时候给予夸赞。

但玉帝也看到了关羽这样在人间、天界来回往返，实在太累了。于是玉帝降旨，在人间的村村寨寨建造关帝庙，让关羽在人间司管风雨，这样一来，百姓在关帝庙里就可直接见到关老爷，也省得关老爷来回奔波了，这真是一举两得啊！

黄土高原所处的地理环境，自古以来都是盛行西风雨，而关老爷司管风雨，因此关帝庙就都建在了村子的西首，因此每年的春秋两季，老百姓就会在村西的关帝庙内举行隆重祭祀活动，以乞求风调雨顺、国泰民安。

■ 关帝庙春秋楼

关帝庙结义园

明代词人吕子固在《谒解庙》诗中曾无限感慨地吟咏道：

正气充盈穷宇宙，英灵烜赫几春秋。
巍然庙貌环天下，不独乡关祀典修。

这真实地反映了人们对关公的崇拜和敬仰，以及关帝庙遍布天下的盛况。

阅读链接

宋徽宗年间，在解州发生了一场灾害，盐湖连续八年没有出过一粒盐。根据上古传说，蚩尤与黄帝大战战败后，他倒地化为盐池，后来盐池不出盐，人们认为是蚩尤在作怪。

由于解州盐池收入占当时朝廷总税收的六分之一，这让宋徽宗很是担心，就请龙虎山的天师道掌门人张天师前来作法除妖。尽管张天师用尽浑身解数，也不见任何效果。

于是，宋徽宗想到了关羽，便设坛请关公下凡帮助战胜蚩尤。果然，关羽下凡之后，盐池就重新出盐了。关羽的威名不胫而走，在人们心中的名望也陡然大增了，祭拜他的人也更多、更虔诚了。

武圣故里常平关帝家庙

　　常平关帝家庙是关羽家乡的人们仰慕关羽的英武和盛德，在隋朝初期建造的一座祠堂。

　　关帝家庙的南侧依巍峨秀丽的中条山，北临碧波万顷的天然盐湖。整个庙宇的布局采用了"前朝后宫"的建制，以及中轴对称的宫

■ 关帝家庙

关帝家庙石牌坊

殿建筑手法。

中国的关帝庙虽然很多，但关圣家庙却仅此独有，天下无双。关圣家庙也称"关帝祖祠"，位于关公故里的运城常平村，与解州关帝庙遥相呼应，始为祠堂，至金代形成庙宇。

据明神宗时魏养蒙所撰的《重修常平关圣家庙碑记》可知，金代王兴于1177年创建正殿三间，转护环廊四十间，寝殿、仪门各三间。

后来又有常平村人胡铨对庙宇进行过局部修葺及增扩，至兴建圣祖殿之后，再无修葺。

常平关圣家庙又称"常平关帝庙""关帝祖祠"，距解州关帝庙近万米，南依中条山，北临古盐池，山清水秀，风景优雅，是块难得的风水宝地。

相传，这座庙所在之地，原是关羽的故宅，关羽从出生到杀了恶霸之前，一直都生活在这里。后来，关羽杀了为害乡邻的恶霸吕熊，不得不出逃避难。恶霸的后人和官府进行勾结，捉拿关羽不成就打算对关家斩草除根，诛灭九族。

于是，常平村里的关姓人都纷纷逃到古村一带去避难，唯有关羽的父母因年迈行走不便，最终投井自尽了。人们为了纪念关羽的父母，就在那口井上修建了一座塔。

关羽死后，乡人仰慕他的忠义和盛德，就在塔的基础上修建了祠堂，四时进行奉祀。到了金代，又增修了具有一定规模的建筑群，取名"关圣家庙"。

这些建筑群一直都被完整地保存着，尤其是这里的始祖殿、娘娘殿、太子殿及精美的明末清初塑像，是其他关帝庙所没有的。

据史书记载，隋代以后，随着历代帝王对关羽的逐级追封，庙堂也在不断地增建和扩建，仅从明代嘉靖皇帝修葺之后，关帝家庙就整修或增建达16次之多，所以大部分的建筑多为清代以前遗构。

常平关帝庙占地15 000多平方米，多为砖木结构，琉璃瓦顶。庙前立有3座牌坊，左右木构，中为石雕。

庙院内，中轴线上由前向后依次建有山门、午

仪门　旧时官衙，即府第的大门之内的门，也指官署的旁门。在古代，"衙门"或"官邸"辕门内具有"威仪"点缀的正门，称为仪门。有的旁门也借称"仪门"。有的后门也可以称为"仪门"。明代和清代的官署、邸宅大门内的第二重正门。仪门一称取自于孔子的第三十二代孙孔颖达的《周易正义》中的"有仪可象"之句而得名。

■ 关帝家庙内景

■ 关帝家庙木牌坊

人间天宫的祭祀圣殿

门、享殿、崇宁殿、娘娘殿、圣祖殿等6座殿宇；两侧配以厢房、配殿、回廊等，主从有序。

庙宇坐北朝南，规模宏伟，布局严谨，殿阁壮丽。庙前建牌坊3座，位于东西两侧者为木结构，三门四柱庑殿顶，分别名为"灵钟醮海"和"秀毓条山"；居中者为石结构，正前方置铁狮一对，明间门额书"关王故里"4个大字。

在总体布局上，常平关帝庙与解州关帝庙同样沿袭了"前朝后寝"的形制。山门、午门、献殿均是面阔三间，单檐悬山顶，灰色的筒板瓦覆盖，绿琉璃瓦剪边。

关帝殿面阔五间，四周有围廊，全部采用重檐九脊顶。殿内木雕神龛装饰富丽。

崇宁殿是庙内的主体建筑，建于砖砌台基之上，面阔五间，进深四间，四周回廊均进深一间，总面阔七间，总进深六间，重檐歇山顶，绿琉璃覆盖，施花

回廊 指曲折环绕的走廊，有顶棚的散步处。廊是指屋檐下的过道、房屋内的通道或独立有顶的通道。包括回廊和游廊，具有遮阳、防雨、小憩等功能。廊是建筑的组成部分，也是构成建筑外观特点和划分空间格局的重要手段。常配有几何纹样的栏杆、坐凳、美人靠等装饰性建筑构件。

琉璃脊饰。

大殿明间施板门两扇，左右次间施直棂窗；殿内木雕神龛装饰富丽，内置关羽像，关羽头戴冕旒，身着帝装，气宇轩昂地端坐在龙椅上。在龛内外还侍奉着4个人，恭谦微谨。神像造型丰满，神态逼真。

娘娘殿面阔与进深各五间，重檐歇山顶，殿前檐建插廊，有垂花门，左右两侧建配殿，自成院落；殿内神龛供关夫人像，左右两侧侍女像有的持帕，有的握笏，躬身肃立，是清朝时期塑像的佳作。

圣祖殿在庙宇后端，建于1773年，面阔三间，单檐悬山顶，灰色筒板瓦覆盖，置于砖石构筑的台基之上，殿前月台宽敞，殿内供关羽始祖、曾祖、祖父和父及其三祖夫人像，为普天下武庙所罕见。

关帝家庙内，还有八角七层砖塔一座，高约15米，传为关羽父母亲之墓。塔身上下收分幅度较大，层间叠涩出檐，反叠涩收进，形成下层塔檐和上层基

塔刹 一种佛塔顶部的装饰品，塔刹是塔的最高处，是"冠表全塔"和塔上最为显著的标记。"刹"是"土地"和"国家"的意思，引申义为"佛国"。所谓无塔不刹，塔刹存在于各种式样的塔顶上。自从印度的窣堵波传到中国以后，逐渐与中国的传统建筑融合，形成了塔顶攒尖收尾的重要部分。

■ 常平关帝家庙崇宁殿

■ 关帝家庙圣祖殿

座，顶上砌筑有圆盘，可惜上面的塔刹已经不存在了。砖塔持重，端庄稳健，平素无饰，历经了明嘉靖年间的河东大地震，却依然无恙。

庙南的中条山下古柏苍翠，石碑林立，是关氏祖坟的所在地。从关圣家庙至关氏祖坟的通道上曾建有献殿、祭台等。

庙内有各种碑碣数10通，这些碑刻记述了流传在民间的关羽故事，以及历代对关羽的封号及关族的世袭情况，是研究三国历史的珍贵资料。

关圣家庙古木参天，盘根错节，苍翠蓊郁，虬枝纵横，几乎每株古树都有隽永神奇的传说。

娘娘殿院内有古桑一株，在明朝时期就已经种植了，树龄超过了500年，粗可合围，表皮为鳞状，称为"麒麟皮"。

一般桑树所结桑葚一年仅成熟一次，但是这株桑树的桑葚却于一年之内五熟五落。古桑树下有5条树

关兴 字安国，三国时期蜀国的大臣，是关羽的第二个儿子，继承了父亲关羽汉寿亭侯的爵位。关兴从小就沉默寡言，习惯单独思考，是个万事都能妥善处理的天才，深受诸葛亮的器重，在蜀汉担任侍中、中监军等重要的职位。诸葛亮北伐时，关兴出任龙骧将军、左护卫使，后病死。

根，约碗口粗细，裸露于地面约1米。

根部上方的树干距地面约5米处蜿蜒伸出了5株粗枝，不但与树干下的五条祖根相互呼应，也与家庙中供奉关羽的曾祖、祖父、父亲、关羽本人、关羽子关平及关兴五代暗合，号称"五世同堂桑"。

庙院内娘娘殿内另有古柏一株，名为"云柏"，树干中裂，以铁箍环护，树身倾斜，与地面成45度角，直指万米之外的解州关庙。

每至严冬，大雪纷飞，笼罩万物，此柏却落雪必化，丝毫没有覆压的积雪，所以也被叫作"热柏""化雪柏"和"无雪柏"，这类树种属于濒危植物，已极为罕见。

在庙内的主体建筑崇宁殿前檐的左右两侧各有古柏一株，名"龙"柏和"虎"柏，两柏主干内侧距地面约一米处树皮凸凹错落，形成了"龙身"和"虎首"，浑然天成，形态逼真，令人称奇。

乡里有一种习俗，就是以红绳缠绕龙柏和虎柏的躯干，然后裁龙柏、虎柏所缠红绳的一段作为幼子的项圈，认其为"干爹"，可保佑子女健康成长，洪福齐天。

阅读链接

宋徽宗是第一个对关公进行追封的帝王。宋徽宗在阅读典籍的过程中发现关羽有勇有谋、讲义气、忠心耿耿，正是自己朝中所缺和急需弘扬的精神，于是就在1102年追封关羽为"忠惠公"。

第二年宋徽宗又以"教主道君"的身份，封关羽做了"崇宁真君"，使关羽在道教中获得了一个正式的地位。1108年，宋徽宗提拔关羽做了"昭烈武安王"。

1123年，金兵南下，前线将士无心恋战，连连败退，形势十分危急，宋徽宗再一次改封关羽为"义勇武安王"，想借助关羽的义勇来激励将士们的斗志，希望他们能够奋勇杀敌和保家卫国。

依山临海的东山关帝庙

关帝神像

福建东山关帝庙位于铜山古城中岵嵝山下，也被称为"武庙"。

670年，左郎将陈政和将军陈元光奉唐高宗李治的旨意开发闽南，跟随他们的士兵带来了中原家乡供奉的关羽神像香火，这就是福建东山关帝信仰的来源。

据考证，东山关帝庙还是中国台湾众多关帝庙的香缘祖庙。明朝时期，朝廷出于防范倭寇侵扰的考虑，在东山建立城池。由于关帝是

■ 关帝庙武圣殿

忠勇的象征，所以守城官兵为了保佑自己，开始建造关帝庙。

东山关帝庙始建于1387年，于1508年扩建。在庙的大殿石柱镌刻有"大明正德吴子约敬送"字句。

东山关帝庙依山傍海，面向烟波浩渺的东山湾，依地势逐级递高，层层而起，气势雄伟。整个关帝庙的木结构部分为明代、部分为清代和近代建筑。

庙宇属抬梁式木构架建筑，面阔三间，进深六间。总长40米，宽17米，面积680多平方米。悬于山顶，绿色的瓦。多是石梭柱，柱础鼓状。

庙前有一大广场，石雕栏杆，叠隔其间，莲花池居于广场正中，绿水满波映衬古庙。庙前有明清时代雕刻的石狮四对，昂首威猛，神气各殊。

庙门是用六根石柱顶托着数百支纵横交错和承力均匀的木制拱梁。拱梁上建有一座宫殿式的楼亭，叫

忠勇　"忠"是儒家思想的核心之一，指为人诚恳厚道、尽心尽力，尽力做好本分的事。有忠诚无私、忠于他人、忠于国家及君主等多种含义。"勇"也是儒家伦理范畴。指果断、勇敢。孔子把"勇"作为施"仁"的条件之一。"勇"必须符合"仁、义、礼、智"，而且不能"疾贫"，才能称其为"勇"。

瓷雕 是绘画和雕刻相结合，将绘画、书法等艺术形式表现在瓷器上的一种特殊的艺术手段，是在没有彩绘的白瓷上刻上绘画或文字。刻在器皿上的，如盘、碗、花瓶、茶具、文具等，尚有工具的作用；刻在瓷板上的再配上红木架子，则纯是艺术品了。

■ 福建东山武圣殿匾额

做"太子亭"。

特别值得一提的是，支撑太子亭的石柱是由外向内倾斜的，这在其他建筑上是非常罕见的。从建筑结构角度来说，这样更有利于维护太子亭的稳定。太子亭不但建筑艺术高超，且有很高的建筑科学价值。

东山靠海，每年都会受到台风侵袭，同时历史上也有过多次比较大的地震，但太子亭历经600多年，尽管重心那么高，却仍然保存得完好无损，和这种倾斜支撑的石柱密切有关。

太子亭上有各种闽南瓷雕组成的图案，正面是"八仙过海"和"兽图"，有麒麟、象、狮、虎、鹿、羊、骡、豺等。

屋顶上用剪瓷雕塑造了120个英雄人物故事如："李世民登基""樊梨花征西""岳母刺字""穆桂英挂帅"等，造型生动、千姿百态。

■ 关帝庙塑像

这些是最具闽南地方艺术特色的剪瓷雕。其制作方法是根据不同人物造型，用泥胎制成形，再将彩色瓷片根据人物造型需要剪碎贴上。

这种传统艺术过程十分烦琐，需要有精湛的工艺才行。剪瓷雕有两个特点：一是不会褪色，可以长时间保持色彩鲜艳；二是在阳光照射下闪闪发光，流光溢彩，有一种金碧辉煌的感觉。

关帝庙的中轴线与隔海相望的文峰塔相对，中轴线与塔尖成一条直线，在古代没有任何精密仪器的情况下，还能建造得如此精确，确实罕见，真可谓是巧夺天工啊。

大殿、前殿屋脊都塑有"双龙抢珠"及"凤凰飞舞"的瓷雕。庙内的金木雕和石雕更是巧夺天工，金碧辉煌。主殿下的水磨青色大陛石上，雕刻一条罕见的盘龙，腾云吐珠，峥嵘露角。

八仙过海 道教传说吕洞宾等八位神仙途经东海去仙岛，他提议各自投一样东西到海里，然后各显神通过海。于是铁拐李、蓝采和、韩湘子、吕洞宾、张果老、汉钟离、曹国舅、何仙姑分别把自己的拐杖、花篮、箫、拍板、纸驴、鼓、玉板、竹罩投到海里，站在上面逐浪而过。

轿 一种靠人或畜扛、载而行，供人乘坐的交通工具。就其结构而言，轿子是安装在两根杠上可移动的床、座椅、坐兜或睡椅，有篷或无篷。轿子在中国大约有四千多年的历史。据史书记载，轿子的原始雏形产生于夏朝初期。因其所处时代、地区、形制的不同而有不同的名称。如肩舆、兜子、眠轿、暖轿等。

据说这样的盘龙大陛石在普天下只有两块，另一块在北京的故宫，是同一对师徒雕刻的。

关帝庙里的镏金木雕和石雕刻都出于历代名家之手，绝对是上乘珍品。

主殿石柱上悬挂着明代武殿大学士黄道周题写的一副对联：

> 数定三分，扶炎汉，平吴削魏，辛苦备尝，未了一生事业；
>
> 志存一统，佐熙明，降魔伏虏，威灵丕振，只完当日精忠。

这副对联概括了关公一生的丰功伟绩，也表达了黄道周对关公的仰慕之情。

大殿有3个门，中门两侧各有一石鼓，石鼓上架着蟠龙镏金木棒，称为"龙档"或"皇档"。顾名思义，龙档就是将人们挡在外面不能从中间门进关帝庙，只有皇帝来了才能从中门进，这也是表示对关帝的敬意。

庙内还保留有许多明清和近代的石刻、木刻、对联以及匾额。主殿的正中央，悬挂着关帝庙的镇殿之宝，也就是清朝咸丰皇帝御笔的"万世人极"的匾额，

■ 清代关帝庙琉璃池

这是对关羽最高的评价，意味
关羽的品格，是后世人们学习
的榜样和做人的准则。

在这个匾额的下面有两尊
关帝神像。一尊被称为"镇庙
神"，是根据《三国演义》中
关羽形象描绘而雕刻成的。

后面一尊关帝神像是坐在
轿子里的，可以移动。每到关
羽诞辰期间，东山人们就会抬
着这尊关羽神像在大街小巷游
走，以示恩泽百姓。

在关帝像两边还有四尊泥
塑，分别是关羽生前的四员大将：持大刀的是周仓，
捧大印的是关平，以及王甫和赵累。这四员大将跟着
关羽驰骋疆场，屡建奇功，死后也忠心耿耿地护卫在
关羽的身边。

大殿东侧悬挂着一口清朝道光年间所铸造的铜
钟，声音洪亮，响彻天际。整座关帝庙布局严整有
序，气魄非凡。

值得一提的是，普天下的关帝庙，在关帝座前的
只有两名侍将，一个是持刀的周仓，另一个是捧印的
关平。唯独东山的关帝庙，与众不同。

除了持刀的周仓外，其身后神龛里还坐着另一个
周仓，而且其相貌也和立着的周仓有所不同，是白净
脸庞五绺须。这是为什么呢？

■ 福建东山关帝庙
房檐建筑

对联　也叫作楹
联或对子，是中
国古代语言最为
独特的一种艺术
形式。对联习俗
源于中国古代汉
语的对偶现象，
一般写在纸、布
上或者是刻在竹
子、木头和柱子
上。对联讲究对
仗工整，平仄协
调，字数工整，
是中华民族文化
的瑰宝，对于弘
扬民族文化有着
重要价值。

■ 关羽塑像

缙绅　中国明代的封建特权阶层，地位仅次于贵族地主，是明朝维护封建统治最为重要的一个阶层，包括各级官吏以及国子监和府州县学的生员。同时，他们的妻子也享有相应的特权。后来统称为当官的，或者说是曾经做过官的人。

　　这里面还有一个神话典故。说是宋末忠臣陆秀夫曾经附神在东山关帝神像上，享受民间的香火。后来，宋朝幼主赵昺也附神在了周仓的身上。

　　这一来，陆秀夫就大伤脑筋了。按庙里神位，关帝为主，周仓是侍将。但是，赵昺终归是君，自己毕竟是臣，总不能叫主子天天站立在自己身旁吧！这该怎么办才好呢？陆秀夫只好托梦给关帝庙的庙祝。

　　后来，还是东山老百姓给想出了一个两全其美的办法。他们给宋帝赵昺附神的周仓另外安排了一个座位，立了一个神龛在旁边，并免除了他持刀的职务。等到关帝出巡时，另备白马一匹，供他代步。

　　但是，人们总觉得在关帝座前，仅有关平侍立，看起不顺眼，所以又塑了周仓原形，持刀侍立，这就是东山关庙有两个周仓的原因了。

　　其实，这种传统，只不过是戍边的将士借关羽不忘故乡的忠义，来寓托自己不忘故乡的情思罢了。

　　中国台湾的关帝信仰是仅次于妈祖信仰的第二大民间信仰。岛内的几百座关帝庙，都是从东山关帝庙分灵过去的。

　　据说在明朝万历年间，有一艘泉州的船舶在铜山港停泊，船主姓陈，他听说关帝神威灵应，就特地到关帝庙进香，请求分灵到船中奉祀。

后来，船主将船中奉祀的关帝送到了中国台湾的凤山，也就是后来的中国台湾的高雄，兴建了文衡殿，成为中国台湾南部较早的关帝庙。

东山关帝庙充满着不少神秘的色彩。修建东山铜陵关帝庙的不是官府、缙绅和道士，而是来自南少林寺的高僧，它是普天下最奇特的释道儒三教合一的民间信仰神祠。信徒共尊的神明，千余年而不绝。

据该庙《铜陵关帝庙世系略谱》记载，该庙自清初起被南少林武僧香花僧管理了几百年，普天下能够做到佛谛俗谛并观的实属难得，这不能不说是中国宗教民俗文化史上一个非常奇特的文化现象。

■ 翡翠关公像

东山关帝庙香火鼎盛，历数百年而不衰，东山人们对关帝的崇拜至诚至敬无以复加，可以说是普天下关庙之最。

东山的人们，几乎家家户户大堂正中都悬挂着关帝的画像和楹联，历代相传已成民俗，其普及之广普天下绝无仅有。

每逢农历初一、十五，很多东山人会到关帝庙来拜关帝。不管遇到什么大事小

烟雾缭绕的关帝庙

事，更会到关帝庙来求签，求关帝指点迷津。

传说明末将领郑成功在出兵收复中国台湾之前，就曾到东山关帝庙求得吉签，他果然旗开得胜，收复了台湾。

总之，东山关帝庙是中国古代文化的精品，是关帝文化极其重要的历史性丰碑。

阅读链接

相传明代正德年间，有人得到了一块上好的陛石，当时东山关帝庙正在重修，这人就将陛石献给了关帝庙，并请来师徒两人雕这块石头。

师傅决心将这块陛石雕成一块独一无二的盘龙石雕，可是刚开工之时，师傅恰好家中有事回家了。

这徒弟左等右等不见师傅回来，就大胆地试着运用压缘法的雕刻技法，将盘龙雕刻在这块陛石上了。

待师傅从家中赶回来时，看到徒弟的杰作大加赞赏说："真是有状元学生，没有状元老师啊！"

林庙合祠的洛阳关帝庙

洛阳关帝庙也称"关林庙"，位于河南洛阳城南近7000米的关林，北依隋唐故城，南临龙门石窟，西望熊耳青黛，东傍伊水清流，是武圣关羽葬首之所，也是中国唯一的林、庙合祀的古代经典建筑。

洛阳关帝庙始建于汉代，经明朝重新修茸后，占地达180余亩，有

■ 洛阳关帝庙

■ 关林庙

明清殿宇廊庑150余间。

关林的主要建筑均在中轴线上，关林正门为五开间三门道，朱漆大门镶有近百个金黄乳钉，享有帝王的尊贵品级。

正门上，有12幅明代浮雕木刻，说的是"桃园三结义""三英战吕布"等故事。

大殿正中为关公身着帝王冠服的坐像，面上涂金。左边是周仓、廖化，右边是王甫、关平。周仓持刀，关平捧印，皆穿铠甲，廖化、王甫则是文职装束，面带笑容，像皆高逾5米，背后又有关羽、关平和周仓3人的戎装像。

二殿即武殿，上面的匾额"光昭日月"为光绪题字，正中关羽戎装坐像，周仓、关平分侍左右。传说关羽为丹凤眼，平时眯着，一旦睁开，那就预示着关

乳钉 中国古代常用的一种纹饰，乳钉经常出现在青铜器上，是最简单的一种纹饰，通常是排成单行或者是方阵的凸起乳突。还有一种图案，就是乳钉置于斜方格中，称为"斜方格乳钉纹"。乳钉盛行于商周和殷周时期，最初的乳钉突出比较高，周边还有呈柱状形的。

羽要惩奸除恶了。

这座关羽座像就是睁着眼睛的，他目视东南，面带杀机。因为东南方向正是东吴的地界，关羽被东吴所杀，所以怒视东吴，誓要向孙权讨还命债。

三殿即春秋殿，硬山式建筑结构，面阔五间，规模较小，内塑关羽夜读《春秋》像、关羽出行图和睡像，所以也被称为"寝殿"。读书像中关公的长髯几乎要垂到地面，凸起的"将军肚"是这座像的精华。

据说古时候为了把人像塑造得威武不凡，通常会采取两种做法，一种是把像塑得很高大。一种是给人物塑一个将军肚。关公睡像有个机关，一按动这个机关，这个像就能坐起来。

关林俗称"关帝冢"，关羽墓就建在轴线建筑的最后。关冢平面为不规则的八角形，围墙用砖砌，占地约250平方米，冢高10米，犹如山丘。

洛阳关帝庙内关帝塑像

传说关羽的首级就埋葬在此冢内。冢前的石墓门为1707年所立，额题"钟灵处"3个大字。墓门两侧刻有对联：

神游上苑乘仙鹤；
骨在天中隐睡龙。

表达了人们对关羽的思念之情。

石墓门上留有两个投币用的小孔，左为祈求平安，右为求财。人们在此拜过关公之后就将硬币分别投入孔内，若听到"当啷"之声，就意味着心到神知，会得到关公的庇护。

关冢始建于汉末，如今绿草如盖，高峻出尘，虽江山已改，但关

关羽石墓门

冢依然。"关林翠柏"是"洛阳八小景"之一，古柏千章，葱茏回合，每当大雨急住乍晴之时，云气如烟，似袅袅香篆，悠悠绕冢流走，奇幻异常。

根据陈寿《三国志·武帝记》记载，220年春，曹操到洛阳不久，孙权就袭击并擒杀了关羽，最后派人将关羽的首级献给了曹操。

刘备、关羽、张飞桃园结义之后，关羽跟随刘备转战南北，为匡复汉室

■ 关林庙碑亭

立下了汗马功劳。219年，关羽发起襄阳战役，斩庞
德，擒于禁，威震朝野，孙权弃信义背叛孙刘联盟，
出兵偷袭荆州，致使关羽功亏一篑，败走麦城，突围
时在当阳西北被孙权的部将潘璋和吕蒙虏获杀害，大
义归天。

　　孙权害怕刘备起兵为关羽报仇，就将关羽的首级
连夜献给身在洛阳的曹操，企图嫁祸于他。曹操识破
孙权的计谋，又敬重关羽的忠义，就刻沉香木续为
躯，以王侯之礼厚葬关羽于关林。

　　千百年来，关林都因厚葬关羽首级而名闻天下。
这里峻宇连甍，古柏森然，淄素入庙，视为严宫，形
成了浓厚的关公文化氛围。

　　汉代在关庙原址扩建才形成了庄严宏伟的关羽朝
拜圣域。

张飞　字翼德，
河北涿郡豪绅，
三国时蜀汉名
将，雄壮威武，
颇有胆识，被称
为"万人敌"。
他跟随刘备起
兵。曾率领20骑
阻挡了数千虎豹
骑追兵，助刘备
脱险。入川后又
出奇兵破敌将张
郃于宕渠。张飞
性格豪爽，敬君
子而不恤小人，
曾义释严颜，又
爱鞭挞部下。官
至车骑将军，封
西乡侯。与关
羽、诸葛亮并称
"蜀汉三杰"。

1648年，清顺治皇帝谥封关羽为"忠义神武关圣大帝"，立碑建奉敕碑亭。亭盖坡面覆满了绿色的琉璃筒瓦，瓦头雕龙，雄狮、宝瓶、仙人沿脊排列，这在清代亭式建筑中是少见的。

碑亭结构十分复杂，拱昂上下连接，环环相扣，形成了一座密檐式亭盖。整座碑亭没有一颗铁钉，均为木榫结构，构筑十分奇巧，造型典丽，尽显鬼斧神工之妙，虽历经百余年风雨，但仍巍然屹立，充分显示了民间艺术家惊人的创造力。

亭内立有"忠义神武灵佑仁勇威显关圣大帝林"碑，碑阳屡有变化，碑阴刻有董笃行在乾隆年间撰写的关羽生平事迹及封号等情况。

1666年，清康熙帝敕封洛阳关帝冢为"忠义神武关圣大帝林"，此后，历代帝王不断对关帝冢加封，乾隆皇帝谥封为"灵佑"，庙碑磨石重刻。嘉庆皇帝追封为"仁勇"，庙碑再次磨石重刻。后来道光皇帝也谥封关帝冢为"威显"。

每年这里都会举办隆重的洛阳关林朝圣大典，届时，天下的关庙人士和宗亲组织就会云集在关林，举行盛大的朝拜仪式，关林成为海内外华人谒拜的圣域。

阅读链接

据说关羽并不姓关，而是姓冯，名贤，字寿长，从小就力大无穷，非常具有正义感，并且不受管束，因此，父母对他的管教甚严。

一天，冯贤在街上闲逛，碰到一对父女，因为县尹舅爷要强娶小女为妾而抱头痛哭。于是，愤怒的冯贤仗剑前往县署，杀了尹舅爷并逃到了潼关。

见捉拿他的官吏手中持有画像，他就随手抓了一把鸡血涂在脸上，指关为姓，指鸟为名，骗过了对他盘查的官吏。可是，涂在他脸上的鸡血却无论如何也洗不下去了，于是，冯贤就改名为关羽，以红脸示人，成了一位赤面长须的英雄。

关羽长眠之地当阳关陵

湖北当阳关帝庙也称"关陵"，是埋葬关羽身躯的地方，距当阳3千米，是中国著名的四大关庙之一，它始建于东汉，称"汉义勇武安王祠"，1536年整修陵庙，始名"关陵"，已经有1700多年的历史了。

219年，关羽败走麦城后被吴兵所杀，孙权怕刘备报杀弟之仇，就将关羽的首级献给曹操，并将关羽的正身以侯礼葬于当阳城西北，是一座土冢。

■ 当阳关陵

人间天宫的祭祀圣殿

自隋唐以来,历代皇帝就一直给关羽加封,使其成为"武圣人",直至"关帝",他的陵园也随之不断扩大,形成了宏伟壮观的规模。到了嘉靖年间,已成为陵园建筑群,始名"关陵",并且一直沿用。

关陵坐落在当阳西约3千米处。陵庙坐西朝东,面临沮水,与景山遥遥相望。宋代以前,关羽墓冢还是座掩隐在林木中的小土丘,1188年,襄阳太守王铢对关羽墓培土加封,并"始建祭亭,环以垣墙,树以松柏"。

元朝时期,玉泉寺住持僧慧珍派僧人到关羽墓地,重新修葺山门,并留在那里看管陵墓。1467年,当阳知县黄恕上书朝廷,请求为关羽墓地建庙,得明宪宗恩准后,才大兴土木,形成庙院,建筑群体落成于明1536年,占地近百亩。

关陵建筑群以宫墙相连,全是红砖黄瓦,富丽堂

■ 当阳关陵石牌坊

皇。陵园中轴线上由前而后依次排列着神道碑亭、华表、石坊、三圆门、马殿、拜殿、正殿、寝殿、陵墓。两侧分设八角亭、春秋阁、碑廊等。

正殿为主体建筑，前檐悬"威震华夏"金匾。殿内供奉着关羽父子和周仓的塑像，造型生动，威风凛凛，气概不凡。

寝殿内有一座高近4米，重约800千克的关公铜像。寝殿后的墓冢，高7米，周长70米，甃石为垣，加上石雕栏杆，刻有"巨龙如海"等图案。墓前碑亭中，立有"汉寿亭侯墓"碑。

整个陵园的风景幽丽，古柏参天，远山近水，四季常青，加之三国故事脍炙人口，关公品德世人景仰，所以常有信士前来拜谒凭吊。

起先，人们在当阳关陵祭拜关羽的时候，是手捧三炷香，在关庙内对着关羽像，口念求关老爷保佑平安等祈福之类的话。后来，逐渐演化形成一套完整的"仪注"。

当阳的关陵庙祭祀与之有所不同。明清时期，当阳关陵施行的是春秋两祭。春祭为农历四月初八关公的封爵日，秋祭为农历九月十三即关公的升天日。后来，关陵祭祀改为农历五月十三一次祭。

关陵祭祀的等级和形式很有讲究。清代当阳关陵春祭由宜昌总镇兵官主祭，秋祭由荆门直隶州守主祭。拜殿设坛，正殿前设三牲祭品，寝殿和陵墓神位前各设香盏果品，参祭官员斋戒沐浴，依品阶从三元门中门和左右侧门进入。主祭官员率僚属在正殿神像前的拜殿内行叩拜礼，烧香化纸，由礼仪师行令和诵祝文。

同时，在庙内也开展一些狮子、高跷、采莲船、腰鼓等民间艺术表演，也有大型民俗剧当阳杀故事《关公过五关》等艺术精品，是关陵庙会上最吸引眼球的一个亮点。

祭祀期间，各地商贾云集，官人游客，人物荟萃。经商的，卖艺的，开店的，唱戏的，七十二行各显神通，形成了庙会。庙会在满足达官贵人祈安求福的同时，也促进了城乡物资的交流，满足了老百姓的需要。

阅读链接

关羽死后，孙权曾经将关羽的首级放在一个匣子内献给了曹操。曹操打开匣子一看，只见关羽口开目动，须发皆张。

曹操吓得大惊失色，虽然他曾想过要杀关羽，但当他真见到关羽首级时，仍浑身颤抖，他哆嗦着说："关羽怎么活着令人敬畏，死了仍然这么让人害怕呢！"

于是，下令设牲礼祭祀，刻沉香木为关羽刻制了一副身躯，用王侯的礼仪将关羽下葬在了洛阳的南门之外，并且还亲自前往拜祭关羽。

虽然这个传说明显是后人夸张渲染，但是在关羽死后，头的确是被葬在了河南洛阳，身子葬在湖北当阳。在洛阳、当阳各有一处关羽墓，所以都说关羽"头枕洛阳，身卧当阳，魂归山西"。

药王庙

药王是中国民间对古代名医的尊称，又称"医王"。因时代、地区不同，药王所指人物也不同。

其中著名的有春秋时期的扁鹊，东汉时的邳彤，唐代的孙思邈、韦慈藏、韦善俊和韦古道等。这些名医在后世不断被神化，被人们奉为药王，并设庙祭祀，称为"药王庙"。

各地有安国药王庙、耀县药王庙、合肥六谷祠、密云药王庙和丰台药王庙等。这些地方是人们祈求健康平安的庙宇，庙内香火繁盛，形成了中国一种独特的庙宇文化。

最大医圣庙宇安国药王庙

　　河北省安国，古称"祁州"，安国药王庙也叫"皮王神阁"，始建于东汉年间，是药王邳彤的供奉之所，也是中国规模最大的医圣纪念庙宇建筑群。

安国药王庙

■ 安国药王庙匾额

　　药王邳彤是东汉王朝的开国功臣，在二十八宿将中具有举足轻重的地位。汉光武帝刘秀的儿子汉明帝刘庄为了表彰邳彤，特意下旨令宫中画匠为邳彤画像，并同邓禹等二十八位开国功臣画像一起悬挂在南宫的云台。

　　普天下的老百姓都说，天上的二十八星宿是在玉帝的授意下化成了云台二十八将，刘秀能平定天下可全靠这些下凡神仙的帮忙了。

　　据《后汉书》记载，邳彤"一言可以兴邦"，满腹文韬武略，是难得的经天纬地之才。邳彤帮助刘秀平定王莽之后，任曲阳郡太守，他为政清廉，刚正不阿，精于药理，他经常背着药箱微服走出衙门，扮作行走天下的游医为贫苦的百姓义务诊治，疗效非常显著，深受百姓们的爱戴，都尊称他为"神医"。

　　在安国，人们一直都口口相传着一个故事：有一年，邳彤到京城游历，走过城门，恰巧遇到守城侍卫

微服　改变自己日常的着装，以便能够避人耳目。通常用来指古代帝王或者高官为了隐蔽自己的身份，而改穿平民日常的衣服，如"乾隆皇帝微服私访"。

刘庄　即汉明帝，是刘秀的儿子，庙号显宗。刘庄即位后，遵奉光武制度，实行休养生息的政策，提倡儒学，致力于消除北匈奴的威胁，在位期间吏治比较清明，边境安定。

■ 药王庙内的墓亭

驸马　中国古代对帝王女婿的称谓，也称为帝婿、主婿、国婿等。汉武帝时始置驸马都尉，"驸"也就是"副"，主要掌管副车之马。到三国时期，魏国的何晏以帝婿的身份授官驸马都尉，后来晋代也有杜预娶晋宣帝之女安陆公主，王济娶文帝司马昭之女常山公主，都授驸马都尉。魏晋以后，帝婿改称"驸马"，非实官。

在张贴皇榜，原来，皇帝最心爱的公主患上了一种奇怪的病，宫里的御医倾其毕生所学也找不出病因。

看着心爱的女儿因病整日昏睡，脸色煞白，吃不进去任何东西，生命危在旦夕，皇帝真的急坏了。无奈之下，皇帝下令将皇榜贴满城中的大街小巷，寻求天下的民间名医，在皇榜中皇帝许诺："无论是哪位名医，只要能治好公主的病，愿意要财富的，可赏千金；愿意娶公主成为当朝驸马的，便可在公主病好之后择日成亲。"

看过皇榜后，邳彤自信满满地伸手揭下了皇榜，跟随着侍卫一起进入了皇宫。经过一番仔细的望、闻、问、切，邳彤逐渐明白了导致公主生病的原因。

原来，公主从小就养尊处优，山珍海味不断，而又缺乏必要的锻炼，导致了消化不良、胃口闭锁。太医院的御医们怕皇帝怪罪，就自作聪明地用人参、鹿茸等药材为公主开了一张滋补身体的方子，结果反而加重了公主的病情，可怜的公主就这样被一群庸医给坑苦了。

弄清病情的邳彤回到驿馆后，就用手指在自己的身上搓啊搓，还不错，邳彤的身体够脏的，很快就搓出了一个用污泥制成的大药丸，并派人呈送给了公主。

邳彤呈献上药丸之后，害怕皇帝知道"药丸"的秘密怪罪于他，就在当晚趁着夜幕偷偷逃出了京城，一路快马奔回故里祁州。

公主服下药丸之后，肚子里一阵剧烈的翻江倒海，忍不住呕吐起来，吐得是一塌糊涂。见此，皇帝、皇后、太医、太监们的脸色都变了，他们都给吓坏了！

谁知公主呕吐过后，慢慢地开始进食一些少量的稀粥，没几天，公主就恢复了正常的食欲，脸色也逐渐红润了起来。

救死扶伤

药王庙

太医 古代医生的称呼。指封建社会专门为帝王和宫廷官员等统治阶级服务的医生。周有医师，秦、汉有太医令丞，魏、晋、南北朝沿置。隋置太医署令。宋有医官院，金改称太医院，置提点为长官。明清相沿，长官称为院使。亦以泛称皇家医生。

■ 安国药王庙内建筑

■ 药王庙内古建筑

朱棣（1360—1424），就是永乐帝，明太祖朱元璋第四子。明太祖去世后，继位的建文帝朱允炆实行削藩制度，朱棣于1399年发动靖难之役，于1403年攻入南京，夺取了皇位，改元"永乐"。他在位22年，其间功绩卓著，并迁都北京城，影响深远。朱棣死后，庙号太宗，葬于十三陵的长陵。

皇帝看着公主活蹦乱跳起来，念邳彤救治公主有功，就下令召见邳彤，哪知邳彤早就离开了。于是，皇帝便令人追回邳彤故里，传旨：封邳彤为药王。并在他的家乡祁州立庙。就这样，邳彤被世人尊崇为"药王"。

自从为邳彤修建的庙宇设祀以来，普通人们经常前去求助药王为他们解除病痛或讨求一些祛病养生的妙方，很多善男信女也常常不远千里前来进香，香火非常旺盛。

一些买卖药材的药商看到了巨大的商机，趁机在这个地方做起了生意，逐渐形成了每逢农历四月二十八的药材庙会，一到这个时候，四方商客纷纷云集在这里，百货交流，成为当时规模最大的一个药材市场，虽然已历经百年，但是热闹的场面仍然不减当年，形成了"草到安国始成药，药到祁州始生香"的说法。

1404年，明永乐皇帝朱棣基于宋代临安时期药王庙的规模，以邳彤墓为中心，对药王庙进行了进一步的扩建。后来又经过明清两朝历代皇帝的修葺，逐渐形成了我们所见到的药王庙。

药王庙建筑群占地3200多平方米，坐东向西，由牌坊、马殿、钟鼓楼、药王墓亭、碑房、十大名医殿、药王正殿、后殿组成，结构框架十分严谨。

进入药王庙，首先就是高悬在山门之上的巨幅"药王庙"匾额，据史料考证，这是清乾隆时期的东阁大学士刘墉题写的。

除此之外，安国药王庙还有它别具一格的特点，它打破了历来庙宇坐北朝南的传统，坐东朝西。山门外统一采用了重檐庑殿顶式的建筑风格，金黄色的琉璃瓦覆盖了整个四柱三门式的彩木牌楼，阳光照耀下，庙宇正中匾额上的"显灵河北"4个描金大字愈发显得庄严。

匾额两侧为马殿，四名牵马战士牵着红、白两匹战马分列两边，马殿后为钟、鼓二楼，穿过头进院落与二进院落之间的三座垂花门，就是抄手回廊，令人

救死扶伤

药王庙

重檐庑殿顶式

清代所有殿顶中等级最高的一种建筑形式，又叫作四阿顶，这种殿顶构成的殿宇平面呈矩形，共有九脊。在中国现存的建筑中，太和殿是最大的重檐庑殿顶的宫殿，天贶殿是最早的建有重檐庑殿顶的宫殿。

■ 药王庙内的雕塑

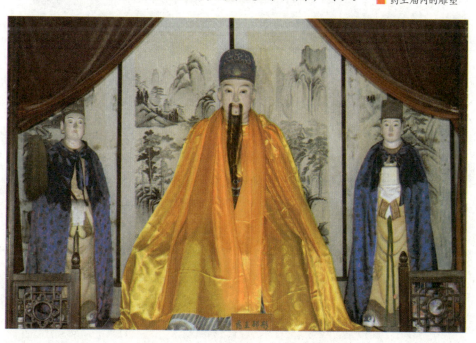

惊奇的是，罗列在大殿前的不是别的，而是药王墓和墓碑墓亭，十大名医殿分列南北两侧。

正殿是药王庙的主殿，殿中供奉的是身着龙袍的药王全身坐像，它端庄而又慈祥，俯瞰着进行祭拜的众生。药王的两侧，是八名神采奕奕的武将，无形之中增加了庙宇庄重威严的气息。正殿建筑宏伟，雕镂精湛，全部由琉璃瓦覆盖，在太阳的照射下，熠熠生辉，散发着夺目的光辉。

在正殿的两侧有一对石狮子，石狮子面前矗立着两根长约24米，重约15吨的铁铸旗杆，长剑似的直插入云霄。

旗杆中部缠绕着两条栩栩如生的金龙，与旗杆顶端的金凤凰遥相辉映，一阵微风吹来，悬挂在旗杆四周的24个风铃发出脆响，加之旗杆上镶嵌的对联：

铁树双旗光射斗；

神庥普荫德参天。

更凸显出庙宇的肃穆和不同凡响。

阅读链接

关于安国药王庙的来历，还有一个神话传说。

相传宋秦王当政期间，得了一种疾病，经过很长时间的救治都没有好转。有一天，邳彤突然显灵，治愈了宋秦王的疾病，宋秦王非常感谢邳彤的救治，就问邳彤的名字。

邳彤回答说是"祁州南门外人也"，于是，宋秦王派人前往祁州南门，才知道自己得到了仙人的救助，于是封邳彤为"药王"，并在当地建了一座庙，将邳彤供奉了起来。

纪念道家药王的六谷祠

安徽省合肥药王庙原名"六谷祠"，是中国最大的一所纪念道家药王铁拐李的庙宇。合肥药王庙始建于元代，明朝重新修葺时扩大了原有的建筑规模。

药王庙内祭祀的神祇是道家尊崇的药王铁拐李，他对药理有着自己独特的见解，经常普度众生，救人于病痛，所以深得百姓的崇拜。

传说，汉朝时，合肥城南有两个兄弟，哥哥李复医术高明，弟弟李玄医术稍逊，只能在旁边辅助哥哥。有一年，他们的母亲得了重病，就连哥哥也束手无策，兄弟二人四处寻医，请求救助。

一天，家中来了一个道士，对他

铁拐李画像

们说西王母娘娘那里有治这种病的药方，并且还留下一首诗：

寻坡转涧蛇六谷，风餐露宿天水岸。

迈岭登山拜仙桃，历经千苦药王归。

　　李玄一听西王母娘娘那里可以救母亲的病，就骑着毛驴，告别众人去西方求药。他背着母亲跋山涉水来到了黑森林。

　　这天晚上，月亮又大又圆，把大地照得好亮，母亲口渴得厉害，想要喝水，于是李玄起身找水，但是在水潭旁边看到两条小花蛇在嬉戏，可是潭水看起来黑乎乎的，怎么能喝呢？

　　这个时候，饥渴难耐的母亲一把推开李玄，捧起水就喝了起来，还一直说："真好喝，感觉舒服多了。"

王母娘娘塑像

　　第二天早晨他们继续西行赶路，途中碰到一个茅草屋，里面全部都是珍奇异宝，看的他们目瞪口呆，这时候，一个胖子走了出来，希望他们能够留下来，可是李玄救母心切，于是就委婉地拒绝了。

　　胖子被李玄救母的决心感动了，就拿出一颗红枣让他吃，没想到，吃了以后，李玄背着母亲一点也不觉得累了。

　　就这样，他们走了好多

年，这天，他们到了一座大山
下，看到半山腰有大片大片的
桃园，桃子长得又大又红，等
他们走近，桃树参天，还有许
多鸟和梅花鹿。

母亲说想吃桃子，李玄就
去摘，一不小心，就从树上滑
了下来，把脚给摔断了。可是
路途漫漫，怎么办呢？无奈的
李玄随手折了一个树枝当拐
杖，搀扶着母亲继续前行。

这个时候，迎面走来了一
群仙女，斥责两人偷她们的桃子，母子二人窘得不知如何是好。

救死扶伤

药王庙

正在这个时候，一个穿着华美衣服的慈祥老人喝退了这些仙女，
开始询问李玄他们是怎么到这来的。听了李玄的话，老人才笑着说她
就是王母，可以治他母亲的病。

王母问他还有没有别的要求，李玄支吾着说他希望可以得到王母
的药方，以便救助天下的老百姓。于是，西王母点化他成仙，又封他
做了东华教主，并且还赐给了他一根铁杖。

回到家，看着面发红光，身体矍铄的母亲，哥哥连忙问是不是用
了什么药方？李玄一五一十地都告诉了哥哥。

哥哥听了一脚跺在地上说："弟弟你真可以，当初我就说用君药
蛇六谷、天湖露、仙蟠桃这三个药方就可以治好母亲的病，但是这三
种药可遇不可求，我也束手无策，没想到你真的找到了，是你的孝心
帮助了你自己……"

后来，兄弟二人还为百姓留下了很多治疗疾病的良方。

■ 玉皇大帝塑像

求签 是中国的民间习俗，是占卜的一种形式。现今的道观、寺庙和民间的庙宇大多摆上签筒，供人抽取签条问卜。求签活动开始于什么时候，具体年月已很难确定。根据公元9世纪间的《玉壶清话》的记载：五代时的一位宰相卢多逊，曾在年幼时到云阳观取得一签。由此推断求签的活动最迟出现于后唐。

合肥的百姓为了感谢这位跛脚药王所做的一切，就为他建了一座药王庙。

药王庙坐北朝南，沿中轴线依次排列着大门、前大殿、后大殿等主要建筑。每两殿之间都有一条甬道相通。

庙门两侧，是一雌一雄两只石狮子，石狮子高约2米，和红色的庙门、绿色的琉璃瓦以及单檐歇山顶组合在一起，显得整个药王庙高大而又不失气派。

进入庙门，是一宽大的院落式结构，正门门额上悬挂着"药王庙"木制匾额。前大殿门窗全部采用木雕花棂，殿内中心是药王爷的全身泥塑像，他慈眉善目，三缕长髯，一手捧着药书，神情专注。

陪祭在两边的是药童，他们有的手捧药书，有的手持药锄、药筐，有的手拿尘拂，造型各异，栩栩如生。

药王彩塑真身前摆有一个大供案，上面放置着一个1米高的铜铸香炉，直径大约0.8米，香火常年不断。后殿为玉皇大帝的供奉之所，泥塑的玉皇大帝端坐在木基座上，头戴垂珠皇冠，身披黄袍龙衣，睥睨着天下众生。

供案两侧是四大天王彩塑，稍后还有八大金刚立像，他们身披铠甲，头戴金盔，手中拿着各种各样的武器，形态十分威武潇洒。

药王庙的香火很盛，据说这里非常灵验，经常有来自八方的病人或病人家属前来许愿求签，保佑家人身体健康。

阅读链接

据说，人间的李拐儿长得非常魁梧，虽然潜心修道，但是一直都没有得到真道，于是就跟随老子和宛丘先生学道，隐居在砀山的一个岩穴里面。

一天，他应邀和老子一起游华山，就把躯壳交给了自己新收的弟子看管，他一再叮嘱徒弟说："如果七天我的元神还没有回来，你就把我的尸壳烧掉。"

当时，这个徒弟因为母亲病危，等到第七天的中午，见李拐儿还没有回来，就将尸壳烧掉回家了，等到李拐儿晚上回来，寻找不见躯壳，只好自认倒霉。

没了魄的李拐儿看到林中有一具饿殍，就急忙附了上去，等到他站起来才发现，这个饿殍是个跛子，而且黑脸蓬头，卷须巨眼，形极丑恶，必须倚仗铁拐才能行走，于是人们便开始叫他"铁拐李"。

庙中有庙的密云药王庙

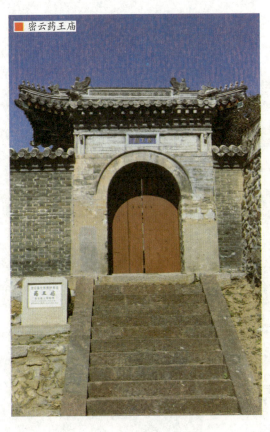

密云药王庙

"七郎坟，令公庙，琉璃影壁靠大道。一步三眼井，两步三座庙"，精辟地概括了北京密云古北口文物建筑的特点。而药王庙则是"两步三座庙"中的"三座庙"之一，它最大的特点就是庙中有庙，在方圆不到千米的地方，只短短几步，就集中了药王、佛阁和龙王三座庙。

药王庙是密云有名的"老八景"之一，曾有过两次大规模修葺。

庙里除了供奉着药王孙思

邈之外，还供奉着一只石雕小老虎，这只小老虎雕刻精美，长约40厘米、高约12厘米，是人们在修葺清理药王庙地基的时候发现的，当地的人们都亲切地叫它"嘿儿喽爷"，你可别小看它，它可是药王庙的镇庙之宝呢！

相传有一天孙思邈骑着毛驴到五台山采药，途中路过一个拐弯的地方，毛驴忽然停止不前并且浑身颤抖起来。

孙思邈探头一看，原来前面路中卧着一只老虎，高昂着头，张着大嘴，口水还不停地往下流，却一声不吼，一动不动，眼神中似乎有一丝丝祈求的意味。

■ 密云药王庙内的孙思邈塑像

孙思邈稍作思考，就明白了：这只老虎有病，是想让他帮忙治啊！于是他跳下毛驴开始打量起老虎来，很快，就发现在老虎的喉咙里卡着一块骨头。孙思邈医术精湛，没费多大劲就将老虎喉咙里的骨头取出来了。

这下，老虎能吃东西了，饥饿难忍就跳起来将毛驴吃掉了，孙思邈很生气，指着老虎骂道："真是兽性难改，你把我的毛驴吃掉，让我怎样行路？唉，救了个没良心的东西！"他瞥了老虎一眼，转身上路。

老虎听了这话，又看见孙思邈悻悻而去，便将头

五台山　位于山西省东北部，隶属忻州市五台县，西南距省会太原市230.1千米，与浙江普陀山、安徽九华山、四川峨眉山共称"中国佛教四大名山"。与尼泊尔蓝毗尼花园、印度鹿野苑、菩提伽耶、拘尸那迦并称为"世界五大佛教圣地"，或为"世界五大佛教名山"。

425

救死扶伤

药王庙

人间天宫的祭祀圣殿

■ 药王庙牌坊

奉拉下来，流出两行泪来，向孙思邈追去，并一路跟随，成了孙思邈的新坐骑。

从此，孙思邈骑着老虎，走遍了五台山，采了许多珍贵的草药，治好了许多病。老虎耳濡目染，逐渐具有了灵性，尤其是对喘病特别擅长，于是，孙思邈让它负责治疗天下的喘病。

药王庙是这里所有建筑物中修建年代最早的，药王庙建于明朝初年，距今已有630年的历史。

药王庙西边半步之遥是关帝庙，右前方是龙王庙，右后角是关帝阁，说是两步三座庙，实际是三庙加一阁，外加一明初的古戏楼。药王庙这种庙中套庙的建筑格局，有史以来在建筑学上是特殊的，在庙宇群里堪称之首。

■ 密云药王庙戏楼

药王庙是祈祷身心健康，保佑平安的圣地。关帝庙保佑事业一帆风顺、官运亨通。龙王庙就是风调雨顺。观音阁里的观音菩萨，保佑人们万事如意，大吉大利。两步三座庙里占尽了天时、地利、人和。

为了求得一男半女就建了送子观音庙，而后来的财神庙则是人们为了多财多福而建造的。财神庙建于清朝道光元年，分为前后两殿和东西禅堂，供奉着文武财神。

在密云药王庙前的是一座高约3米、宽近4米的琉璃影壁，影壁中心是栩栩如生的二龙戏珠浮雕，下面是布满鱼虾和海马的大海，尤其是在阴雨连绵的雨季，龙的眼睛就好像是真的一样泛着光泽，当地人们称之为"宝眼"。相传这个影壁是一位陕西老人为了答谢药王爷的救命之恩而建的。

药王庙的门口，搭建着一个药王庙戏楼，分为

匾额 中国古建筑的一个必要组成部分，是古建筑的眼睛。一般来说，人们用于表达经义和感情的属于匾，表达建筑物名称和性质的属于额。所以，匾额就是悬挂在门屏上的一种装饰物品，用来凸显建筑物的名称和性质，是人们表达义理和情感的一种文学艺术形式。但也有人认为，横着的叫"匾"，竖着的叫"额"。

药王庙内建筑

上下两层，上层为戏台，下层是进入药王庙的通道。

药王庙采用单檐硬山式建筑结构，由6根红柱支撑，中间匾额上的"德贯天地"彰显着人们对于药王的认可和尊重。

密云药王庙也拥有盛大的民间庙会，于每年的农历九月十四举行。据不完全统计，每年参加庙会的人数多则三五万，少则二三万，热闹异常，据说香火最盛的时候，能收到数百个"还愿"人送来的猪头、羊头。

人间天宫的祭祀圣殿

香火鼎盛的丰台药王庙

在北京丰台西南的丹村有一座药王庙，是为了纪念功垂千秋的唐代医学家孙思邈而建造的，始建于明代，清乾隆年间进行了重点修葺，逐渐形成了现有的规模。

■丰台药王庙大门

■ 药王庙孙思邈像

程咬金 字义贞，原名咬金，后来更名为知节，济州东阿人，是唐朝的开国名将，被封为卢国公，位列凌烟阁二十四功臣。在历代小说中，写程咬金为了生计，和十八条好汉一起聚集在瓦岗寨，后帮助李世民开创了大唐王朝。

药王庙坐东朝西，由药王殿、三皇殿及娘娘殿、财神殿等建筑组成，在药王殿山墙两处镶嵌着《重修药王庙碑文》。庙内古树参天，遮天蔽日。

相传唐太宗年间，有一年渤海湾大潮，东海龙王率领众多的虾兵蟹将，将海水漫延到了泰山脚下，房屋倒塌、土地被淹，百姓苦不堪言。为了解决百姓的疾苦，唐王李世民命秦琼和程咬金带着大批人马奔赴泰山镇压东海龙王。

两军阵前，程咬金对着老龙王问道："老龙王，您居住在东海龙宫好好的，为什么来侵犯我大唐的国界，坑害我大唐无辜的百姓呢？"

老龙王道："程将军有所不知，这次我到大唐的地界，为的只是寻找药王孙思邈，我那龙孙患有一种奇怪的疾病，我需要孙思邈来救我孙儿的命啊！"

程咬金道："药王孙思邈？我身在大唐，但是并没有听过这个人，老龙王您久居龙宫，从哪里得知孙思邈的医术呢？"

老龙王说："几年前，我曾经到耀州的五台山去排云布雨，途中遇到出殡，一位老妇人跟在棺材后面，哭得泪流满面，好不伤心。原来老妇人的儿媳在生产的时候难产，已经于两天之前断气了，一尸两命，简直是要了老妇人的命啊！

"就在这个时候，一位鹤发童颜的老者拦住了送葬队伍，打开渗血的棺木，拿出银针就朝孕妇扎去，随着银针不断地捻动，新生儿降生了！就连孕妇也奇迹般地'起死回生'！看着老妇人激动地连连磕头，我才知道救人的老者就是药王孙思邈啊！"

程咬金听了老龙王的一席话，说道："既然如此，我立马奏请唐王李世民，为您寻找药王孙思邈，解您孙儿的病患。"

不久，唐王就打听见孙思邈正在泰山以西的马家楼访友，得知孙思邈行踪的老龙王立马带着生病的孙子幻化成人形，前去求诊。

431

救死扶伤

药王庙

■ 药王采药壁画

■ 药王问诊壁画

切脉 又称"把脉"，中医学在"四诊"中，明确规定了望、闻、问、切的诊断程序，除非患者昏迷，或是神志不清无法准确表达症状的时候，都不能仅仅凭着脉象来确定疾病。切脉是对"望、闻、问"这三诊的补充、参考和验证，是最后一步，目的是为了确定患者罹病的脏腑、经络、性质和程度。

孙思邈刚一切脉，就知道了这个小孩子绝非常人，也不说破，就那样不动声色地继续进行针灸，没想到一针下去，小孩儿立马就现了原形，几针下去龙孙就康复了！老龙王忍不住连连称赞。

后来，丰台一带瘟疫蔓延，死伤无数，孙思邈路过丰台，得知这个地方的疫情十分严重，就立即沿途教授人们炼制丹药，救治病患，一个也不错过。

就这样，全丰台的病人都被孙思邈给救治了。人们感念孙思邈的恩德，就大兴土木修建了丰台药王庙，前来拜见进香的人络绎不绝，香火非常旺盛。

药王庙坐东朝西，寓意着药王守望家乡，守望故土，这个地方也因此而改名为"看丹村"，距今大概有400多年的历史了。

药王殿采用的是单檐式建筑结构，红墙灰瓦，殿内正中端坐的是药王孙思邈像。唐太宗李世民在评价孙思邈时说：

> 凿开径路，名魁大医。
> 羽翼三圣，调和四时。
> 降龙伏虎，拯衰救危。
> 巍巍堂堂，百代之师。

到了宋朝，被敕封为"妙应真人"。

在旧历四月二十八，药王生日这天，附近十里八乡的人们就会来药王庙进香祈福。很多人家还将自己的儿子送到庙中当"跳墙和尚"，成为药王爷席下的一名弟子，以期望孩子能够无病无灾地健康成长。

等到男孩儿到了适婚的年龄，老和尚就会主持男

李世民　即唐太宗，唐朝的第二位皇帝，在位23年，年号贞观。是著名的政治家、军事家、书法家和诗人。早年随着父亲李渊进军长安建立唐朝，登基之后开创了贞观之治，他虚心纳谏，轻徭薄赋，使百姓休养生息。对外开疆拓土，被各族尊称为"天可汗"。"功大过微，故业不堕"，为后世明君的典范。

救死扶伤
药王庙

■ 丰台药王庙大殿

药王庙祈福树

孩儿对药王烧香磕头，从墙里跳出墙外，就算还俗了。

在药王生日那天，还有很多妇女特地到娘娘殿"拴娃娃"，她们虔诚地进香拜药王之后，就会拿走一个泥娃娃，寓意着能够早生贵子，这就是最早的药王庙庙会。

在纪念孙思邈诞辰的庙会上，人们不仅可以买到日常用品，还可以品尝到各地的风味小吃，观赏各种精彩的文娱活动，像说书的、唱戏的、香花会、百年茶会、天缘狮会、高跷、中幡、五虎少林棍、跑旱船、扭秧歌等中华传统绝活随处可见。

其中，最负盛名的就是"地蹦子会"，也称"太平花鼓会"，是当年清朝慈禧老佛爷特封的"皇会"，仍然保留着慈禧赏赐的龙旗。

在街道两边，最不缺少的就是各种琳琅满目的店铺和商品，切糕、寿面、豆汁等极具京城特色的小吃应有尽有，商贩的吆喝声、人群的嬉戏声、戏班的曲乐声，交汇冗杂，好不热闹。

阅读链接

关于看丹村名字的由来，民间还有另外一个说法，相传在唐朝时期，孙思邈曾经在这个地方寻铅觅汞，炼制拯救世人的丹药，因此被改名为看丹村，这既是人们为了感念药王的恩德，也寓意药王守望家乡，守望故土。

在明人沈榜的《宛署杂记》中，看丹曾有"戡滩村""看滩村"和"看丹村"三种写法，最后一种流传最广。

城隍庙

　　城隍庙，起源于古代的水庸祭祀，为《周官》八神之一。城原指挖土筑的高墙，隍原指没有水的护城壕。为了保护城内百姓的安全，古人造城时修了高大的城墙、城楼、城门、壕城和护城河。

　　古人认为，与人们生活和生产安全密切相关的事物都会有神的存在，于是城和隍就被神化为城市的保护神。

　　后来，道教把城隍纳入自己的体系，称作斩除凶恶、保国护邦的神，并管理阴间的亡魂。

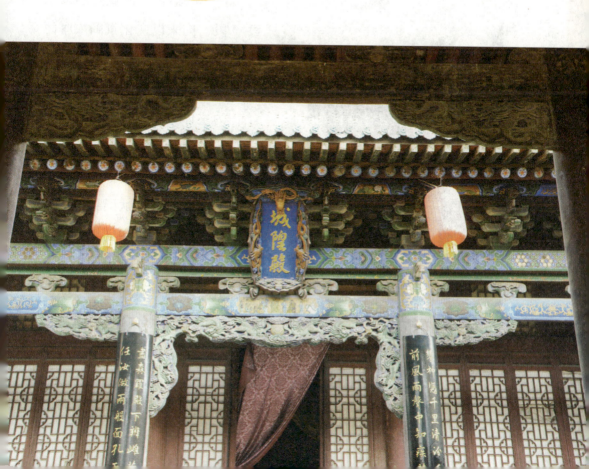

三庙合一的平遥城隍庙

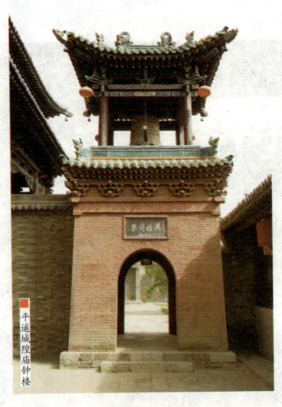

平遥城隍庙钟楼

平遥古城的城隍庙街东段，向来以文化氛围浓厚而著称，是九流百家的聚集之地。城隍庙是一座以城隍庙为主体，在位置上形成城隍庙、财神庙和灶君庙三庙合一的道教神庙。

据历史文献记载：平遥城隍庙庙群的初创年代不晚于元代，后来城隍庙曾因遭到火灾而被焚毁殆尽。明朝开国皇帝朱元璋十分重视城隍之祀，他说："朕立城隍神，使人知畏。人有所畏，

平遥城隍庙正殿

则不敢妄为。"

　　1369年的明洪武年间，皇帝对京都及天下城隍封爵进位，封县级城隍为显佑伯，秩四品。1370年，朝廷整顿祀典，下诏取消了城隍的封号，义令天下府州县仿照各级衙门的规制，建造与之对应的城隍庙。

　　明嘉靖年间，朝廷对平遥城隍庙进行了重修，后来又经过多次修葺。清朝同治年间，人们又对平遥城隍庙进行了重修，历时6年，并塑像160余尊，大部分建筑得以恢复。

　　城隍庙坐北向南，布局规整，庙貌宏伟，总占地面积7300多平方米，庙区面积4552平方米。

　　沿轴线建筑有牌楼、山门、戏楼、献殿、城隍殿、寝宫，层层叠进、风格迥异。总体布局既有寺庙建筑配置特色，又有官置建筑意趣，所谓"前朝后寝"的功能分区体现得十分鲜明。

号　中国古代人在名字之外的自称，简称"号"。别号多为自己所起，也有他人所起。与名、字无联系。在古人称谓中，别号亦常作为称呼之用。起号之风，源于何时，文献资料上没有明确记载，大概在春秋战国时就有了，像"老聃""鬼谷子"等，可视为中国最早的别号。

■ 城隍庙内古朴的建筑

卷棚顶 中国古建筑屋顶形式之一，为双坡屋顶，两坡相交处不作大脊，由瓦垄直接卷过屋面成弧形的曲面卷棚顶整体外貌与硬山、悬山一样，唯一的区别是没有明显的正脊，屋面前坡与脊部呈弧形滚向后坡，颇具一种曲线所独有的阴柔之美。卷棚顶形式活泼美观，一般用于园林的亭台、廊榭及小型建筑上。

城隍庙建筑群坐北朝南，前后四进院落，城隍庙附属建筑游廊、官厅、东西廊庑纵深相连，贯穿为一体，与高大、威严的主体建筑相配，构筑成严密、封闭的建筑氛围，折射出一股阴世、阳间轮回转动的森然气氛和天网恢恢疏而不漏的思想。

城隍庙前是一座戏台的背面，庙里唱戏，都是唱给神去听的。所以，戏台是面朝里而背朝外的，在门匾上还写有"敢入"两个字，是中国清代著名书法家傅山所写。"入"字的写法看起来非常像"刀"字，对前来的众人提出严厉质问："敢入吗？"

因为城隍神上管人间下管阴间，是惩恶扬善之神。只要是做过好事的人，不管是从哪来的都是敢入之人。两边是钟鼓楼，是中国古时的计时工具。

戏台修得比较低，需弯腰低头才能进入，表示对前方神灵的尊敬。进来之后，前方的建筑就是城隍庙的总体格局。

城隍庙的庙门外建有牌坊、照壁和木构架的左右过街牌坊，东为"一方保障"坊，西为"万姓饼檬"坊。城隍庙内格局与平遥县衙署相对应，自南至北有山门五间，左右钟鼓二楼，为两进院落；东、西厢皆有廊庑拱围。献殿左右，分别有灶君庙、财神庙横向连接着。

庙内外院有东西游廊各十三间，中院正面高台基上献殿五间，硬山卷棚顶，斗拱七踩，双昂，前出歇山抱厦。殿前两侧有碑亭、石狮和旗杆，对称排列。

东西廊房各九间，硬山顶。廊坊的南面，有"酆都城"和"转生堂"。

酆都城是传说中的阴曹地府，人死之后都去往走一遭。整个殿内阴森恐怖，四周墙壁上刻绘了阴曹地府和十八层地狱，有拔舌地狱、剪刀地狱、冰山地狱

阴曹地府 迷信说法认为是掌管万物生灵生命的地方，凡天地万物，死后其灵魂都被黑白二无常拘到阴界，其在阳间的一切善恶都要在此了结。正所谓是活人在阳间，死人在阴间，阳间一个世界，阴间一个世界。在中国，大量的古代神话和佛教典籍中都有阴曹地府的记载，中国人把世界万物都分为两极，这就是中国的阴阳学说，是中国古代哲学的重要组成部分。

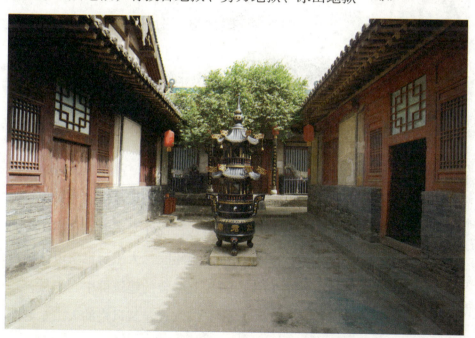

■ 平遥城隍庙内的香炉

拱券 中国古代的一种建筑结构。简称"拱"，或"券"，又称"券洞""法圈""法券"。它除了竖向荷重时具有良好的承重特性外，还起着装饰美化的作用。其外形为圆弧状，由于各种建筑类型的不同，拱券的形式略有变化。

和油锅地狱等。

这十八层地狱中的人物狰狞恐怖，画面残酷，极为痛苦，旨在劝诫人们在活着的时候多做善事，多积德，并好好珍惜现有的生活。如果做恶事，死后就会在十八层地狱受苦。

正殿之后为寝宫，正中两层，下窑上阁，各五间，窑带前廊，阁为硬山顶。寝宫有左右厢房各三间，耳房各一间。

在庙的东北隅建有"灶君府"，并设有道士室。中轴线上的各层建筑屋顶，均以蓝、绿色琉璃瓦饰覆盖，色彩艳丽，多为明代遗物，工艺精湛。

灶君庙之后是道院。财神庙的正位是财神殿，上建真武楼，前有献殿，对面是一座建筑工艺精湛的戏台，别出心裁地建在拱券山门之上。

■ 平遥城隍庙内的石塔

在正殿的山墙上还绘制有"城隍出巡"图，场面壮观，造型生动，取材于世俗，意趣横生，是清代道教壁画中的佳品。在寝宫内的清代壁画中，更难见人间与神界的差异。

庙群以东，曾有娘娘庙、三官庙、太子寺、观音堂等紧紧相邻。平遥人善视外来宗教，在1810年的清宣统年间，天主教也凑迈这儒释道相互融合的建筑群中。于是，一座充满欧式建筑风格的天主堂赫然出现，成为昔日多元文化的中心。

城隍庙的历史文化内涵十分丰厚，儒教、道教、民俗文化相融为一体。这些文化内涵不仅体现在泥塑、壁画之中，就连殿宇建筑形式、月台乐楼、木刻砖雕等各个方面，也颇有情趣。

城隍庙的建筑结构上也很有特色，庙内各殿宇的木结构形式，开间、上限、木雕雀替图案以及琉璃构件的使用，都严格遵循当时的封建礼制，而且工艺上乘，多有独到之处。

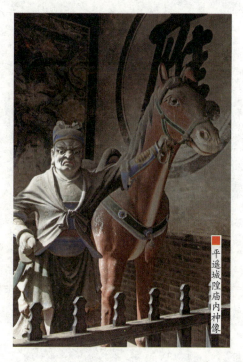

平遥城隍庙内神像

每间亭台楼阁，都注重雕梁画栋，精磨细琢，十分考究。从一个侧面展示了平遥县在明清代商帮经济的发达程度和雄厚财力，以及由此而产生的高雅文化需求。

441

保国护邦

城隍庙

阅读链接

相传平遥城隍神年轻气盛，而且智慧超人，可以说是无所不知，无所不能。

一次，平遥城隍神与介休城隍神在一块下棋，平遥城隍神戏言说，我若赢你，你那位贤惠夫人就得归我所有。

介休城隍神内心不服，也想一战，就一口答应下来。最后，平遥城隍神为胜，这样，戏言一语成真，平遥城隍神没有办法，只好将介休城隍神的夫人带回，并为她营造了一个诗情画意的小楼阁，金屋藏娇。

在城隍神赶庙会期间，介休城隍神还会派人到平遥城隍庙举行一年一度的梳头仪式，这种习俗一直延续多年，更让人们确信了城隍神的存在。

道教一派的西安城隍庙

人间天宫的祭祀圣殿

西安都城隍庙位于西大街中段，1387年建于明朝洪武年间，由明太祖朱元璋敕建，由朱元璋次子秦王朱樉负责监修，在唐辽王府的基础上扩建而成。

西安都城隍庙牌楼

■ 西安都城隍庙内
戏楼

修建之初，被朱元璋敕封为"都城隍庙"，统辖西北诸省大小城隍。在城隍信仰的序列中，都城隍庙是级别最高、影响最大的。

朱元璋在统一完善中国城隍祭祀制度的同时，还下诏令所有的地方官员在上任之前，必须在城隍庙吃住几天，并要向城隍爷发誓上任之后敬民、爱民，同时要求城隍爷监察自己的行为。

朱元璋认为，这是为了要让人知道畏惧，人有了畏惧，就不敢胡作非为了。他强调，人要有三畏：上畏天，中畏老百姓，下畏地。地方官如果不能造福一方，就会失去民心，从而失去天下之心。

自元朝定都北京以后，西安就失去了作为国都的优势和辉煌。明清之际，经济中心也以江南为主，陕西渐渐成为西北偏远落后的地区，但当年朱元璋敕建的都城隍庙，威严依旧，雄伟依旧。

总督 清朝时期对统辖一省或数省行政、经济及军事的长官称为"总督"，尊称为"督宪""制台"等，官阶为正二品，但可通过兼兵部尚书衔高配至从一品。与只掌握一省行政事务的巡抚不同，总督兼管数省，同时在政务之外也兼掌军务。

西安都城隍庙的正殿

1723年，一场火灾烧毁了都城隍庙大部分建筑，时任川陕总督的年羹尧将军，下令拆除了明秦王府，用秦王府的木料重修了都城隍庙。重修之后"规模宏大，殿宇辉煌，碧瓦丹檀，雕刻精美，地基之广，甲于关中"。

庙门口有五间大牌坊，斗拱飞檐，气宇非凡，蔚为壮观。牌坊前由一对铁狮子镇守，山门内有一条百米长的青石甬道，两侧则是威武雄壮的"帅神"相封守护。由南向北，依次是文昌阁、钟楼、二山门、戏楼、牌坊、大殿、二殿、牌楼、寝殿。两侧是道众居住修真的东西道院，共有33宫。

整个庙观布局整齐，左右对称，规模宏大，碧瓦丹檀，雕梁画栋，巧夺天工，美轮美奂，是一座建筑艺术的宝库，也是道教文化的胜地。旧时，这里信众如潮，香火鼎盛。周边地区信众"过境必经"，常常人潮涌动，摩肩接踵。

经年羹尧将军新建的牌楼由6根正柱，12根辅柱，12根戗柱支撑，一个主楼，两个次楼，五开间组成。新牌楼总高14.5米，面宽32米。主楼斗拱十九踩，次楼斗拱十五踩，托起8.1米进深的宏大屋面。其规模之大，规格之高，举国罕见。

牌楼正面大匾上书有4个贴金大字"都城隍庙"，背面同样书4个贴金大字"你来了么"。这八个字均选自唐代书法家颜真卿的真迹。

城隍庙牌楼的匾非常有意思，背面"你来了么"，亲切中又透着调侃，说明城隍庙在古代是一个非常受老百姓喜爱的场所。同时，这句"你来了么"也是一句警语，提醒要时常检点自己。进城隍庙千万"莫光光磕磕头去"，而"要细细问问心来"！

牌楼的正、背两面的正间是孔雀蓝衬底的二龙戏珠图案，描绘了两条龙追逐着火焰宝珠的场景。二龙戏珠的两边分别是一条坐龙。正间的四角上还分别刻着两条行龙。

正间两边分别是东、西侧间，每个侧间上各有一幅石绿色衬底的"龙凤呈祥"木雕彩画，每个彩画的四角上还分别刻着牡丹花。整座牌楼巨柱雄立，角檐飞展，雕饰扬祥瑞之气，彩绘闪金碧之辉。牌楼和紧挨其楼上的所有龙、凤、花纹饰共耗费了约50 000张南京"御用"贴金，非常珍贵。

城隍庙内香坛

牌楼里是城隍庙的骑楼，高15米，面宽17米，进深为10米左右。骑楼在保持旧貌的基础上被后世重建，为楼阁式建筑，由两层楼、3开间组成。骑楼的二层楼顶是歇山顶，一层楼顶则为顶。

楼顶从上至下依次由垫板枋、斗拱、平枋构成。平枋上绘有《蔓草围绕三火珠》的图案。骑楼上还雕刻雀替。骑楼一层的天花板为藻顶，绘有莲花图案。整座骑楼美轮美奂，艳丽而不失典雅，秀美却不失庄重。

从宗教上说，西安的都城隍庙是道教正一派的道场，这个教派以《正一经》为主要经典，主要法术是画符念咒、祈禳斋醮，为人驱鬼降妖，祈福禳灾。其道士可以不住宫观、娶妻生子。这个教派在明代所编的《道藏》共512函，为保留道教文化做出了很大的贡献。

西安都城隍庙保存并仍在演奏的"城隍鼓乐"被誉为"中国古代音乐的活化石"和"西安古代的交响乐"，是中国音乐的一朵奇葩。

阅读链接

各地城隍是各地的神，那么西安城隍庙的城隍神又是谁呢？一说是纪信。

纪信是楚汉相争时刘邦手下的名将，《汉书·高帝纪》记载，"荥阳大战"遭项羽围困，即将破城时，纪信为救汉王刘邦，连夜出荥阳东门并高喊："粮食已尽，汉王降楚！"刘邦成功脱险，而纪信却被项羽烧死。

后来刘邦建国后封臣时，却忘了纪信，后世多有文人为纪信鸣不平。纪信作为功臣名将，被后人尊为西安城隍是有可能的，在西安城隍庙神位上墨写的就是纪信。

此外，还曾有人建议让娄敬作为西安城隍，娄敬的历史地位虽不够显赫，然而正是他力劝汉高祖刘邦定都关中，修建了汉长安城，才有了西安的汉唐盛世辉煌。娄敬后来隐居龙门修道，本身又是道教神仙，所以充当城隍神是理所应当的。

颇具特色的杭州城隍阁

杭州城隍阁位于浙江省杭州市吴山之巅，吴山是七宝山、紫阳山、云居山等几个小山的总称，总面积有6600平方米。

周新祠位于城隍阁前，俗称"城隍庙"，庙内供奉的是杭州的城隍之神周新。

周新是明朝永乐年间的浙江按察使，周新为官刚正不阿，惩治腐恶，执法如山，深受人民的爱戴，人称"冷面寒铁"，后来因受诬陷而被明成祖杀害。

杭州城隍阁远景

为了平息民愤，明成祖将周新封为杭州的城隍，并在吴山上为他修建了城隍庙，以供香火。

周新祠的规模不大，但是却别具风采。周新祠的门口矗立着

■ 杭州城隍阁正门

按察使 官名。唐初仿汉刺史制设立，主要任务是赴各道巡察，考核吏治，由宋代提点刑狱演变而来。明朝省级地方官员分为三司，分别是布政使司、按察使司和都指挥使司，布政使管"民政"，按察使管"刑名"，都指挥使则管"一省军务"。清朝布政使主管民政赋税，按察使职掌不变，都指挥使废置不设。

一口大钟，相传这口大钟是一口平安钟，只要敲3下就可以保平安。

门前横匾上有"冷面寒铁"匾额。殿内共塑神像3尊。正中供奉的就是周新，周新的座像总高5米，身边站立的分别是手执兵器和印鉴的文武官员，每个高3.8米。这3尊像共用金箔20两贴面。

周新像的顶部是神龛，长2.5米，宽2.8米。

在周新祠的殿堂内，四周墙壁上绘制了6幅画，内容为周新执法如山、微服洞察民情以及被封为城隍的过程等，笔锋流畅，画面精美。

在周新祠的正对面有一处碑亭，亭子中立着"吴山天风"碑。碑亭外一副对联："湖影长堤分内外，江流至浙划东西。"

周新祠后则为城隍阁，为七层仿古建筑，整体造型具有南宋和元代的建筑风格。城隍阁高约40米，建筑面积达4000平方米左右。

城隍阁主顶顶端为葫芦状宝瓶造型，4个副顶顶端设凤凰造型，整座楼阁仿佛一群展翅翱翔的凤凰，又如仙山琼阁倚天耸立，令人神往。

城隍阁的洞门用蘑菇石砌造而成，底部呈块石状垒筑的坚实基坐，象征着古老的杭州城墙所蕴含的悠久历史。

抬头仰望，二楼"城隍阁"匾额两旁的楹联为：

八百里湖山知是何年图画；
十万家灯火尽归此处楼台；

四楼的匾额则是用篆体书写的"风华竞茂"。

城隍阁的一楼采用了江南特有的木雕、线刻和彩塑工艺美术手法，精心制作了8幅反映南宋时期杭州的风土人情、西湖民间故事和历代与西湖有关的名人工艺品等。

有雕塑彩绘《斗茶图》、东阳木雕《西湖天下景》、雕塑彩绘《西湖龙舟竞渡》、立体硬木彩塑画《南宋杭城风情图》、青石线刻《西湖古代名人》、青石线刻《西湖民间故事》、彩金木雕《南宋宫廷大傩图》和雕塑彩绘《南宋货郎车》等。

特别是大型立体硬木彩塑画《南宋杭城风情

壁塑 中国绘画、雕塑合一的一种艺术形式。借壁势塑造神鬼、人物、山水、楼阁等像，并施以色彩，形成圆雕与浮雕相结合的特殊样式。唐杨惠之的壁塑，时称天下第一。据说北宋画家郭熙见了杨惠之的山水壁塑，受到启发，以手堆泥于壁，使成凹凸之状，待干后，随其形迹用墨晕成山峦林壑，称为"壁影"。

449

■ 杭州城隍阁内镇海楼

人间天宫的祭祀圣殿

瓯塑 俗称彩色油坭塑，又称"彩色浮雕"，是浙江温州独有的民间艺术，也是温州市独有的传统工艺美术品。它是用桐油和泥碾细合成为原料，运用堆塑技艺的手法，用于装饰寺院、庙宇门壁和民间嫁妆品，广泛应用于建筑浮雕、壁画、装饰图案及艺术挂件等。

■ 杭州城隍阁一景

图》，整件作品长31米，高4米，深2米。

彩塑画以杭州历史上最辉煌的南宋为时代和社会背景，对当时作为京都杭州的皇城宫阙、官署民舍、街巷河桥、店铺瓦子、庙塔园墅以及社会各阶层的日常生活、文化活动场景作了详尽的再现和描述。

观赏这幅《风情图》，就犹如凭栏眺望一座气象宏伟、内容丰富的中国古代名城一般，具有浓郁的杭州地方特色的历史文化与民俗风情。

城隍阁的二层设有瓯塑展，瓯塑产于浙江温州，由于温州旧时称作"东瓯"而得名，民间也称之为"油泥塑"。整个展厅用非凡的手笔共布置了11幅大型壁塑，从不同的侧面反映了与杭州吴山有关的历史事件、人物和故事。

这11幅壁塑为：《孙权收宝岛图》《大江风采图》《宋孝宗砸匾图》《乾隆除恶霸图》《一词识柳永

图》《兵围韩王府图》《施全刺秦桧图》《温日观骂贼图》《怒毁魏阉祠图》《吴山清韵图》和《胡雪岩助银图》，人物造型优美，栩栩如生。

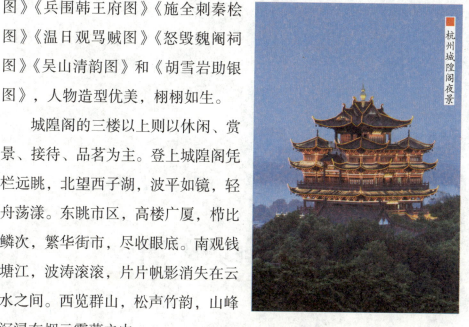

杭州城隍阁夜景

城隍阁的三楼以上则以休闲、赏景、接待、品茗为主。登上城隍阁凭栏远眺，北望西子湖，波平如镜，轻舟荡漾。东眺市区，高楼广厦，栉比鳞次，繁华街市，尽收眼底。南观钱塘江，波涛滚滚，片片帆影消失在云水之间。西览群山，松声竹韵，山峰沉浸在烟云雾霭之中。

倘若夜登城隍阁，全城灯光闪烁，与天上的皓月繁星相争辉，其情其景尽显徐渭"八百里湖山知是何年图画，十万家灯火尽归此处楼台"的风情。

阅读链接

城隍阁一楼的第一幅作品为《斗茶图》，向我们生动地展示了中国悠久的茶文化历史，南宋的杭城"斗茶"活动十分昌盛，可以说是风靡全国。当时，上自达官贵人，下至黎民百姓无不以"斗茶"为乐事。

所谓的斗茶其实就是茶艺表演，不同的是当时人们喝的不是茶叶而在茶末。

人们把加工好的茶末分两次注入沸水中，经调和后茶面就会浮起一层白色的汤花，此时，比赛汤花的色泽和分布是否均匀，茶盏内沿与汤花相接处是否有水的痕迹作为获胜的标准，由于汤花是白色的，所以当时"黑瓷盏"是最受斗茶者所喜爱的茶具。

一庙二神的上海城隍庙

上海城隍庙位于黄浦区，是上海市重要的道教宫观，原为"金山庙"，也称"霍光行祠"，是汉代大将军博陆侯霍光的供奉之所。

明永乐年间，知县张守约将霍光行祠改建为城隍庙，明太祖朱元

■ 上海城隍庙牌楼

璋敕封秦裕伯为上海的城隍神，庙内祀奉秦裕伯和霍光两人，俗称"前殿为霍，后殿为秦""一庙供二神"。

1535年，嘉靖皇帝下令改建山门，知县冯杉题"保障海隅"4字镌刻在山门的石碑坊上。后来在嘉庆、道光、咸丰、同治、光绪年间都有过不同程度的扩建。

城隍庙的宫观建筑不断增加，是最为繁盛的一个时期，总面积达33 000平方米左右。

上海城隍庙内的神像

至后来，上海城隍庙称为包括霍光殿、甲子殿、财神殿、慈航殿、城隍殿、娘娘殿、父母殿、关圣殿、文昌殿九个殿堂在内的建筑群，总面积为2000多平方米。

城隍庙的大殿正门上悬挂有"城隍庙"匾额，并配以对联："做个好人心正身安魂梦稳，行些善事天知地鉴鬼神钦。"

大殿内供奉金山神主，也就是汉代博陆侯霍光大将军的坐像，左右陪侍有文判官、武判官、日巡、夜查以及八皂隶。

殿内的第一对立柱悬有对联：

威灵显赫护国安邦扶社稷；
圣道高明降施甘露救生民。

用来赞扬城隍神的功绩，上面悬有匾额"牧化黎民"。

第二对立柱上悬有对联，用以警示世人：

刻薄成家难免子孙浪费；

奸淫造孽焉能妻女清贞。

元辰殿又称"六十甲子殿"，面阔三间，为歇山顶式建筑结构。元，为"善"，元辰，就是指吉利时日的意思。元辰神灵是中国的年岁神灵，与每一个人的年运有关。

中国古代历法以天干地支循环相配，由甲子起到癸亥结束，以60为一周，故也称"六十甲子"，后来，道教以六十甲子配以神名，从而形成了道教的元辰信仰。因六十甲子神灵是星神，故也称"太岁神"。

在民间，人们把某年在六十元辰中所对应的太岁神称为当年的值

城隍庙畅熙楼

年太岁，出生之年所对应的太岁神称为"本命太岁"。信徒礼拜本命太岁，祈求年年平安吉祥，这种仪式被称为"顺星"。

慈航殿内供奉眼母娘娘、慈航大士和天后娘娘3位娘娘。慈航殿门上悬有对联："善恶到头总有报，举头三尺有神明。"

中间悬有"慈航普度"4个镏金大字的匾额。

财神殿内供奉文昌帝君、关圣帝君和财神，主管

功名利禄、平安和财运，香火最为旺盛。财神殿门上悬有对联："生财有道义为先，学海无涯苦作舟"，上悬匾额"福佑众生"。

城隍庙的最后一进殿为城隍殿，城隍殿的两侧悬有对联以赞扬城隍神的公正无私："祸福分明此地难通线索，善恶立判须知天道无私"，上悬匾额"威灵显赫"。

殿内另有一副赞神对联："天道无私做善降祥预知吉凶祸福，神明有应修功解厄分辨邪正忠奸"，横批"燮理阴阳"。

■ 上海城隍庙内的厅堂

城隍殿中央供奉的是城隍神红脸木雕像，城隍神正襟危坐，殿内整个布局仿照明代县衙的公堂陈设，仪仗森严。

城隍殿西面为娘娘殿，供奉城隍神夫人储氏，东首为父母殿，殿内供奉城隍神的父母。

文昌殿内供奉的是文昌帝君，是主持文运功名的神。文昌帝君左右两侧是他的侍从天聋和地哑，文昌像双目深邃、神情和善。

关圣殿内供关圣帝君，左右供周仓、关平二位将军。关羽头戴冕旒，身着帝装，气宇轩昂地端坐在龙椅上，周仓、关平神色恭谦微谨，神像丰满，逼真。

1709年，清康熙皇帝下令在庙侧起造东园，乾隆时，由全县士商捐纳，购买潘氏豫园故址并归于城隍

镏金 中国一项传统的工艺，由古代劳动人民在生产劳动中总结创造而出。中国的镏金技术始于战国，同时也是最早使用这一技术的国家。镏金是一种金属加工工艺，也称"涂金""镀金"等，是把金和水银合成的金汞剂，涂在铜器表层，加热使水银蒸发，使金牢固地附在铜器表面不脱落的技术。

庙，称为"西园"。

之后由重加兴修，所费资产累巨万，极泉石之美，以作娱神乐神之用。府基一度称盛一时。豫园园内楼阁参差，山石峥嵘，湖光潋滟，素有"奇秀甲江南"之誉，具有浓郁的中国古建筑的风格和特点。

豫园园内有穗堂、大假山、铁狮子、快楼、得月楼、玉玲珑、积玉水廊、听涛阁、涵碧楼、内园静观大厅、古戏台等亭台楼阁以及假山、池塘等40余处古代建筑。

每幢建筑都是飞檐翘角、雕梁画栋，设计精巧、布局细腻，以清幽秀丽、玲珑剔透见长，具有小中见大的特点，体现明清两代南方园林建筑艺术的风格，是江南古典园林中的一颗明珠。

在老城隍庙内，还汇集了众多的上海地方小吃，绿波廊的特色点心、松月楼的素菜包、桂花厅的鸽蛋圆子、松云楼的八宝饭，还有南翔小笼和酒酿圆子，真可称得上是"小吃王国"了。

阅读链接

秦裕伯是元末明初时期的上海人，被称为"智谋之士"，为逃避乱世，辞官回乡。后来明朝开国后，朱元璋多次请他出山，才应允入朝。秦裕伯是前朝老臣，又精于世道，很受皇帝重用。朱元璋在他死后封他为上海"城隍之神"。

还有一种说法是秦裕伯是一个孝子，因他的母亲感叹未见过金銮殿，于是就专门建了一座像金銮殿的建筑。后被人告密，皇帝派员来查，他就连夜将殿改成金山神庙，从而躲过了一场灾祸。

清军南下时，原准备屠城，可是在进城的前一天夜里，清军将领梦见秦裕伯警告他不准杀人，这才没敢下手。因秦裕伯"显灵"救了上海百姓，所以被列为城隍爷。

魁星楼

魁星是中国古代星宿的名称，同时也是中国古代传说中的神话人物，他主宰文运，在儒士学子心目中，魁星具有至高无上的地位。过去，几乎每个城镇都建设有魁星楼或魁星阁。

因"魁"字又有"鬼"抢"斗"之意，故魁星又被形象化，成为一副张牙舞爪的形象。传说魁星手中的那支笔专门用来点取科举士子的名字，一旦点中，文运、官运就会与之俱来，所以科举时代的读书人将其视若神明。他们在魁星楼拜魁星，祈求自己在科举考试中金榜题名。

魁星道观的承德魁星楼

河北省承德魁星楼始建于1828年的清朝道光年间，由当时任承德知府的海忠为佑一方文化昌盛而建，魁星楼因主奉道教之神"开文运点状元"的魁星神而得名，是中国最大的一所供奉魁星的道观。

■ 承德魁星楼

原魁星楼屹立在半壁山之巅，是一座三间硬山布泥瓦殿，修建之后香火鼎盛，为了往来学子们进香方便，就在半壁山下建立了码头和茶棚等设施。

后来，由于年久失修，魁星楼变得残破不堪。经过后代的修葺，在原址的基础上新建了魁星楼。

新建的魁星楼占地66 000多平方米，其建筑规模比原楼要大出许多，在殿内又增添了许多富有文化内涵的新内容。整组建筑色彩绚丽，宏伟壮观，依山就势，错落有致。自上而下依次为楼、廊、殿、阁、苑，呈现独特的道教建筑风格。

魁星楼主体建筑依山就势，龙门、中斗宫、荣仕殿、乐真殿、弘文殿、魁星楼等楼廊殿宇气势宏伟，慧石名泉隐现其间，铁锁栈道临崖设置，于半壁山巅置七星石灯设坛，勺柄依然。

■ 承德魁星楼内石刻

在魁星楼门的左边，是一幅描绘老子的壁画，当年老子厌恶官场上的尔虞我诈，于是返乡归隐。

在归途中路过一个县城，被当地的父母官看到紫气东来，有祥和之兆，于是就上前迎接老子，并请老子留下只言片语以教后人，于是老子留书5000言，便有了后世的《道德经》。

在门右边绘制的是周公梦蝶的故事。一夜周公梦到一彩蝶翩然飞舞，他不知是自己化作彩蝶还是彩蝶幻化成他，用以启示后人人生如梦，要好好把握。两幅壁画笔锋流畅，人物表情细腻入微，将当时的场景展现得淋漓尽致，为壁画中的精品。

在门上还随风飘扬着一些锦旗，上面绘制着二十八星宿图谱。它们以青龙、白虎、朱雀、玄武分

道观 "道"作为中国古代一种至高的精神追求，凡人皆以仰望，故借观；观道，如同观察星象一样，深不可测，只能揣摩。道观之地，就是窥测无上天意所在的地方，也就是道士修炼的地方，需要保持清静、整洁和庄严。

人间天宫的祭祀圣殿

■ 承德魁星楼牌楼

尉迟恭　字敬德，也称尉迟敬德，山西省朔州人。是中国唐朝著名的将领，是凌烟阁二十四功臣之一，谥忠武，赐陪葬在昭陵。尉迟恭忠厚老实，武艺高强，曾经帮助李世民夺取了皇位，后来，在民间尉迟恭被当作了驱鬼避邪，祈福求安的中华门神。

成青、白、红、蓝四种色彩的旗帜。

庭院内的草地上立着一群巨石，上刻有"诗书礼易春秋"的字样，是一组以五经为题材的《五魁苑》，展示了中国古代科考内容和"五经"的真谛。

其中还有一组巨石是"八仙奉魁苑"，石头上刻着"福禄财安寿喜乐和合"九个大字，周围巨石将一座刻有巨大的魁字的石头围起，两边还刻有"点斗"和"鳌头"。

寓意着8位神仙送祝福，祝愿学子魁星点斗，独占鳌头。"八仙李魁苑"展示了中国道教诸神的形成、排位关系和道教高深讲究的修炼内容。

龙门是魁星楼主体建筑中轴线上的第一道门，是一座三门四柱的悬山式牌楼，高7.8米，宽10米琉璃瓦顶，雕梁画栋。

龙门原是一个地名，在山西省和陕西省的边界。

当年大禹治水，一山经大禹劈开后，江水奔流而下，上游的鱼儿们也被冲刷下来。大禹的妻子十分善良。奏请玉皇大帝，如若下游的鱼儿能逆游而上就可以点化为龙。

从此，在中国民间就出现了"龙门"，也就有了民间传说的"鲤鱼跃龙门"。这道门寓意着学子跨过此门就能一跃成为飞龙。龙门前有条黄线，单脚跳福禄到，双脚跳福星照，一步越过的话则寓意一生快乐。

穿过龙门之后的三十六级石阶就是中斗宫。中斗宫宫门向南，里面供奉的是文圣孔子和武圣关羽。两侧为大型的壁画，左边壁画讲述孔子和一孩童的问答，拜孩童为师的事迹，讲述了"三人行则必有我师"的真谛。右侧油彩影墙画的是道教的创始人张天师，两边是门神秦琼和尉迟恭。

中斗宫后为三十六级台阶，加上之前的三十六级，共为七十二级，是道教中非常崇信的数字，代表人世应合天理的一个周期。

在刻着"魁星高照"4个烫金大字的墙面后面，是荣仕殿和乐真殿。

■ "魁星高照"影壁

人间天宫的祭祀圣殿

■ 魁星楼内的塑像

荣仕殿为重檐式，檐牙高啄，殿内供奉的是福神、禄神、财神、安神4位神像。福神的旁边立有侍童。

荣仕殿是主事业、财运、官位的大殿，香火非常繁盛。

乐真殿里面供奉的神座是寿神、乐神、喜神和合神，都是为我们生活上祈福的。乐神慈眉善目，是以佛教中的大肚弥勒佛为原型修建的，但是道教的乐神不同于佛教，因为乐神有了一圈胡子，源于道教师法于自然。

弘文殿两边长廊环绕，从平面看弘文殿呈"H"形。其中有道圆圆的石板，是道教创始人张天师所创的一道灵符，上刻有"唯吾知足"4字。

4块墨玉石板上阴刻有东青龙、西白虎、南朱雀、北玄武，为的是对应的另一条走廊上的阳刻。旁

弥勒佛　佛教八
大菩萨之一，大乘佛教经典中又常被称为阿逸多菩萨，是释迦牟尼佛的继任者，将在未来娑婆世界降生成佛，成为娑婆世界的下一尊佛。他被唯识学派奉为鼻祖，其庞大的思想体系由无著、世亲菩萨阐释弘扬，深受中国佛教大师道安和玄奘的推崇。

边的一块石板上雕刻的是主管文运的魁星，魁星一手握笔一手端斗，为"脚踏鳌头，手点状元"像。

相传摸摸魁星的笔就可以高中状元。在石板上还有"克己复礼，正心修身" 8个大字。这两幅图构成"魁星踢斗，独占鳌头"的象形画，相映成趣。

殿内还保留着自周朝至清朝的思想家、教育家、文人甚至是皇帝的形象石牌坊。牌坊上方还有仿红木的大型木雕画，记录中国古代"悬梁苦读" "凿壁借光"等刻苦读书的典范11例。

殿内还有魁星文化特色碑16通。整组雕刻构成一幅启迪后人，激发进取，光彩照人的历史画卷。

承天台"上接斗牛之光，下临濡滦潺潺。面群山而览胜境，倚名楼而悟仙机，紫塞明珠如在襟怀"，里面供奉着职年太岁，掌管着人出生这一年的祸福。

魁星楼是庙的主体建筑，面朝西南坐落在半壁山

■ 魁星楼弘文殿

的山顶。楼檐下是"魁星楼"的匾额。

"魁星楼"3个字中，"魁"字少了两笔没有"厶"，意思是去掉鬼气，堂堂正正、清清白白做人。"星"字少了一笔，日字下没有撇，将日看作是天，将去了撇的生看作是人，意为天下的人不能与天斗，应顺应自然。而"楼"字则多了一笔，示意读书要多用心，博学多识才能更上一层楼。

楼内为油彩的天花板，雕梁画栋。正中供奉魁星像，魁星身为黑灰色，面目狰狞，左手托"量才斗"右手高举"点状元笔"，脚踏搏浪鳌头，呈勇往直前状。

魁星上方为"天开文运"匾额，两侧为描写魁星的楹联：

天下人才以斗量，半只脚踢开千秋文运；
世间学子争光辉，一支笔点名万代鸿儒。

■ 承德魁星楼牌坊

魁星像身后为大型彩色壁画，绘有日月星辰、仙鹤神鹿、元宝绣球、摇钱树、牡丹、苹果、桃子等。寓意学子的后面是大富大贵、福禄双至、事事如意、万年长寿的锦绣前程。

魁星楼的长廊上刻有8块石板，阳刻有魁星"托斗量才、踏鳌搏浪"像，旁边是《天开文运图》《四相图》和《斗母巡天图》。

入夜，魁星楼万灯齐明，楼宇辉映，可以登上半壁之巅，临风远眺，一览承德全貌，成为承德的一大亮点。

阅读链接

荣仕殿内供奉有安神，但是非常奇怪的是，这里面的安神为什么没有脖子呢？

相传安神武艺高强，但是却生来面相丑陋，多次考取武状元都没有成功，于是恨生不逢时，伤心懊恼之下一头撞在柱子上，含冤而死。后来，位列仙班，玉皇大帝封他作为安神，主司保家安宅。

但是安神当初撞柱子的时候用力过大，以至于脖子怎么也伸不长了，远远望去，还以为安神没有脖子呢！

满洲故里的双城魁星楼

　　双城堡魁星楼坐落于黑龙江省哈尔滨双城镇内，始建于1893年的清朝光绪年间。

　　占地面积7200平方米，楼阁为砖木结构方塔式高楼，分上、中、下三层，全高36.3米，砖石台基高3.3米，周长67米，楼内壁4根通天柱

双城城楼

直贯楼顶。

■ 双城城门

双城又称双城堡，是东北的一座历史名城，是满族的发祥地之一，向来都有"南有辽阳府，北有双城堡"的说法。

魁星楼建在双城，有很大原因是因为这里是满族人定居和金代的兴邦之地，清朝统治者称双城堡为满族的"隆兴之地"，是满洲的故里。

魁星乃二十八星宿之一，是中国神话中所说的主宰文章兴衰的神，即文昌帝君，专司点文状元和武状元之职。魁星也是道教中主宰文运的神，魁星信仰盛于宋代，从此经久不衰，成为封建社会读书人崇信最甚的神，每年的农历七月七为魁星的诞辰日。

1892年，时任清朝内阁中书的双城人张邦彦联络邑绅关毓谦、张俊生、张选生、张鼐铭等人，上奏禀请通判孙逢源在转承批准捐资修葺大成殿的同时建魁

内阁中书 清代在内阁中设中书，官阶为从七品，掌管撰拟、记载、翻译、缮写之事。清代在进士参加朝考以后，除择优任翰林院庶吉士者外，较次者部分用为内阁中书，经过一定的年限，可外补同知或直隶州知州，或保送充任军机处章京，一般很受重视。

■ 双城魁星楼

星楼，以增辉文运，繁荣当地的文化。

光绪皇帝顺应提议，下令在双城建立了魁星楼。后来，魁星楼由于年久失修，被后代重新进行修葺，历时3年完成。

魁星楼的高度和体景在中国同类建筑中居于榜首，建筑物采用了明清时期的官式建造方法，彩绘选用墨线璇子小点金完成。

新建魁星楼的建筑式样为方形塔式，十字歇山顶，楼高近40米，台基护栏为正方形，边卡33米。主建筑楼体为正方形，边卡17米。重建的魁星楼比原建筑高出6米，所采用的资金全部来自于人们的捐资。

魁星楼前面是一座牌楼式的门楼，上面镌刻一副对联：

龙光射斗，崇脊飞檐，磊落雄姿高百尺，壮哉一品琼楼，如斯伟岸，延奎宿神君踞其上，挥朱笔，指点江山，简拔茂才，耕耘播雨，大兴双城文运；

古韵参天，雕梁画栋，斑斓秀色炳千秋，美矣三层翠阁，何等辉煌，引家邦士子趋于前，炳赤心，黾修德业，发扬利器，继往开来，共振万里长风。

牖窗 古时窗的一种。称开在墙上的窗为牖。漏窗和什锦窗是牖窗中的两大主体。漏窗是窗洞间以砖或瓦拼花形成优美图案的窗，其形式复杂多样。牖窗多用于江南私家园林中，形式活泼大方，在丰富园林建筑的趣味性方面具有重要的作用，而且园林中的借景、对景、藏与隔等功能大多借它们完成。

这副对联写得很有气势，既对重建的魁星楼进行了形象的描绘，也对双城文运昌兴充满了无限希望。

双城魁星楼共有3层，室内的墙壁上设置有玲珑牖窗，工艺非常巧妙。一层迎面触目的是一幅大型中国画《双城堡的来历》。画中主要的人物是在1814年的嘉庆年间的吉林将军富俊勒和马仁立等。四周的图画上多反映的是清朝廷移京旗屯垦、双城设治、工商兴起、市容繁华等情节。

二楼是巨幅壁画《魁星楼的传说》，画面居中是巍峨挺拔的魁星楼，背景是碧海蓝天，云雾缭绕，长空白鹤。壁画运用浪漫主义和现实主义相结合的创作方法，完美地渲染了魁星楼的不凡来历。寄托了双城这一方域人们的美好夙愿和对文化的敬仰。

三楼是魁星雕塑，立北面南，高近10米。魁星仪态威猛，足踏金鳌，左手托斗，右手号笔，赤心昌文运，火眼识俊才。志向高远者，神笔方点到。

469

文运亨通

魁星楼

■ 魁星楼旁的厅堂

凭三楼之栏远眺，四时之景各有不同：春苗竞秀，万顷碧波，燕飞莺啭；夏树成荫，柳丝滴绿，蝶舞蝶忙；秋高气爽，红叶如花，黄莺织锦；冬雪覆地，琼楼云阁，素裹银装。令人心旷神怡。

魁星楼体态雄伟，巍峨高耸，金碧辉煌。楼内4根通天柱，直贯楼顶，成外廊明柱，四面斗拱交错，四角飞檐走兽，雕梁画栋。

室外檐下绘有"竹林七贤""八仙过海"等彩图，极尽精工之巧。玲珑牖窗，备极镂刻之美。清风徐来，铁马叮咚。

人可上下通行，面面有景，风光不一，拾级而上登临楼顶，把酒临风，凭栏远眺，当有一览众山之慨，代表了18世纪双城人民超群的创举和智慧，体现了中华民族古典建筑特点。就传统形态来说，魁星楼已成为双城的同义词，具有象征性。

魁星楼有如此之大的凝聚力、吸引力和感召力，大概和它的传说有关。一说清内阁中书张邦彦省亲，散步双城东南隅，得魁星点化而建楼。二说清道光皇帝夜观天象，见流星坠入东北而建楼。尽管传说并不能代替建筑的初衷，但却可以表达双城这方百姓渴望知识，祈求多出人才的美好夙愿。

阅读链接

其实，在魁星楼门楼上的对联是诗人赵乾质所题写的。原先的对联是一副长达168字的长联。

上联是："五百里封疆，奔来眼底，看东达珠河，西接长岭，南环榆树，北控松江，自去岁半付匪烟兵燹，唯此层层三起楼，体质庄严，仍光联奎碧，我故乡白叟黄童，凭栏赏目，把酒临风，幸勿忘土木兴时研科学，才养栋梁，门栽桃李。"

下联是："数千年往事，注到心头，想辽传断腕，金记胜陀，明建崇祯，清修演武，迄今日尽成碎瓦颓垣，独兹巍巍十余丈，规模宏大，犹矗立云霄，有双城青年学子，飞黄腾达，直上青梯，果孰是霓裳泳处会群仙，腰挎牛斗，手摘星辰。"